A PROMISING
CHINA

看好中国

一位智库学者的全球演讲
CHINESE THINK TANK'S VOICE IN THE WORLD

王 文———著

人民出版社

目　录

第
一
章

中国不是威胁、不会崩溃，而是机遇 1

1

第
六
章

别对中国经济太悲观 **287**

第
七
章

学者应有士大夫情怀 **357**

后

记

序一　呼唤更多把中国故事讲得有趣的人

中国人民大学副校长　吴晓球教授

　　认识王文这位青年才俊已有几年，但真正熟知了解则源于2017年我连续两次率团出访。一次是2017年春季赴美国访问。在王文协调落实下，我率中国人民大学智库团走访了8家美国著名智库，此时离"习特会"还有几天，在最后关头我们倾听美方看法，相关建议受到了重视和肯定；另一次是2017年夏季赴巴西与阿根廷访问，此时也适逢金砖领导人厦门会晤与2018年阿根廷主办G20峰会之前的特殊时期，也是在王文联络协调下，中国人民大学智库团受到了热情的接待，其中一场活动还邀请了30多国驻巴大使与外交官百余人出席。两次出访使我对王文有了更深的了解。

　　我发现，王文的国际交往能力相当出众，他有非常广的国际朋友圈，每次遇到新朋友，很快就能热络起来；王文的工作热情令人惊叹，白天会议，晚上写新闻稿与内参要报，连续"作战"多日，仍能精神饱满，毫无倦意；王文的思想表达也让人感慨，他发表观点，与老外交流，总能将听众拉得很近，让人产生信任感，使现场变得轻松与活跃。

这是一种难得的能力，我甚至觉得，王文拥有一种能让生活与工作变得有趣的天赋，一种全身心投入且能完全享受其中的天赋。或许也正是这些天赋，使王文领衔下的中国人民大学重阳金融研究院能在短短几年时间里一跃成为国内外知名的新型智库。

在我看来，有趣，是生活与工作的必需品。在当下社会氛围相对紧张，国家发展道路并不平坦的大背景下，拥有这样"有趣"的天赋，是很幸运、很值得称道的事情。我很少为人写序，但这次应邀还是为王文这本新著《看好中国：一位智库学者的全球演讲》写一些推荐语，主要原因是希望能够有更多像王文这样，能把中国故事讲得有趣、讲得通俗易懂、讲得让国际听众都能接受的学者。

在这本书里，王文用最贴地气的语言，用简捷明了的逻辑，把中国的过去、现状与未来讲出来。这些道理未必都是毫无破绽的，但却是有助于加深人们尤其是外国人对中国的理解。可以说，看过这本书后，那些缺乏足够对外表达经验的官员、学者、社会活跃人士在出国时就会有更多的借鉴与示范。

当下的中国在国际体系中的地位和影响与日俱增，在许多方面，中国就站在国际舞台的中心，尤其是随着开放与人民币国际化，随着中国金融体系的开放，过去一度落后于西方发达国家很远的中国金融，也离国际金融中心舞台越来越近。此时，能够把中国故事讲清楚，实际上将大大提升中国发展的透明度，推动中国社会的变革，提升中国的竞争力与国际形象。

我研究资本市场20多年，深知透明度的重要性，深知决策与规则的制定者与市场沟通的重要性。如果社会没有透明度，资本市场要有足够的透明度就非常难，发展资本市场就如同在旱地里面种水稻一样艰难，要付出巨大代价。可是中国没有资本市场肯定是不行的，这涉及中国大国金融的崛起，涉及国际金融中心的建设。讲好中国故事，不只是在对外交往中重要，在中国金融改革和资本市场发展中也同样重要。

讲中国故事，需要有相当扎实的基本功。讲述者需要了解基本的法则、原理、规矩以及未来的变化轨迹。要讲好中国金融的故事，讲好中国资本市场的故事，就必须有深厚的理论素养，还必须有洞察金融变革的基本趋势，还必须了解影响市场变化的各种变量及其相互关系。这是相当高的要求，需要将那些复杂的现实、多种可能的演变心中有数，然后再用自己的语言讲出来，与人沟通。这样才能使他人减少不必要的误解，让中国金融发展故事讲得令人信服，令市场更加稳步发展。

从这个角度看，王文这本《看好中国》的演讲汇总集算是一个非常好的案例，鼓励更多的学者能够将自己点滴积累、短小精悍的系统思想集结成册，分享给大众与社会。这对国外了解中国无疑是一件很有益的事情。

是为序。

2017 年 9 月 1 日修改于国家教育行政学院

序二 值得关切中国崛起者品鉴的书

复旦大学中国研究院院长　张维为

　　好友王文请我为他的演讲集写序时，我们正一起在欧洲参加一系列颇有特色的研讨会，包括与法国前总统萨科齐和英国前首相卡梅伦的对话会。王文曾长期在《环球时报》评论版工作，他提问还是《环球时报》的犀利风格。他问萨科齐先生，"2008 年你当总统的时候，没有保护好北京奥运火炬传递，还见了达赖喇嘛，请你解释一下为什么？后面几年中法关系又转好，是什么原因让您对后面几年中法关系做了调整和扭转？"我也问卡梅伦先生："您在对话中提到西方政治制度需要修正方向，而我认为西方政治制度需要更为实质的改革，否则将难以应对全球化和新媒体革命带来的挑战，包括民粹主义的挑战。"清华大学的李稻葵教授则更直白地问两位领导人，"西方能从中国学习什么？包括文化和体制建设方面"。

　　两位西方前政要尽他们所能做了回答，也对自己过去的一些政策作了辩护。例如，萨科齐说，"你们不要以为 2008 年我对中国不好，当时欧洲很多国家领导人不愿意来北京参加奥运会开幕式，而我是第一个表示来参加北京奥运会开幕式的，许多欧洲国家的领导人都没来。至于为什么巴黎没保护好火炬，你知道巴黎市长是反对派的，他是在反对我，你应该去问他。"卡梅伦说，"我与奥巴马的'重返亚太'不同，我做出决定加入亚投行"。他还说，"非常欢迎中国对英国的投资"。至于民粹主义，他认为西方更要解决的是民粹主义背后的问题，如经济衰退和贫富差距扩大，但他坚持西方民主制度还是"最不坏的制度"。此时萨科齐插话，"民粹主义对西方民主制度是一个巨大的挑战。我们的民主制度是为理性人设计的，现在却为非理性的人打开了大门"。还对卡梅伦说，"看看英国那些支持脱欧的疯子，你与他们的理性对话有什么用？"

至于向中国学习什么，卡梅伦提到中国基础设施建设的效率值得英国学习，而萨科齐则坦承，"我觉得我们要向中国学习'愿景'（vision）。现代性一定要有长期的愿景！中国领导人每五年、每十年给国民的承诺，让国民能够看到实现更好生活的愿景。而这些愿景正是国家凝聚共识，推动发展的希望所在"。他还讲到，"全世界今天最大的问题是不确定性，但中国很确定"。

就我个人而言，这次与王文等中国学者共同参加这些研讨会感触良多，一是西方不少学者和政要也开始反思自己的体制问题了，尽管这种反思还不够深刻。西方政客我接触过不少，政客的反思往往不足为信，他们一旦重新执政往往还是一切如旧，背后是西方的体制严重僵化了，各种盘根错节的既得利益集团使任何真正的改革都难以推进。二是中国学者展现出了更多的自信，越来越多的中国学者开始用中国标准审视包括西方在内的整个外部世界。这与 10 年前的情形完全不一样。

我记得那是 2007 年前后，我实地考察了百国之后，开始撰写我的百国归来思考中国崛起和中国模式系列，重点放在解构西方话语，建构中国话语，也就是我后来出版的中国三部曲（《中国触动》《中国震撼》《中国超越》）。当时我人还在欧洲，我把稿件一篇接一篇地发给了王文，王文高度认同我的观点，认为现在的中国太需要自信的声音了，否则中国的崛起可能会功亏一篑。他和他的团队把我提供的稿件在《环球时报》评论版一篇接一篇地发表，产生了相当的影响，也为后来"中国三部曲"的出版打下了基础。

西方话语这些年对中国学界的渗透非常之深，特别在政治学、经济学、法学、新闻学等领域，导致不少中国学者一切唯西方马首是瞻，结果是既读不懂西方，也读不懂中国，更毋庸说讲好中国故事了。其实，西方和西方模式走衰的速度比我们预料的还要快，而中国崛起也比世界上多数人预计的要快。这十来年中国和世界的巨变大致印证了我们当初对中国模式和西方模式的判断，这也是我和王文都引为自豪的事情。

这些年王文悉心研究各种前沿问题，马不停蹄地在世界各地奔波，自信地发出中国声音，提出了许多新锐观点，从 20 国集团峰会到"一带一路"倡议，从智库建设到中国道路，从互联网金融到全球治理，他都提出了自己的独到见解。王文像是一个永动机、一个全媒体，总是力求在第一时间发出自己的声音。这是一种超负荷的工作量，我一直劝他把节奏放慢一些，这对身体和学问都有好处，但他硬是把一个中国优秀媒体人的强悍作风带进了中国的智库界，自己也成为中国青年学人中的一位佼佼者、中国新型智库的一位标杆人物。

　　无疑，我们正处在人类历史上一个最激动人心的变革时代，而中国是这场历史性变革的中心。这种大背景下，王文把自己这些年提出的新锐观点，通过演讲集的形式编辑出版，确实值得所有关心中国崛起和世界大势者的关注和品鉴。

　　谨为序。

2017 年 8 月 1 日于淀山湖边

自序 未来中国要当好学生，也要当好老师

从中外相互学习与互动的历史延承看，1840 年以后，中国人的世界观大体有四次实质性的拓展，每一次拓展伴随着下一轮进步须汲取的教训，与此同时，中国进步也助推了中国社会的自信。在 2013 年以前，中国与世界的互动尚未呈现真正的"全球性""对等性"，而近年来，随着中国推进"一带一路"等新型全球政策，中国的世界观从此前"向西方学习"逐渐开始"向世界分享中国经验"。

第五次世界观的拓展

第一轮世界观拓展期可称为"睁眼看世界"，即以清末思想家林则徐等为代表，破除原有的"天朝上国""华尊夷卑"的观念，学习欧美国家。当时最石破天惊的莫过于 1842 年清末思想家魏源在《海国图志》一书中提出的"师夷长技以制夷"。这可谓是近代中国向西方学习的思想起源，对后来的洋务运动、维新变法和辛亥革命都有极大的推动作用。不过，当时的"夷之长技三：一战舰，二火器，三养

兵练兵之法"，更多地强调引进西方的先进工业技术，更多只是希望在军事上抵抗入侵、克敌制胜。那时中国的世界观仍以"天朝"为本，仅仅看到了世界一部分"欧美国家"先进的技术而已。

第二轮可称为"道路选择期"，即中国人在 20 世纪初天朝上国、世界中心自居的心理彻底崩塌，全面转向西方学习，寻找自强之路。1912 年中华民国成立，国民政府在治国方略上大量借鉴西方，有的方面甚至全盘复制；同时，1917 年俄国十月革命一声炮响给中国送来了马克思主义。此后，中国共产党成立，从另一个维度寻求救亡图存，最终在 1949 年推翻"三座大山"，实现民族解放，建立新中国。20 世纪 40 年代末，中国"天朝上国"梦境已苏醒，转而把西方列强视为压迫中华民族的外部存在，中国面临着终结"百年挨打命运"的历史重任。

第三轮是"一边倒的革命期"。鉴于西方对华经济封锁、外交孤立以及美苏两极对峙，新生的中华人民共和国持反对帝国主义的严正立场，坚定地站在以苏联为首的社会主义阵营，全面向"苏联老大哥"学习。此后，中国经历抗美援朝、抗美援越等历史斗争，成功研发"两弹一星一潜艇"，逐渐建立了较为独立、完整的工业和国民经济体系，重返联合国，还主动对"第三世界"民族独立运动给予了无私的支持，一度被视为"第三世界"革命领袖，成为冷战两大阵营之外的独立大国。但此时，中国与发达世界的关系整体上是紧张的、敏感的。

第四轮是"虚心向西方学习期"。新中国建立前 30 年取了巨大的进步，但犯的一些"左"倾错误也使经济一度陷入崩溃的边缘。1979

年前后，邓小平连续访问日本、美国，开启首位中国领导人访问当时全球两大经济体的先例，向全国传递"动员人们虚心学习，迅速掌握世界最新的科学技术"的信号。虽然当时也支持向原苏东地区、第三世界开放，但改革开放早期主要还是从美国、日本、西欧等国家吸引外资、科技与管理经验。而西方则成为中国人的世界观中主要的学习对象。"言必称西方"在改革开放早期也相对浓厚。

直到 2008 年国际金融危机，"西方神话"才逐渐开始走下神坛。而如何向世界全面开放，如何平等地与世界交往，既学习世界，也与世界分享经验，直到 2013 年"一带一路"倡议提出后，才算是正式破了题。

在"一带一路"倡议之前，近两百年来中国对世界的态度，有一条可循的、螺旋上升的轨迹：由简单学习到全部照抄，再逐渐走向有效学习；由狭隘学习技术到全面复制体制，再逐渐走上中国道路；由极度自负坠入极度自卑，然后逐渐恢复自信。对外学习的有效进程与国力复苏的进程基本吻合，也随之积聚反向输出的力量与蕴能。

此前蜿蜒前行的中国与世界互动之路，是历史的必然选择，但也伴随着时代的局限。从思想交流与知识互动的层面看，中国长期处于"逆差"与"赤字"阶段，中国向世界学习的多，输出的少；请进来的多，走出去的少，知识与思想的失衡现象非常明显。当中国成为全球第二大经济体，并呈现出全球最大经济体的预期时，这种失衡状态是不可能继续维系的。

于是，历史选择了"一带一路"倡议，使中国第一次在对外政策与全球治理观念上实现了知识与思想的全球输出，开始逆转此前被动的状态。这种逆转折射了中华民族伟大复兴的自豪感。

诚如笔者 2017 年 5 月 15 日在央视直播点评中所说："100 年前的 1917 年，中国是一战战胜国，但领土却被列强瓜分；80 年前的 1937 年，中国受到日本入侵，差点亡国；40 年前的 1977 年，中国经济陷入崩溃，面临开除'球籍'的危险；20 年前的 1997 年，中国经济总量还不如意大利；现在，2017 年，中国 GDP 已是意大利的 5 倍。首倡'一带一路'，全世界主要国家都来北京为中国来站台、背书。2017 年，中华民族伟大复兴的重大节点年。"

从这个角度看，即便不是"一带一路"，也会有"N 带 N 路"或一个管"总"的概念来形容新时期中国的对外合作设想，推进中国"世界观"的全球共享。

中国进入"全球公民"时代

相当长一段时间以来，一提起"国外"或"世界"，人们脑海中第一反应都是美欧日等国；提起"与国际接轨"，更多指的是与西方接轨。民众出境旅游，多数都往美国、西欧、日韩等国"挤"；国际问题研究也多聚焦西方。这种对发达国家的"世界观"偏好虽体现了中国人"见贤思齐"的民族性格，却如前文所言，造成了长期"世界观"的巨大盲区。现在，"一带一路"建设开始填补了这种心理盲区。

从中国社会知识与思想变化看，"一带一路"正成为新关注点，人们更多地关注西方以外的区域，如中东、中亚、北非、中东欧、拉美等。据统计，截至 2016 年底，内容涉及"一带一路"的图书超过

1000 种，涵盖历史、政治、法律、经济、文化、文学、艺术等多个学科类别。有关"一带一路"与相关国家的报道超过 1000 万篇。全球各大智库超过 3000 份研究报告与书籍聚焦"一带一路"，有的则翻译成中文，像牛津大学高级研究员弗兰科潘的《丝绸之路》、美国学者康纳的《超级版图》等都成为全球畅销书。

从中国人出境旅游与对外交往看，"一带一路"相关国家越来越成为出境游的目的地。2016 年中国出境旅游人数已超过 1.3 亿人次。在中国人出境的十大旅行目的地，泰国已跃升第一，2016 年达到近 900 万，马来西亚、斯里兰卡、马尔代夫等古代海上丝绸之路的必经之地都名列前茅。赴伊朗、土耳其、埃及旅游的增长率远远超过欧美等国。中国近年来与这些"一带一路"沿线国家互办"旅游年"，举办世界旅游发展大会、丝绸之路旅游部长会议有密切联系，也与中国人正在拓展的世界观密切相关。

从中国官方对外教育援助与文化合作看，"一带一路"相关国家也正在成为新增长点。中国每年向"一带一路"沿线国家提供 1 万个政府奖学金名额，实施《推进共建"一带一路"教育行动》。中国与"一带一路"相关国家共同举办"国家文化年"等人文交流活动 20 次，签署了 43 项文化交流执行计划等政府间合作协议。截至 2016 年底，中国在海外设立了 30 个中国文化中心。不只是如"丝绸之路（敦煌）国际文化博览会""丝绸之路国际艺术节""海上丝绸之路国际艺术节"等活动大受欢迎，中外文化合作，如中国与哈萨克斯坦、吉尔吉斯斯坦联合申报世界文化遗产"丝绸之路：长安—天山廊道的路网"也获得成功。中国对外实施如柬埔寨吴哥古迹茶胶寺、乌兹别克斯坦花剌子模州希瓦古城等援外文化修复项目，向尼泊尔、缅甸提供文化遗产震后修复援助等。

由此可见，"一带一路"进展不只是产能合作、金融投资增长、自贸区建立、产业园推广、跨国执法监管等经济、政策层面上的互联互通，同样也在"民心相通"上推进了一大步。

"民心相通"伴随着中国人真正世界视野的形成，中国社会也正式步入"全球公民"时代。这不只是意味着中国人逐渐完整化了自己内心的全球观，更重要的是，在心理上，中国人与整体世界（而不只是西方）正在全面融合，正在全球层面上（而不只是部分区域）被正视、被接纳与被认可。

未来中国要当好学生，也要当好老师

改革开放近 40 年的成功，源于中国善于学习，特别是善于向发达国家学习现代化的技术、管理与发展经验。"一带一路"拓展与延续了中国人的学习势头，与此同时，也塑造了中国人的"世界老师"形象。

某著名国际基金会总裁带领 40 多位美国议员高级助手团来笔者所在机构访问时所说，"带访团来华的目的，主要就是向中国学习。"类似这样的话在过去是难以想象的，但现在，在欧美国家，的确有越来越多的学者、精英呼吁西方要向中国学习。不只是西方，印度、俄罗斯、巴西等新兴经济体以及来自非洲、拉美等广大发展中国家希望从中国发展经验中汲取营养的心愿同样强烈。

此时，中国人不必妄自菲薄，也不必过分谦虚，而需要善于自我总结、凝练、浓缩，真正把中国发展的新理论、新道理、新方法传授给世界，为国际社会贡献思想上的公共产品。

笔者曾给数十个国家的官员、学者与企业家们上过课，每当谈到"要致富，先修路；要快富，修高速""保持有为政府、有效市场的平衡""金融服务实体经济"等中国特色的发展经验时，对方都会觉得很受益，并纷纷回应这些思想都是本国教科书中所没有的。由此看，善于对外讲述中国，当好"老师"的角色，在"一带一路"受到全球承认的新时代显得尤其重要。

在全球知识与思想竞争激烈的今天，"一带一路"提升了中国思想竞争力。在这个大好机遇下，中国学术界、智库界应更有信心与底气，完善中国特色的哲学社会科学体系，敢于在全球思想与知识竞争中脱颖而出。

同样，中国要当好老师，也要做新的好学生。过去，我们眼光总是瞄准如何向西方学习，在经济增长的同时也在生态保护、贫富悬殊等问题上走了弯路，现在也不妨从非西方世界中汲取"一带一路"文化的营养与优点。比如，中国人可以学习伊朗人的精细，埃及人的历史感，印度人的忍耐性，土耳其人的雄心，中亚人的果敢，等等。保持持续、全面学习的心态，是中国未来可持续发展的动力，也是"互学互鉴"丝路精神的重要内涵。

总之，"一带一路"推进壮大了中国在全球的影响力，同时也反向重新锻造了新时期的中国与中国社会。从这个角度看，如何保持在全球视野下的国家发展，以及如何做好"全球大国"的国民，对于每一位中国人来讲，都是一件新的个人任务。

本书《看好中国：一位智库学者的全球演讲》只是笔者个人层面的一次身体力行"全球公民"的尝试。过去一些年，笔者与所在机构同事在近 50 个国家宣讲，无论是外国官员，还是企业家、学者、社会精英等，都越来越渴求了解"一带一路"的政策背景、思想起源以及中国的行为逻辑与未来走向。更重要的是，在国内的许多场合，国人对国家发展的思想路径也与全球演变紧紧结合起来。在这个互动与学习进程中，笔者的视野也渐渐从"仅盯着西方"的局限中拓展至真正的"全球"。

本书的第一章开宗明义讲述的是中国的未来不是威胁，也不会崩溃，而是机遇。笔者认为，历史在加速，中国崛起的速度带动着世界发展的速度。中国崛起的未来将给世界带来重大的机遇。第二章是从反驳"逆全球化"开始。笔者认为，"逆全球化"有假象，全球治理仍会朝新一轮全球化的方向发展。第三章则记述了笔者在欧洲、美国的几次演讲，认为美国、欧洲不妨都从中国身上学到一些优点。世界须重新评估中国的贡献。第四章集中评述了"一带一路"的风险与研究状况。笔者从 50 国归来看"一带一路"战略耐力角度评述，"一带一路"提升了中国学者的身价，不必过度炒作"一带一路"风险。第五章集中谈论中国经济金融的发展，从互联网金融、经济转型升级的角度，提出不必对中国经济太悲观。第六章是作为新生代学者对中国研究界的一些感悟与思考，呼吁中国学者应有士大夫情怀，应勇于担当时代赋予的使命。

第一章

中国不是威胁、不会崩溃，
而是机遇

"中国崩溃论"的崩溃

重新发现中国优势

中国机遇 3.0 时代的到来

中国将成全球第一时，在想什么？

入世 15 年，不骄傲，不自卑

密集走访欧洲十国后，审视中国优劣势

历史在加速，世界局势处在"大相变"中

西方应该"去意识形态化"看中国变化

"中国崩溃论"的崩溃 *

> 与其说中国金融、经济会出现崩溃的可能，不如说中国正在经历转型阵痛后再次起飞的前夜，就像中国一个经典故事"凤凰涅槃"那样。
>
> 中国政府是无限责任政府，对于中国共产党来说，搞好国家治理，没有第二次重来的机会，必须做好，责无旁贷。这是由中国政治文化决定的。
>
> 中国政府仍然有对经济的宏观调控力，还保存着巨大的政策余量与手段。
>
> 现在全球无法承受中国经济或金融的崩盘，就像无法承受华尔街的崩盘一样。

感谢中国外交学会和德国环球之桥协会，让我有机会能与大家交流。丽江是中国最浪漫的地方，组织方把会议安排在此，一定是希望我们都能暂时抛掉平时工作中的烦恼、压力、忧愁以及一些悲观主义的情绪。因为在座各位都是中德两国的精英，而据最新的社会调查，从 2008 年国际金融危机以来，各国精英对未来的主流看法

---

* 2014 年 7 月 7 日，第三届中德青年领导者会议在云南丽江举行。王文作为受邀嘉宾出席会议并在晚餐会发表主旨演讲。

都相当悲观。

去年，美国智库朋友告诉我：危机太糟糕了，美国已没救。半年前，一位德国著名智库学者在我院讲学时也说：欧债危机很难解决，欧洲已没救。在中国，也有很多学者说，中国已没救了。精英比普通民众更焦虑，体现了社会责任感、危机感，但另一方面，也会导致判断与预测的失真。在我看来，至少过去20多年，大多数对中国形势走向的精英判断是不对的，尤其是所谓"中国崩溃论"。

第一轮猜测中国将崩溃的热潮在1989年以后。当时改革开放一度找不到明确的方向。苏联解体与东欧剧变，西方世界洋溢着"历史终结"的判断，认为随着"民主化"浪潮，下一个共产党政权垮台的国家一定是中国。20年过去了，"民主化"浪潮席卷的中亚、北非、西亚、泰国、乌克兰，几乎没有一个转型成功，而中国却在抵御西式"民主化"进程中找到自己的道路。所以，现在可以判断，所谓"中国政治崩溃论"是错误的。

第二轮猜测中国将崩溃的热潮在1999年以后。当时中国的银行呆账、坏账情况相当糟糕，国企改革导致了数以千万计的工人下岗，亚洲金融危机差点摧毁了香港金融。美国华人学者章家敦当年出版的著述《中国经济即将崩溃》很畅销。结果大家都猜到了。21世纪第一个十年，中国GDP平均增速10%以上，经济总量连续超过意大利、英国、法国、德国、日本，成为世界第二。章家敦也成了一个学术笑话。所以，现在能判断，所谓"中国经济崩溃论"也是错误的。

第三轮猜测中国将崩溃源于2009年以后。当时互联网2.0技术开始普及，类似于Facebook、Twitter等的微博、人人网用户超过了5

亿，人人有权在互联网上批判社会与政府。2010年底，"阿拉伯之春"爆发，次年夏天伦敦发生骚乱，秋季"占领"运动从华尔街出发席卷全球，一些论调开始推算中国社会将进入"冬天"，尤其当时中国发生动车追尾事件、红十字会的"郭美美事件"，所有情绪都在微博等互联网空间里发泄，整个中国社会陷入了恐慌。现在，一切都过去了，中共十八大后新中国领导人的改革措施大大增强了中国社会的信心。所以，现在应能判断，所谓"中国社会崩溃论"也是错误的。

但围绕中国崩溃的声音并未结束，2014年的悲观主义情绪更重，我把它称为"中国金融崩溃论"。这种观点主要是基于目前中国房地产下行导致的危险、中国地方债务导致的各类违约风险、企业大量破产导致的经济恶化等现象，不少人担心，中国有可能会发生系统性金融危机。真的吗？我不同意。

大家的疑问一定会是，怎么解释目前的中国经济下行压力？我的答案有三点：

第一，结构调整。2008年，为抵御国际金融危机，中国推出4万亿元经济刺激政策，导致了投资过热，2009年投资对GDP增长的贡献率一度达到了87.6%，远远超出了金融体系的融资与循环能力，导致了银行贷款还款率差，房产价格五年涨了三倍，一些产业的产能高度过剩等。所有证据已表明，仅仅依赖投资拉动经济增长的模式，是难以为继的，必须调整投资、消费在经济增长中的结构，于是2013年以来中国的经济政策一直致力于去产能、去标杆化，以至于过去许多繁荣的行业、公司、地方出现了前所未有的压力。

第二，产业升级。高耗能、高污染的企业在中国将越来越没有存活的空间，与此同时，一些低附加值的企业也将被淘汰。中国不可能再继续过"1 亿双袜子换一架波音飞机"的贸易日子，也不能再让北京、上海、广州变成一个像 20 世纪 50 年代伦敦那样的"雾都"。产业升级必然会使某些旧产业、工厂、城市产生变化甚至破产，压力是可想而知的。

第三，强力改革。我要向大家推荐看中共十八届三中全会的报告。因为报告内容显示，目前中国正在经历一场 35 年来最大规模的改革。从社会到经济，从政治到金融，从军队到学校，许多改革措施都在步步推进。在银行、证券、保险为核心的中国金融界，几乎每周都有新的、国家级的改革方案推出。改革往往意味着不适应，也随之会有压力。

我的德国朋友们一定还会疑惑，那靠什么能度过这一轮经济压力与金融风险呢？由于时间关系，我只能简要讲五个要点：

一是靠改革。大家知道，中国目前的反腐斗争相当激烈，习近平主席与他的领导集体希望打造一个廉洁的中国。越廉洁，中国改革就会越顺，经济就会越增长；另外，金融改革也将进一步促进中国资本市场的健康发展。

二是靠创新。在中国，懂得技术创新的企业，日子都非常好过，尤其是互联网企业。我的许多互联网金融企业家朋友都赚到了许多钱。

三是靠民生。中国目前的医保改革比美国奥巴马的医保改革要顺利得多，社会保障正在渐渐完善，这一点要向德国学习。大家知道，中国民众最爱存钱，建立更好的社会保障体系后，民众会变得越来越敢花钱，经济自然就不成问题了。

四是靠新型城镇化。中国目前正在打造京津冀、长江经济带等多个城市带，每个城市带都有 1 亿人的消费群体。中国未来 10 年还将有近 3 亿人从农村到城市，这里蕴藏着巨大的经济潜力。

五是靠开放。中国与周边国家的自由贸易区协定签署将越来越多。更值得大家注意的是，中国向西行的丝绸之路经济带建设，终点将是以德国等国为重心的中欧、西欧。如果一旦建成，将改变欧亚大陆 30 亿人的生活。

我的结论是，与其说中国金融、经济会出现崩溃的可能，不如说中国正在经历转型阵痛后再次起飞的前夜，就像中国一个经典故事"凤凰涅槃"那样。

我建议德国朋友们不妨从下面三点思考中国的逻辑。

一是底线逻辑。中国政府是无限责任政府，不像欧美国家的政府是有限责任政府：搞不好经济，大不了下台，几年后再来过。对于中国共产党来说，搞好国家治理，没有第二次重来的机会，必须做好，责无旁贷。这是由中国政治文化决定的。

二是政治逻辑。中国政府仍然有对经济的宏观调控力，还保存着巨大的政策余量与手段。

三是全球逻辑。现在全球无法承受中国经济或金融的崩盘，就像无法承受华尔街的崩盘一样。

所以，在丽江这么美的地方，我们一定要想一想，在中国不断发展的未来，寻找到两国共同的机会以及我们青年人的位置。

相信大家一定都饿了。我不能再讲下去了。最后，我要许三个愿望，一是祝大家在丽江都有一段浪漫的回忆和经历。二是今天是 7 月 7 日，77 年前的今天，日本入侵中国，造成了 3000 多万中国人的伤亡，但他们的政府现在还不正视历史。我希望日本能够向德国学习对历史的态度。最后是祝我的德国朋友们，明天要举行的世界杯半决赛能战胜巴西，挺进决赛，最好能得世界杯。因为德国队是我 20 年来最喜欢的球队。

重新发现中国优势 *

过去三十多年全面引进的欧美思想与理论政策，在很多时候都显得问题重重。相反，那些根植于中国本土的政治或经济政策，却相当成功。中国人恐怕要有第四轮"睁眼看世界"，全面比较中国和世界的差距、差异。最落后、逆差最严重的是思想产品。重新发现中国，重新发现中国的优势和不足，这是一个巨大的历史使命，是我们一代、两代甚至更长时间的历史责任。

　　谢谢王绍光老师的介绍。首先要祝贺张维为教授主持的这个中心的成立。我非常荣幸能成为张维为教授最早一批文章的编辑者，大概从 2007、2008 年开始编辑，亲历这段中国思想崛起的酝酿过程，内心充满自豪。维为教授无论在《中国触动》还是在《中国震撼》这些销量过百万的书籍后记中都特别感谢了我，我也想借此机会感谢您对我的感谢。（全场笑）

　　张维为教授是过去几年里中国话语崛起的重要代表人物，顺势成

---

* 2014 年 12 月 9 日下午，复旦大学"中国发展模式研究中心"正式成立，这是全球第一个以"中国模式"命名的研究中心。王文受邀参加成立大会并发言。

立全世界首个以"中国发展模式"命名的研究中心，可谓是"应运而生"。这是我要说的第一点。

第二层意思是，我要提出一个问题，大概从2008年前后中国思想界开始兴起的新一轮中国发展模式的研究热，或者说是中国话语崛起的这个趋势里，到底是哪些学者或思想者在推动着这样的伟大进程呢？换一个问题是，**Why Zhangweiwei**？为什么是张维为？为什么是以张维为教授为代表的这一批思想家呢？我发现，这个进程实际上是由三类学者在推动的。

一是类似于像库恩教授、马丁·雅克教授这些外国友人，对中国有一种特殊情怀与客观理解，对欧美政治有难得的批判精神。他们敢于用另一种眼光看中国。第二批学者是长期在国外工作、学习，或者拿到博士学位的，他们对西方有很深的了解，吃透西方政治理论，并超越了他们的视角。在座有很多，比如说王绍光、潘维、史正富等几位教授，大都在美国待了10年以上；第三批学者就是经常到海外去，学着用脚底板做学者，不拘泥于学理，而是实践出真知，今天在座的房宁教授就是最有代表性的一位。前几年他走遍了东亚五国一区，重新发现了东亚的政治转型模式，可谓是中国比较政治学研究的新开山之作。

总的来看，这批学者重新发现中国发展模式，试图重新寻找中国制度优势的根本原因，是他们对各国事务的广泛见识、通过国际比较对中国发展拥有充分自信之后才形成的。

拥有这种自信与理性比较，经历了非常艰辛的过程，至少经历了近两百年的时间。从1840年开始，中国重复走着"对外开放——引进优势——恢复自信——受到挫折——再继续开放"的进程。1840 年后的第一轮开放，引进的是技术，当时说"放眼看世界""师夷长技"等更多的都是在科学技术、工业生产要素等方面，后期洋务运动、维新变法时曾短暂恢复了国民自信，甚至还有像义和团那样自大的，但甲午战争的大失败，把中国打回了原形，引进技术优势之路最终遭受了巨大挫折。中国人重新寻找复兴的优势根源。

第二轮开放是从 1911—1919 年前后。所谓推翻满清，建立共和，之后"十月革命一声炮响，给我们送来了马克思主义"，中国引进的是以民主理论和经典马克思主义为重心的政治理论。但国民党政府的败局以及后期新中国成立初期的挫折迂回再次证明，无论是民主理论，或者是马克思主义，教条化、本本化的推行之路是行不通的，重要的是发挥社会与大众优势。

1978 年的改革开放，事实上是中国近代以来的第三轮开放，引进的核心是以自由市场主义为中心的经济理论。这种开放与欧美早期希望中国"市场化推动民主化"的期待发生了吻合与共振。所以，从 20 世纪 80 年代"中美关系蜜月期"，到 90 年代美国对华的"接触"与"两面下注"政策，一直到 2000 年后西方支持北京申办奥运、支持中国入世，以及中国对诸如南斯拉夫联盟炸馆事件、南海撞机事件等的忍让，对美国反恐战争的配合，一度使中国以为真的"融入世界"了，而西方也一度以为"中国该开始民主化了"。

但 2008 年前后，一切急转直下。以詹姆斯·曼（James Mann）的《中国变幻》（*The China Fantasy*）一书为代表的声音，广泛质疑"经济成功的中国能不能变成民主化国家"。当时美国参议院还两次就此举行了听证会，结论越来越多地偏向于"不能"。于是中国办奥运，招致欧美空前的抵制。当时的中国像是祥林嫂捐了门槛却仍进不了堂室一样地再次觉醒了。加之欧美金融危机的爆发，中国奥运、世博会的成功，"天时地利人和"大大提升了中国制度自信、理论自信和道路自信的概率。

所以，2008 年前后开始的重新发现中国优势的"政治学思想热"，可以归纳为三个原因：一是经过百年历史挫折教育出来的；第二是被西方持续不断、来自方方面面压制之后条件反射出来的；三是一批思想者先驱在真正了解外国优缺点之后总结出来的。

现在再回过头来看，过去三十多年全面引进的欧美思想与理论政策，在很多时候都显得问题重重。最典型的是两种，一是住房市场化政策，虽然推动相当一部分人的财富增长，但越来越成为社会各类弊病与摩擦的重要根源。二是汽车文明。2000 年中国社会还在讨论"是否建立汽车社会"，短短几年间，中国成为全球汽车最大的倾销地，以及中国能源危机、环境恶化、城市病的关键症结。

相反，那些根植于中国本土的政治或经济政策，却相当成功。比如说我的故乡浙江义乌，从"鸡毛换糖"一直到现在的全球最大小商品集散地，成为中国贸易超过美国成为全球的第一大贸易国的重要折射。还有就是家庭联产承包责任制，一直到现在党的十八届三中全会决定中提出的所谓各类土地流转政策，都发挥了中国人的聪明才智。从这个角度来讲，中国人恐怕要有第四轮"睁眼看世界"，全面比较中国和世界的差距、差异。哪些是真正的差距，需要中国人继续学习的？哪些是差异，中国人千万不能学，尤其不能照搬照抄的？

我以为，这一轮的"睁眼看世界"同样需要大量艰辛的工作，这里必然伴随着中国对外交流从"逆差"转为"顺差"的艰难过程。最早从逆差转为顺差的，是小商品，是轻工业产品，接着有诸如三一、华为等重工业产品、科技产品的"逆顺反转"。现在慢慢呈现出来的是影视产品、孔子学院等文化产品。最落后、逆差最严重的是思想产品。几乎所有的优秀社科书店里，被翻译过来的书籍一般都是本土学者书籍的 10 倍以上。我现在也在学习金融，金融类书籍也差不多呈现了这个趋势。幸运的是，中国大量优秀的金融思想家已经意识到华尔街那一套不应该全搬到中国来的，所以才会有诸如"金融要服务于实体经济"等大量与美国金融理论格格不入的思想萌生。

从这个大的背景下讲，像张维为教授，还有在座很多著名学者的使命很重。重新发现中国，重新发现中国的优势和不足，这是一个巨大的历史使命，是我们一代、两代甚至更长时间的历史责任。

第三点，是一个建议，就是研究中心成立，目前存在两个当务之急。除了深入研究中国发展模式以外，还要做两点：一是大众传播，让社会舆论更加明晰地懂得中国发展模式的优缺点。现在中国大众舆论一片逆向种族主义之声，不是说中国人批判自己中国人不好，而是过多、过滥、过于自卑了。最典型的，就是前天在上海那个大妈被一个老外撞的事件。刚开始，全国舆论一边倒地骂那个大妈讹上老外，要是没有后来的视频，估计事件百口莫辩了。现在类似的事件层出不穷，中外摩擦，很多人首先谴责的是中国人，一切以价值观为先，而不问对错，这种舆论的高度不自信、过度批判的趋势要扭转。这也是中国发展模式研究中心的重要责任。

二是代际传承。即我们中国的本土优势、思想文明的智慧怎么样一代代传承下去。年轻人非常重要。有时我发觉，越经受高等教育的年轻人，越瞧不上中国人自己，瞧不上父辈，瞧不上那些土办法，甚至以会几个"洋泾浜"式的英语或学术语言为傲。不是说学欧美不好，更不是说批判中国不好，我指的是，我们是中国人，却想当"香蕉人"（黄皮白心）是大可不必的。所以，如何教育、引导与培养中国下一代年轻人自信，更加客观、理性、平和地看待中国和世界之间的差异与差距，也是中国发展模式研究中心的巨大责任。

当然我作为后生，也责无旁贷地去做这项工作，从人大重阳金融研究院作为智库的角度，不断地去建设这个处境艰难但前途远大的国家。所以，我不是特别赞同刚才马丁·雅克先生讲的其中有一句话，"中国已成功了"。我觉得最多也只是"半成功"吧。革命还未完成，同志仍需努力。大家还要再加班加点、再继续努力。

中国机遇 3.0 时代的到来 *

> 中国人将为世界带去和平。我常与学生们调侃，用"0、1、2、3、4"来形容改革开放后的中国发展：即"0 场战争、1 代人的时间、2 亿人致富、3 亿人脱贫，最终实现了 4 个现代化"。历史上，中国是唯一一个在同一片土地上不间断地延续文明 3000 多年的民族；现在，中国人能够在 30 多年里实现收入增长 100 倍。如此珍贵的智慧，应该能产生 N 个诺贝尔经济学奖啊。

很荣幸受邀来波兰参加第四届欧中经济论坛。近期，亚洲基础设施投资银行（AIIB）创立，波兰是唯一一个加入亚投行创始成员国行列的中东欧国家。波兰政府的选择太对啦！所以，在正式发言之前，我谨代表自己，以及中国人民大学重阳金融研究院——中国一家新型智库向波兰的支持表示感谢，也对波兰政府的睿智表示钦佩。

两周前，一位欧洲著名报纸总编辑到访人大重阳。此前他刚刚受

---

* 2015 年 4 月 22 日，第四届欧中经济论坛（波兰）在波兰南部城市卡托维兹举行。这是当时有 2000 多位代表参会的欧洲经济大会的一个重要环节。王文受邀参加，与波兰外交部长等演讲嘉宾同台，阐述对中国发展的看法。

15

到中国国家领导人的接见，专门把访华的最后一站放在中国智库。我非常坦诚地表达对欧美媒体历史地位的担忧。我说，当人们再翻阅过去 30 年的欧美媒体时会发现，这些媒体绝大多数对华报道都是错误的。据统计，欧美媒体 90％对中国的新闻报道都集中在两个大主题，一是"中国即将崩溃"，二是"中国带来的威胁"。

但事实是，相较于 1979 年中国 GDP 总量增长了 156 倍，年均增长 9.7％，人均 GDP 增长了 111 倍。全球贫困人口数量减少的 93.3％都来自中国。这些 GDP 数据很冰冷，但背后的场景却是，千千万万个中国人的辛勤劳作，千千万万个大学毕业生为理想而拼搏，千千万万个农民工为生计而奔波，还有千千万万个家庭的艰难付出。这才是中国经济腾飞的真实画面。

关于威胁，中国是过去 30 年唯——个从来没有卷入军事战争的大国。遗憾的是，当今世界并不太平，从地区冲突到恐怖主义和有组织犯罪，从灾害和灾难到埃博拉病毒的肆虐，人类非正常死亡的人数仍然触目惊心。平均每年发生冲突数量高达 400 次。2014 年全球极端冲突死亡人数超过 10 万人，比 2013 年激增了 28％以上。和平和安宁在一些地方仍然是"奢侈品"。

我引述这些数据是想说，30 多年的改革开放，并没有引起中国的动荡，也没有推进中国追求所谓的"全球霸权"，而是创造了中国人逐渐富裕的生活，营造和平的国际环境。因此，重新思考中国发展的"机遇"，而不是"崩溃"或"威胁"的两个错误维度，是我想在这里表达的第一个观点。

怎样的机遇呢？我的第二个观点是，世界包括欧洲在内，正在迎来中国发展的第三次机遇，我将之称为"中国机遇 3.0 时代的到来"。

1980 年，第一批外资企业在中国成立，开始享受到中国对外开放的第一轮红利。外资企业先从深圳、珠海、汕头、厦门四个中国最早经济特区开始，逐渐向东部 14 个沿海城市拓展，再继续伸展到中国内陆。到 2000 年，中国的外商投资企业的数量已累计 37.7 万家，实际使用外资 3400 多亿美元。

现在看来，"中国机遇 1.0 时代"的 20 年，基本特征是中国有限范围和有限领域内的对外开放，是世界试探性地走近中国的过程。就像一对恋人相互间写写情书、拉拉手，有迫切进一步相爱的想法和念头，却又很害羞、小心翼翼。

2001 年中国成为世界贸易组织（WTO）成员，全方位向世界开放。中国集中清理了 2300 多部法律法规和部门规章，进口商品关税总水平从 2001 年的 15.3% 降至 2010 年的 9.8%。在 WTO 分类 160 个分部门领域中，中国开放度达到了 70%，开放范围与发达国家的平均水平相当。从这个角度看，到了"中国机遇 2.0 时代"，中国与世界相爱啦。

从 2001 年到 2012 年，中国与世界的交往是相互式的，中国出口增长 4.9 倍，进口增长 4.7 倍，中国分享了全球化益处，也为世界创造了机会。到 2013 年，中国进口商品为相关国家和地区创造了 1400 多万个就业岗位，相当于欧洲中等国家的全国人口；10 年间，在华外商投资企业在华利润年均增长 30%，从中国累计汇出 2617 亿美元，相当于芬兰 2014 年的 GDP 总量。

自 2013 年，"中国机遇 3.0 时代"开始，"一带一路"正在推动中国走出去。中国希望以古代丝绸之路之名，打造一个以贸易、基础设施、金融为主要纽带的亚欧共同体。目前从中国直接通往欧洲的包括"义新欧"在内超过 13 列，作为全球的大市场，中国将通过"一带一路"与欧洲紧密相连。

在"一带一路"的背景下，中国资本、人员走出去的速度不断加快。2014 年，中国资本输出首次超过吸引外资，未来每年对外投资数额将超过 1200 亿美元；中国每年到各国旅游的人数将超过 1.2 亿人次。中国每年进口的商品超过 2 万亿美元。这个规模相当于每年再造一个中等发达国家。

这样的机遇对世界来说意味着"中国红利"。

中国人将带去购买力。法国朋友告诉我，中国人在巴黎的购买力是美国人的三倍。他很惊讶，数千欧元的香水、包在中国人看来，就像是超市里的水果。我告诉他，那些出国者只是中国最富有的群体，这个群体不足中国总人口的 5％，但如果有更多人能够来旅游和消费，欧洲的经济会不会更好呢？

在中国走向世界的过程中，当然少不了波兰的身影。波兰是中东欧首个与中国建立战略伙伴关系的国家，近年来两国双边经贸合作不断增强，波兰是中国在中东欧最大贸易伙伴和欧盟的第九大贸易伙伴，中国也是波兰的第三大进口来源地。在"中国机遇 3.0 时代"，作为欧盟第六大经济体和中东欧经济领头羊，波兰与中国在共建"一带一路"上，开展投资合作或经贸合作具有巨大优势和发展潜力。

中国人将与世界更近。如果亚洲基础设施投资银行能够带动产业提升与国际交往，并进一步推进亚洲与欧洲之间的高铁、通信、航线、物流、能源、服务、金融交往便捷化，那么，中国与欧洲之间的往来将会更方便，欧洲能更快捷地享受到中国经济发展的成果。正如一年多前法国奥朗德总统当面告诉我，当中国舆论在担忧 GDP 是否能增长 7% 时，法国媒体在为法国 0.7% 的 GDP 增长而感到欢呼。

中国人将为世界带去和平。我常与学生们调侃，用"0、1、2、3、4"来形容改革开放后的中国发展：即"0 场战争、1 代人的时间、2 亿人致富、3 亿人脱贫，最终实现了 4 个现代化"。历史上，中国是唯一一个在同一片土地上不间断地延续文明 3000 多年的民族；现在，中国人能够在 30 多年里实现收入增长 100 倍。如此珍贵的智慧，应该能产生 N 个诺贝尔经济学奖啊。

当然，有机遇，也一定会有挑战。由于时间关系，我只有三点建议：一是理解中国。至今全世界还很少有人能真正发掘中国发展的秘密，中国发展是一个思想宝藏，等待全世界最聪明的人去发掘。

二是帮助中国。中国与世界已经相爱结婚，相互依赖，世界承受不了中国的失败。中国目前的问题也很多，比如环境恶化、经济结构调整等等。过去参与帮助中国的人，中国人从未忘记过他们。以后也一样。

三是投资中国。如果把中国共产党比喻成一支 90 多年前的创业团队。那么，它 1921 年公司注册，资本金接近于 0，拿到苏联的天使轮和 A 轮，历经艰辛的经营，兼并收购西方和国内强有力的竞争对手，于 1949 年 10 月 1 日在北京天安门宣布上市。虽几经改革重组，目前年营业额突破 10 万亿美元，市值超过 100 万亿美元，居世界第二，属于历史上最牛的创业团队。这样好的团队，你愿意加入吗？

中国将成全球第一时，在想什么？ *

当中国渐渐成为全球新的第一大国时，中国正在通过"一带一路"，希望成为一个负责任的大国，希望成为世界历史上第一个不通过战争就能崛起的大国。

  非常感谢主办方的邀请，感谢李晓驷大使、陈万杰院长为论坛举办付出的辛劳，让我有机会来到向往已久的奥地利格拉茨市。在这座古典优雅的城市，我仿佛进行了一次欧洲与奥地利文化底蕴和历史厚重的洗礼，而在这方面，中国的确要向欧洲与奥地利学习。

  但另一方面，也有点小遗憾，我原本想去拜访斯洛文尼亚前总统图尔克先生，他是我所在的中国人民大学重阳金融研究院的外籍高级研究员，斯洛文尼亚首都卢布尔雅那离格拉茨大概 200 公里，差不多是中国北方最大的两座城市——北京到天津的距离。北京人常常乘高

---

* 2016 年 11 月 24 日，在奥地利第二大城市格拉茨举办的主题为"一带一路：新机遇与新挑战"的第三届中国学论坛，王文受邀作了主题为"全球转型与中国'一带一路'进展"的开幕式主题演讲，是中欧双方共同推举的两位开场主讲者之一。本文根据英文录音翻译整理。

铁，只需 34 分钟就到天津，下班去赴晚餐之约，再回北京睡觉是很正常的。但从格拉茨到卢布尔雅那据说需要三个多小时，在奥地利有限的逗留时间里，我恐怕是不能实现看望图尔克前总统先生的心愿了。

从 1980 年以来，中国经济保持平均 10% 左右的增长，从穷国一跃成为全球第二大经济体，并且已被全球多数学者认定在未来 10 年左右将成为第一大经济体的一个重要原因，就在于基础设施建设。

中国已实现了县县通高速、大城市之间基本通了高铁，使得 13 亿人的全球最大市场的物资、人员、技术、产品能够快速流动起来。互联互通使得中国经济总量过去 30 年增加了 100 倍。

如果让我只说一条中国崛起的经济经验，就是基础设施的互联互通。用中国的话说，是"要致富，先修路"。中国的经济发展充分证明，互联互通是社会流动性与经济增长的基石，成为未来比军事更重要的国家实力，甚至成为 21 世纪实现人类救赎之路。

为什么这么说呢？这必须要从全球转型说起！

我大体总结了六点：

第一，全球重心的亚太化。目前，亚太地区真正成为全球经济最活跃的地区，尤其是中国，目前中国已是全球第二大经济体、第一大贸易出口国。未来 5—8 年，中国将成为全球最大的贸易进口国、最大的对外投资国、最大的消费市场、最大的经济体。这种情况下，中国必须要为全球提供公共产品，这就是我马上要说的"一带一路"。

第二，国际互动的网络化。我们必须要依靠网络，不只是人际网络、交通网络，还要依靠信息网络、流动网络、支付网络。在中国，许多城市已实现了只需要带一部手机就能实现所有的支付与购买。商务活动大大加快，并产生了许多经济新价值。而我要讲的"一带一路"就是要把国与国之间、人与人之间的网络打通。

第三，社会资产的金融化。发达国家所谓"金融资产与 GDP 的比值"一般在 4.5—5 左右，即金融资产是 GDP 的 4 到 5 倍。人们大量的财富已经集聚到金融市场中，如何保值增值，如何让我们的财产更稳定，这是每一个大国的责任，而"一带一路"就是希望金融市场的相通，实现全球的金融稳定。

第四，利益竞争的公域化。在原有的市场上，人们的利益格局几乎都已饱和，利益结构已经变得固化。全球经济必须要依赖于更大的公共的、更有潜力的市场才能实现。现在看来，除了发达国家、亚太地区以外，还有亚欧大陆、非洲国家、南亚国家、中东地区这些新市场，更有互联网、南北极、太空、海洋等"公域"。"一带一路"希望能够通过互联互通，使这些公共区域都能成为经济增长的新市场。

第五，经济增长的常态化。如果技术没有很大的创新，一些国家的贸易不断走向保护主义，那么，经济增长恐怕很难复苏到 2008 年金融危机以前的水平。而"一带一路"希望通过互联互通，恢复全球经济的增长，以及保持目前中高速经济增长的群体可持续发展。

第六，价值观念的分裂化。目前全世界对民主模式、对华盛顿共识产生了前所未有的怀疑，全球都有了"改变"的想法，但唯有中国才是改革推进相对最好的国家。中国提出"一带一路"就是希望与全世界分享中国的改革经验，帮助全世界进一步发展。

那么，"一带一路"到底是什么内容呢？

2013 年 9 月，中国国家主席习近平在访问哈萨克斯坦时提出了"建设丝绸之路经济带"的倡议；10 月他在访问印尼时提出了"建设 21 世纪海上丝绸之路"的倡议。就是所谓的"一带一路"。

2015 年 3 月 28 日，中国三个部委发布至今为止唯一一份"一带一路"的文章，叫《建设"一带一路"：愿景与行动》，里面的核心词就是"互联互通"。再具体地说，就是"五通"，即：

政策沟通。中国希望国与国之间的政策沟通能够更顺畅。

设施联通。中国希望能够帮全世界建更多机场、港口、公路、铁路、隧道，就像过去 30 年我们在中国做的那样。

贸易畅通。中国希望能够让贸易进行得更加快速，让全世界人都能享受到其他国家的更好商品。

资金融通。中国希望资金交易、清算与金融合作便利化。

民心相通。中国希望各国民众与民众之间能够更多的交往与了解。

这些都是中国马上作为全球第一大国后的真实想法。

三年来，"一带一路"取得重要的进展，超过中国人的预期。

【政策沟通】

——双边合作：56 个国家或区域组织与中国签署了"一带一路"倡议的联合声明

——多边合作：16 个国际机制中已开展"一带一路"对接

——高层互访：40+ 个国家与中国的高层互访

——战略对接：10+ 个区域或国家的发展战略与"一带一路"对接

【设施联通】

——标准对接：10 个方向与 13 个重点领域

——交通贯通：39 条中欧班列

——能源联通：40+ 个重大能源项目，涉及 19 国

——信息畅通：55 个国家部署 TD—LTE 商用网

【贸易畅通】

——贸易便利化：22 个国家和地区已与中国签署自由贸易协定

——投资便利化：104 个国家已与中国签署双边投资协定

——合作平台：18 个国家已建立对中国经贸合作区

【资金融通】

——贸易结算：2.63 万亿元，中国与"一带一路"沿线国家经常项下跨境人民币结算金额

——开发融资：70%，中国占全球开发投资资金供给的 70%

【民心相通】

——文教合作：每年提供 10000 个"一带一路"中国政府奖学金名额

——卫生医疗：23000 多名中国援外医生遍布世界 67 个国家

——科技合作：56 个"一带一路"沿线国家已与中国签署科技合作备忘录

所以，时间到了。我的结论是，当中国渐渐成为全球新的第一大国时，中国正在通过"一带一路"，希望成为一个负责任的大国，希望成为世界历史上第一个不通过战争就能崛起的大国。

最后说三句话：请支持中国，它是想为世界贡献的全球大国。请

交往中国，它是想向世界求教的学习大国。请投资中国，它是享誉世界的新兴大国。

今天是感恩节。

感谢奥地利对中国多年来的支持。感谢大家的倾听。

中入世 15 年，不骄傲，不自卑 *

入世 15 年，我们不应自卑，也不要骄傲。中国不可能重复英国、美国的道路，永远不称霸，而且关键在于中国不能发动战争的前提下，通过全球规则的改进与双边、多边的合作而崛起，这就更不容易。但我相信，时间还是等在中国这边。

如果把大国成长比作一个人的成长过程，那么，从 2001 年到 2015 年算是中国人从懵懂向成熟过渡的关键时期。打个比喻，如果从改革开放算起中国作为现代化、全球大国的诞生年的话，这恰好是 22—37 岁的关键成长期。今天到大学来讲，恰恰像是学生大学毕业，开始接触社会与世界，并逐渐形成世界观、人生观以及回报社会的过程。

有两个"变"：

第一，15 年，从规则的追随者、服从者，到规则的改革者、引领者。2001 年，历经 15 年零 5 个月的艰辛谈判，中国与全球规则

---

* 2016 年 12 月 13 日，第十五届 WTO 与中国学术年会在对外经济贸易大学举行。王文受邀参加大会并作主旨发言。

和惯例全面接轨，还与世界进行了《贸易便利化协定》和《信息技术协定》等艰难的谈判。据统计，为了与全球规则全面接轨，废除、改订、新立的国家级法律和行政规章约 2400 部，涉及地方性法规更是将近 20 万部。随着对国际规则的对接，中国加速走上了法治化的进程。

国际化方面，中国先后三批在上海以及广东、天津、福建还有辽宁、浙江、河南、湖北、重庆、四川、陕西推出自贸区试验，并在亚太地区推出自贸区战略。

市场化方面推进的进程加快。2004 年 7 月 1 日起，中国提前半年履行放开对外贸易经营权承诺，以登记备案制取代实行了 50 年的外贸权审批制。2005 年 1 月 1 日，中国取消了进口汽车配额许可证制度，对汽车产品实行自动进口许可管理。2006 年 7 月 1 日，中国进口汽车关税完成了入世以来的"最后一降"，从 28% 降低至 25%，进口汽车零部件的关税生产率也将降至 10%。中国加入 WTO 时有关汽车及其零部件降税的承诺全部兑现。2008 年 1 月 1 日起，结束了中国长达 20 多年的内、外资企业税率差异化的做法。

但随着中国实力的增强，贸易话语权的提升，以"一带一路"倡议为主要平台，中国开始制定和引导新规则，以 2016 年 G20 峰会上通过的《G20 全球贸易增长战略》为新贸易办法，以全球首个多边投资规则框架《G20 全球投资指导原则》为新投资原则，以中国铁路为核心的全球交道的新技术标准。

第二，15 年，从全球化的红利享受者，到新一轮全球化红利的创造者、贡献者。

15 年来，中国从过去的一个相对贸易弱国、经济弱国，跃升为世界第二大经济体、第一大贸易国、第一大吸引外资国、第二大对外投资国，为全世界创造了上千万个就业岗位，未来 5—10 年，中国将成为全球第一大经济体、进口市场等，对全球经济的增长一度高达 40%，已成为全球贸易增长、经济增长、投资增长的"首席功臣"。更重要的是，"一带一路"更成为全球经济的稳定器与加速仪。

有两个变，也有两个"不变"。

一是西方社会对中国的质疑、猜忌没变。发展中国家有变化，但西方世界对中国认识还要有一个过程。比如，欧盟对华仍然不给予市场经济国家地位，导致中国是全球世界上受反倾销和反补贴调查最多的国家，2015 年，共有 17 个国家（地区）对华启动 75 起反倾销和反补贴调查。《中国入世协定书》中第 15 条涉及倾销和补贴时的价格可比性。

二是中国人对世界规则与全球博弈仍然不太适应。2008 年以前，全球贸易增速约为世界经济增速的 1.8 倍，但现在已连续五年低于世界经济增速。国际竞争在某些方面还会更惨烈，中国人对国际规划仍不太适应，这就需要有更多国际惯例的熟悉，更多能适应国际竞争的人才、知识与规则的规训。

最后我的结论是，入世 15 年，我们不应自卑，也不要骄傲。短短 30 多年，同一个政党、同一批人民在如此短的时间里就取得如此大的成绩，这是相当了不起的事情。但一方面，新兴经济体单纯依靠低劳动力成本优势发展加工型贸易从而完成产业升级的路越走越窄。英国当年崛起，成为"日不落帝国"，与法国进入了上百年的战争，包括与西班牙的海战、英法 30 年战争、长达 15 年的对拿破仑帝国的战争、克里米亚战争；美国 19 世纪 90 年代就成为全球 GDP 第一，但经过 50 年，才逐渐成为全球领导者；但中国不可能重复英国、美国的道路，永远不称霸，而且关键在中国不能发动战争的前提下，通过全球规则的改进与双边、多边的合作而崛起，这就更不容易。但我相信，时间还是等在中国这边。

密集走访欧洲十国后，审视中国优劣势*

> 现在这个年代可谓是"知识贬值，见识增值"的时代，因为获得知识的成本几乎为零，相比之下，获得见识需要非常高的成本，包括时间、金钱、精力等。有时候，知识和见识之间有很大区别，甚至是截然不同的。

我一直主张"脚底板下做学问"。现在这个年代可谓是"知识贬值，见识增值"的时代，因为获得知识的成本几乎为零，要想获得知识，百度一下就知道了。当然，百度不能做学问，不过，很多学者以Google做学问。相比之下，获得见识需要非常高的成本，包括时间、金钱、精力等。有时候，知识和见识之间有很大区别，甚至是截然不

* 2017年7月12—26日，王文密集走访了瑞典斯德哥尔摩、芬兰赫尔辛基、俄罗斯圣彼得堡、爱沙尼亚塔林、拉脱维亚里加、丹麦哥本哈根、荷兰阿姆斯特丹、比利时布鲁日、英国伦敦、意大利罗马等地，参加了第三届东西方经济文化论坛并发表主旨演讲，沿途还与法国前总统萨科齐、英国前首相卡梅伦等多位政治人物、企业家和著名学者深度交流沟通，对中国崛起、企业国际化、全球社会发展等有了全新感悟。7月28日晚，王文回京后力邀同行的徐二明教授、谢耘教授第一时间将相关体会与公众分享。本文为王文讲座内容摘编。

同的。

在知识层面看，一提到我们这次去的波罗的海沿岸国家尤其是北欧国家，百度或者 Google 上搜，一搜"北欧"基本上都是"北欧模式"，基本的内容是小国寡民、福利高、收入高、幸福国度等等，但我去了以后感受却比百度谷歌上更丰富、更多元、更复杂。

不过，知识层面对北欧的正面是有现实基础的。25 年前，著名美籍日裔学者弗兰西斯·福山写过一本书《历史的终结》，就把历史终结点的榜样国家视为是北欧的丹麦。去年，差点成为美国总统候选人的桑德斯也曾经讲过，我们美国未来发展就要像丹麦、挪威、瑞典那样看齐。前年盖勒普调查，155 个国家眼里全世界最幸福的国家，排在前三位的都是北欧国家。从这个角度看，与我们一路走过看到的表面现象也是一致的，街景很平静，天空很蓝，郊区很美，老百姓安居乐业，一幅中国古代道家所言的"小国寡民"状态。但深刻思考，问题可能更复杂一些。在我眼里，大概有以下几点特殊的感受：

第一，满大街看到相当多的老人，显示了非常严重的老龄化现象。无论是斯德哥尔摩、赫尔辛基、哥本哈根，服务生、售货员、司机、教堂礼拜者、广场步行者，五六十岁以上的比例相当高。回想一下，的确，原来北欧国家是世界上老龄化最严重的国家。挪威、瑞典、芬兰、丹麦、冰岛等北欧五国共计 2600 万人口左右，65 岁以上老龄人口将近 550 万，约占 20%。这什么概念呢？按联合国的标准，如果 65 岁人口超过 7%，算"老龄化社会"，14% 就是"老龄社会"，超过 20% 就是"超老龄社会"。

当然，有媒体也夸挪威、瑞典等的平均寿命在 85 岁左右，都是

王文在"第三届东西方文化经济论坛"主讲"一带一路"

正面报道，但另一方面，由于预期寿命增加，退休人员领取养老、医保以及其他服务的时间拉长，使得国家财政承受的压力陡增，国家不堪重负，发展成本加大，北欧国家的债务上限屡创新高。2011年欧债危机，第一个破产的国家就是北欧国家冰岛。芬兰等国家的债务也已超过了欧盟的警戒线。从这个角度看，恐怕我们要更全面地看"幸福国家"的定义了。

第二，因为老龄化的严重，整个社会福利体系近乎终结。我一路上买了一些东西，在最后一国退税，发现北欧国家的税率是最高的。再核实，发现北欧国家税收在50%—60%。对此，我们知识体系中认为，税率高是社会保障高的表现，的确，北欧国家瑞典、芬兰、丹麦社会保障费用占GDP比例达到40%以上，其他国家像日本约25%，美国约18%，中国可能在10%。税负比较高的确是福利社会高的基础，但理论上看，这种模式并不能持久，而会产生竞争力的下降、社会活力不足。

根本原因是，诱使相当大一部分年轻人不愿意工作，养了许多懒汉，有人把它称为"30%的人养活了70%的人"。我在赫尔辛基、里加、塔林街头，的确看到许多年轻人在做街头表演，提琴、舞蹈、古乐器等，但有一搭没一搭的，表情轻松，目光却是空洞，这实际上是社会慵懒症。数据显示，在瑞典一度有年均400万雇员没上班，占人口40%的国民靠休"病假"、领取各种社会福利金生活。病假补贴占到瑞典公共总支出的16%，失业率持续上升。由此再审视知识层面的"福利社会"概念，可能会更复杂一些。

更糟糕的是，如瑞典对收入最高阶层的征税率达到84%，资本外流严重，企业成本上升，人才流失严重，创新能力下降。近十年来，北欧国家经济平均增长率持续在2%上下徘徊，低迷不前。北欧最著名的三个企业品牌：诺基亚、爱立信、沃尔沃。前两个最新年报显示，2016年同比收入均下降了14%—17%。一度垄断手机市场的诺基亚，未能跟上智能手机创新大潮，已退出了全球智能手机市场。沃尔沃的利润增长了66%，沃尔沃人透露，主要原因是2011年被中国公司收购了。

不过，据《经济学人》报道，瑞典已在改革，把公共开支占GDP的比例从1993年的67%降到2013年的49%。个税、财产税、赠予税、遗产税纷纷下降或被废除，种种最新的事实已说明，传统知识层面上的"北欧模式"正在终结或被改革，不再是当年人们内心的拥趸。

第三点感悟是，这一路十个国家，我们有不同的向导，但特别有意思的是，每一国都有向导提醒我们，要小心扒手，社会治安令人担忧。在圣彼得堡，曾发生了挂在胸前的照相机大镜头盖被人不知不觉间顺走的案例。在罗马，"扒手"更是重灾区，听说中国人每两三人里就有一个在罗马被人割了口袋、偷抢了包的事例。过去，我去巴黎、维也纳，都曾被提醒要小心扒手。

当地人把这种社会治理的失效归因于"全球化冲击"。难民和中东欧的移民（如吉卜赛人）大量涌入北欧、西欧国家，产生了大量社会问题，进而导致了主张极端排外的北欧极右翼政党支持率的上升。目前，瑞典极右翼的政党已是议会的第三大党，丹麦极右翼政党已是第二大党。

极右翼政党有很强的民意基础。比如，这次我们在丹麦参观某城堡，走错了路，从出口进去了，看门的一位大妈就相当不友好，对我们吹鼻子瞪眼睛，好像欠他们什么似的。多年前，在北欧另一个富国挪威，乘坐公交车，我与同行的中国朋友坐在最后一排，当时刚放学，几个高中生，人高马大上车，看到后座有几个外国人，就一边看我们一边窃窃私语。下了车以后，集体朝我们座位边的窗户上吐唾沫，场面较为惊恐，行为相当粗鲁。据说对中国人还算好一些的，对穆斯林就更加歧视。所以，欧洲正在面临非常强烈的"伊斯兰报复"。一些城市如布鲁塞尔、伦敦等穆斯林人口极剧上升，甚至有的区域90%的人口都是穆斯林。有一本书中曾把欧洲称为"欧拉伯"（Eurab），是 Europe 和 Arab 的词合在一块儿，意指欧洲的阿拉伯化。

最后一点感悟是，一路见证了中国影响力在欧洲的提升。在圣彼得堡冬宫门前、彼得大帝像下，中国旅行者是可以用人民币直接购买东西的，这说明背后是与人民币国际化的清算与汇兑体系挂钩的。在北欧、西欧等每个人多的地方，都会有当地人用"你好""谢谢""再见"与你打招呼。这些年中国软实力的提升是明显的。

这次还非常有幸见到了法国前总统萨科齐和英国前首相卡梅伦。卡梅伦在英国脱欧后辞职，很少见到他的消息。这次他公开讲解了许多看法，包括要向中国学习基础设施建设，反思民主政治等等。

但我印象更深刻的还是萨科齐。他公开有一场大的讲座，我向他提了一个富有挑战性的问题，"2008 年你当总统的时候，也没有保护好北京奥运火炬传递，还见了达赖喇嘛，后面几年中法关系特别好。是什么原因让您对后面几年中法关系做了调整和扭转？"他一看有些挑衅，立刻来劲了，说"不要以为2008年我对中国不好，2008年我是第一个表示来参加北京奥运会开幕式的，许多欧洲大国都没来。""为什么巴黎没保护好火炬？因为巴黎市长是我的反对派，他是在反对我。你应该去问他。""为什么我要见达赖喇嘛，因为没有任何人决定我见谁和不见谁，但我也很顾及中国的感受，我没有在巴黎总统府见他，而是在波兰见他"等等。他很坦诚，给我很直率的印象。第二天早上，有机会与他早餐，他一见到我就说，你的问题我很享受，我喜欢有挑战性的问题。我也说，是啊，那么多的人，给了您一个机会回应。

后来，在伦敦，萨科齐还与卡梅伦做了一场对话。他对中国的看法也令我印象深刻，他说，我们要向中国学习最重要的事情是，愿景！他特别欣赏中国领导人每五年、每十年给国民的许诺，让国民能够有更大的可能性实现生活愿景。而这些愿景正是国家发展的希望。另外，他还讲到，全世界最大的问题和挑战是不确定性，但中国很确定。中国是个古老的国家，极其难以驾驭，非常佩服中国领导人的驾驭能力。

互动环节：

问：您这次见到了萨科齐，也见到了卡梅伦，这都让我们感觉很高大上，去年您参加哲学社会科学座谈会，也见到了习近平总书记。我的问题是，刚才你已经点评了对其他大国元首的印象，特别想知道您对习近平总书记的印象。

王文：这个问题还是蛮敏感的。（众笑）不过，人大重阳受到过三十多个国家总统、总理接见。坐在现在这个会议室位置上的总统总理就有近 10 位，如加拿大前总理马丁、斯洛文尼亚前总统图尔克等等。中国学者越来越自信了，能够与各国总统、总理侃侃而谈。比如，这次主持萨科齐与卡梅伦对话的是清华大学李稻葵教授，他坐中间，很自信，非常值得学习。国家崛起伴随着中国学者的崛起。

随着自信心的恢复，我们看世界的眼光也变了。过去，我们老说中国制度有劣势，现在反过来看中国制度的优势。长期以来，在知识层面受西方人影响很大，一提起美国，书上就写着"美国三权分立多么棒"，政治课、马哲课老师课堂上也会这样讲，说美国总统要是干不好，四年以后就会被选下来，显得很有制度优势性的。现在反过来看，他是制度劣势，因为干得再好，8 年后也得下来，管他洪水滔天呢。最典型的，是小布什总统 8 年两场战争，耗干了国库。

选举制上台还有一个大问题是，执政者思想准备得不充分。半年多前，有张特朗普胜选后低头沉思的照片在微信里流传，配图文字大体是"原来只是想玩一下，现在竟被选上了，怎么办"。结果显而易见，他毫无准备被选上，半年多后的今天，他内阁主要岗位还有约一半没有填满。被填满的，还辞职、被炒鱿鱼得不少。前段时间，特朗普高调地说，美国愿意加入"一带一路"。我问几位美国官员什么意思，他们几乎一致回复是，"哎呀，千万不要相信我们总统的话，他其实自己都不知道自己在说什么"。可见美国高层政治有多么地无序。

刚才几位老师也都提过萨科齐和卡梅伦都在反思民主、反思制度。的确，中国制度当然还是需要大量的改革，但从领导人的素质上看，中国还是要比纯民主制下的欧美国家强得多。其实，大多数人都与我有相似的感觉，在中国体制下，要干到正司局、副部级以上，那真是需要相当相当强的能力，非一般人能及。

我一直主张国与国平等，但从体量上看，我这次去多数国家都只有几百万人口，大量相当于咱们一个地级市。而中国国家领导人几乎都具有几千万人口的省份一把手履历。萨科齐这次也明确说，中国领导人太厉害了，那么多复杂的矛盾要处理，这里体现了极强的政治优势。

问：因为我们也准备带着 2000 多个中国大的品牌走出去，我想请教一下，现在中国企业在国外的情况，丹麦、瑞典、挪威总体情况怎么样，走出去有什么问题，怎么样走出去会方便？

王文：中国企业走出去进展很快，但过程很不容易。比如，近些年海航成为德意志银行最大股东，并购了希尔顿酒店，这相当于是中国工商银行、长安街沿线的酒店都被外国人并购了，中国人会怎么想？所以，中国企业走出去，受到的阻击、国外舆论的怀疑是必然的。中国引领的全球化，实际上是以中国企业为重要载体的，但这个中国往外走的过程相当漫长，也很艰难，但我相信会越走越远、越走越好。

问：这次我们到欧洲访问之后，感觉到欧洲和中国在未来在全球治理领导力方面有什么样的感受？

王文：我再补充一下，刚才谢老师讲得特别好。美国前总统事务助理斯考克罗夫特写过一本书，讲全球进入觉醒时代，不只是西方国家，1500 年以来，技术、制度、经济、政治都是西方文明在领先全世界。21 世纪以后，全球觉醒，一是西方从过去的傲慢中觉醒，正在深刻反思，二是发展中国家在觉醒，从盲目崇拜西方到发现自我优势。从这个角度看，我们看来要真的感谢秦始皇，欧洲版图和中国差不多，现在却分成了二三十个国家，因为中国大一统制，有统一文化、文字、语言。欧洲却是持续分裂，直到二战后才逐渐走向统一进程，但这个进程比中国晚了两千年，且未来命运未卜。欧洲一体化对全球治理的示范作用，是被我们建构出来的，是被我们崇拜出来的。

这里我用一个有意思的亲历故事来说明，三年前去巴黎，发现有越来越多拉三轮的，像北京胡同的那种，我坐上一次感受，从凯旋门到罗浮宫 5 美元。我于是与拉三轮的那位年轻人攀谈。他说自己 25 岁，匈牙利乡下人，巴黎第四大学毕业，会德语、英语、法语，现在正在学中文。我问，为什么学中文？他说，在网络上找到一个中国女友，在上海工作，是一位公司总监，准备去找她。我问，中国女朋友知不知道你在拉三轮？他说，当然不会让她知道。现在一个月能挣 1500 欧元，500 欧元是饭钱，500 欧元住巴黎地下室租金，存下来 500 欧元正在攒机票钱飞到上海，然后就不用自己花钱了。我实在无意取笑上海或者任何女性，只是讲述了我的亲历。背后是中国人看待外国人的某种社会现象。（笑）我当然支持自由恋爱，老外有许多特别优秀，我只是说，中国女孩要警惕外国男帅哥是不是草根。（笑）

这段亲历让我思考，匈牙利等中东欧国家到巴黎、伦敦等地打工越来越多，这是英国要脱欧的重要背景。许多英国人都说，英国摆脱了欧洲，但拥抱了世界。而这种移民的现象，事实有点像二三十年来甘肃、四川、安徽、重庆等地农民工跑到北京、上海、广州、深圳打工。中国优势在于，在大一统体制下采取"先富带动后富"的区域递进发展战略，一步步解决贫困，走向小康。现在，重庆就脱掉了"农民工输出比例最多省份"的帽子，因为重庆产业发展，如 PC 机制造等，农民可就近找到工作，收入递增。但在欧盟却很难解决，文化分散，政策分权，政治分化。如果说 15 年前欧盟因为一体化进程，还对全球治理有着示范性作用、典范性作用的话，那么，现在，欧盟对全球治理的影响力恐怕在极剧衰弱。现在英国脱欧了，马上可能荷兰想脱、意大利想脱，西班牙也想脱，不光西班牙想脱，西班牙内部也想独立。如果解决不了集权统一等政治改革问题，我对欧盟是看低的。

再说远一些，过去很多人都在鼓吹民主、自由是普世价值，现在看来，改革开放才是普世价值，比如政治体制改革。欧洲需要政治体制改革，美国也需要政治体制改革，欧洲需要开放，美国也需要开放。近期有一部纪录片叫《将改革进行到底》，我上周还在《人民日报》对此发了评论文章，明确讲"不改革，死路一条"。中国有很多不足与缺陷，但中国和欧美国家相比，它的特征是"具有可改革性"。而只有不断改革，中国才真正有未来，才会对全球治理能发挥更大的作用。

历史在加速，世界局势处在"大相变"中 *

> 历史总是有某种巧合，公元前 138 年，也就是西汉立国 64 年之后，汉武帝刘彻派张骞出使西域，主动控制了被匈奴隔断已久的丝绸之路昆仑道、河源道，从而开启了 2000 多年前中国社会的世界化新时代。2013 年，中华人民共和国成立 64 年，国家主席习近平在哈萨克斯坦出访时提出共建"丝绸之路经济带"的战略构想，启动了中国走进当代世界核心舞台的脚步。

一、世界怎么了？

各位朋友好，非常荣幸能够第二次来《中国正在说》这个重要的大讲坛，与大家分享一下 2017 年这个年份可能被人们忽视的一些世界历史意义。

---

* 2017 年初，中国人民大学重阳金融研究院研究团队发布的年度报告《大相变：世界变局下的 2017 年新常态》（执笔人：王文、贾晋京、卞永祖、陈晨晨）引起广泛关注。2017 年 3 月 10 日，东南卫视著名电视栏目《中国正在说》再邀王文电视开讲。本文根据现场演讲和互动内容整理而成。

在春节前，我接受了几家外国媒体的采访。他们主要问的，都涉及习近平主席在今年达沃斯论坛上的讲话意义。大家知道，举办了40多年的达沃斯论坛是目前全世界最重要的经济政治非官方论坛，也是近半个世纪以来体现全球化进步力量的重要平台。每年有上千家全球顶级企业与各方政要出席。在那样的场合，抬头低头都见到只有在报纸和电视里报道的那些名人。所以，在那里所释放的声音与信号，通常能折射出国际格局的一些迹象。

今年是中国国家主席第一次参加达沃斯论坛并发表主旨演讲。而同时，美国总统、德国总理、法国总理一系列西方最重要政要却集体缺席。于是，全球都在疑惑：世界怎么了？

德国重要媒体《世界报》一篇评论很有意思。它说，"当美国日益退出维护秩序大国的角色，中国却抓住机会展示自己的开放，首次把自己展示为西方世界的领导者。……"它还说，"在达沃斯，世界正在见证一个历史性转折点。"

怎样的历史转折点呢？这就是今天要向诸位讲述的主题，也是我与同事们一起撰写的最新报告《大相变：世界变局下的2017年新常态》。我想表达的核心意思是，历史的进程在2017年好像拐了一个弯，变化的速度像是安上了高铁的引擎，正在加速。

二、全球格局"大相变"

过去一年，足以改变历史的"黑天鹅"事件频频发生。从英国脱欧、特朗普当选美国总统到意大利修宪公投，诸多"偶然"的背后隐含着历史的必然。在 2016 年发生的世界"黑天鹅"事件背后，有三大历史趋势性的转变。

第一，从"精英的全球化"到西方"反建制化"浪潮的出现，全球化推动力量的源泉发生了趋势性转移。

二战后，全球化进程的主导力量是跨国公司，更具体地说，主要是从跨国公司的全球化中获益的群体，可以称为"精英的全球化"。在精英的全球化过程中，在由跨国公司主导的全球化进程中，美国经济总量在增长，但依赖传统产业为生的美国人成为输家。

跨国公司不断寻求更廉价的劳动力和生产成本，将制造业主体转移到国外，美国本土则越来越聚焦于金融、信息等高端服务业，就产生了《21 世纪资本论》中所说的，资本投资的收益增速大大高于劳动收入的增长速度，或者说，财产收入的增长大于工资收入的增长。传统产业的生存空间被挤压，从业人员的"被剥夺感"尤其严重。

于是，西方国家资产阶级拥有的财富超过了某种临界值。例如，2015 年，美国总人口 0.1％的最富有家庭拥有财富已经和占人口 90％的家庭不相上下，并且趋势持续恶化。近 30 年来，占人口 90％的美国底层家庭拥有的总体财富在全美所占比例持续下滑，从 36％降至 23％。于是，西方民众开始愤怒，开始对精英产生了极其反感的情绪。有好几位美国朋友对我讲，过去十年，美国平民老百姓的工资竟没有涨，但那些富人却越来越富。

在 2016 年美国大选过程中，特朗普、桑德斯等人的崛起，就是其中最大的证明。回顾 2016 年美国大选结果，传统的五大湖及东北工业区（即"铁锈地带"）集体倒戈，是特朗普制胜的重要推手。从整体选票统计数据上看，特朗普在两类人群中对希拉里拉开的差距最大：白人无大学学历选民（67%对28%）和居住在小城镇和乡村的人群（62%对34%）。特朗普上台是美国传统产业从业者失落与愤怒的集体表达。大选前夕精英媒体"集体误判"，草根输家的愤怒被低估。

而特朗普竞选战略恰恰是，反复强调全球化伤害美国本土利益，导致制造业萎缩、就业机会外流。同样，英国脱欧，也是平民老百姓认为，英国融入欧洲并没有得到真正的好处。不难认识到，2016年风起云涌的西方民粹主义浪潮，使得西方变得越来越不愿意推动全球化。

今后全球化的动力正如2016年中国杭州G20峰会显示的那样，变为新兴市场国家与全球市场推动的全球化，尤其是中国。过去30多年，像中国这样的新兴经济体，逐渐地、全面地融入全球化，通过国民勤奋、技术创新产生了数亿中产阶级与富足资本，并且使人员与资本越来越多地走向全球，成为塑造新一轮全球化的新力量。

举几个简单例子，2016年，中国为全球经济增长贡献超过30%，出境游达到1.2亿人次，消费了1000多亿美元，超过一个乌克兰一年的经济总量；2016年中国对外投资超过1700亿美元，是外国对中国投资的1.4倍，预计在未来五年将成为全球最大的对外投资国。中国人与中国资本正在改变世界。

第二，从国家的角度看，以美元为重要支撑的美国力量正在收缩。世界经济进入动荡不定的美元退潮期。

从2016年下半年以来，美国股市持续高涨，这意味着在2016年大量美元在持续流入包括美股在内的美国资产。而美联储加息后，作为世界货币的美元又大规模回流美国，必然导致世界其他地区美元供应量持续减少，我们把这种现象称为"美元退潮"。

美元退潮使得全球货币供给市场、出现了空缺期，对全球尤其是西方未来的创新前景造成损伤。

21世纪以来，无论是信息技术，或者各类虚拟化的创新产品，西方创新的组织过程实际上是资本运作过程。创新组织者的企业往往会成为西方资本的概念股，看中的是未来的收益，正如大家所知道的，许多高科技公司、互联网公司拥有的投资逻辑，都是在勾勒着未来的信心故事，呈现的却是当下的高债务、高杠杆。

所以，在这种现象下，一系列不可预见的负面消息发生，会在全球范围内引发信心危机，导致金融市场动荡，促使投资者和贷款机构退出风险头寸。如果处理不当，不排除信贷崩盘还会像此前的全球金融危机时一样再次发生。可以说，美元加息导致2016年起西方企业债市场将被迫在今后数年持续去杠杆化，从而形成"债务悬崖"。稍有不慎，就是坠崖身亡！

因为美元退潮，美元流动性出现的稀缺，各国出现了争夺流动性的竞争。

所以，我要讲的第三点是，从国际关系角度看，"文明冲突"将更加聚焦于"流动性竞争"。

冷战结束后，"文明冲突"论对国际关系影响甚巨。从西方在中东的军事行动到发生在欧美的多次恐怖袭击，都显示出"文明冲突"因素。2016年一系列新动向显示，货币或资产的流动属性，以及呈现出的竞争、合作状态，已成为国际关系中最突出的因素。

由于伦敦金融城是美元在欧洲流动的枢纽之一，英国脱欧意味着美元与欧洲大陆的关系开始疏离。欧元、人民币、日元、英镑在内的"次全球货币"进一步全球化，从而出现多元国际货币体系的竞争与合作。这些货币在短期内可能不一定能完全取代美元，但可以填补美元退潮出现的流动性短缺。不远的将来，伦敦与上海之间的股市联通计划即"沪伦通"赋予实施的话，人民币国际化将再次提速。

举一些我所经历的例子，在东南亚一些国家，人民币在市场上越来越受欢迎。目前人民币已成为全球第二大贸易融资货币以及全球第四大支付货币。在伊朗、土耳其、一些中亚国家，美元的影响力在逐渐减弱；相反，欧元、人民币变得越来越受欢迎。货币的受欢迎程度，代表着国家影响力的变迁。

别小瞧平民引起的全球化动力的变化，也不要低估美元退潮引起的市场动荡与流动性竞争。

三大趋势性变化，预示世界可能在2017年转变到了关键节点。这个转变，我用"大相变"来形容。

如何形容这种"转变中"的状态呢？我们认为可以借用物理学中的"相变"概念。"相"是物质系统中具有相同物理性质的均匀部分，与其他部分之间由一定的分界面隔离开来，例如在由水和冰组成的系统中，冰是一个相，水是另一个相。而物质从一种相转变为另一种相，需要经历一个过程，这个过程称为"相变"，例如冰化为水。石墨和金刚石是同一种元素组成的不同物质，冰水属于不同相态的同一个物质。

相变有三个特点：一是必须经历一定时间，二是必然存在能量的吸收、释放或者热容量、热膨胀系数和等温压缩系数等的物理量的变化，三是物质的结构发生了变化。

过去一年，世界正在经历类似的变化，为了区分于物理概念，并使之适用于描述全球变化，我们称其为"大相变"。

这些"大相变"的迹象推动着世界主要力量变化。

（一）美国：从全球帝国回归孤立主义。特朗普上台后第一天，就废除了象征着"更优质全球化"的 TPP，并颁布了"禁穆令"，高调宣称要把流失的工作机会重新带回美国，转向"美国优先"和孤立主义。可以预想，在特朗普时代，美国不再是全球化的首要推动者，而是会把美国以往承担的全球责任推掉，可能要求别的国家分担更多的全球义务和开支。

（二）欧洲：从裂变世界到裂变自身。没有了英国，欧洲大陆本身的撕裂正在加剧。回顾欧洲近代史，欧洲的扩张期通过分裂世界、殖民世界来解决欧洲自身问题。

1494 年，西班牙和葡萄牙签订《托德西利亚斯条约》，开启近代欧洲殖民者划分各自势力范围进而瓜分世界的先河。20 世纪初，被瓜分完毕的世界迎来世界大战。二战后，欧洲开始推进一体化进程，建立欧盟、欧元区等，通过整合自身来消化全球化利益。

近年来欧债危机、苏格兰危机、恐怖主义袭击、难民危机接踵而至，打破了欧洲内部原有的权力平衡。自 2016 年起，欧洲进入自身裂变期，曾经的一体化范本正在面临逆一体化进程。

英国脱欧挑战了自二战以来欧盟内部一项根本共识，即欧盟成员国身份是一张单行票。英国脱欧也是欧盟内部分化的标志性事件，从更长的历史维度看，是欧洲从裂变世界到裂变自身的重要节点。

除了英国脱欧，欧洲大陆本身的撕裂正在加剧。如果说 2008 年以来的欧债危机加大了欧洲的南北分裂，空前的难民潮则进一步凸显欧洲的东西分裂。德国、法国、奥地利等国加强了边境管控措施，欧盟《申根协定》下的人员自由流动陷入空前尴尬。与此同时，多国民粹主义抬头，匈牙利和波兰政府已被右翼民粹政党掌控，而意大利修宪公投被否也预示着意大利政治右转。

在欧洲多国内部，"分家"病毒在扩散。苏格兰、加泰罗尼亚、威尼斯等地的独立运动将成为欧洲国家决策者们持续面对的头疼问题。

（三）新兴市场与发展中国家：从"被全球化"到寻求对华合作。2016 年，中国对新兴市场与发展中国家的聚拢吸纳效应显现。多国借助"一带一路"东风，将自身发展战略与基建项目进一步对接，刺激本国投资增长，带动工业化和制造业发展，加入国际物流大通道，促进贸易便利化和产业转型升级。

在东南亚，菲律宾总统杜特尔特"弃美亲中"，10 月重续中断多年的中菲高层交流并在访华期间宣布"脱离与美国的联系"。马来西亚总理纳吉布于 11 月访问中国，寻求深化中马防务与经济合作。在欧亚大陆，与西方关系持续紧张的俄罗斯，借能源合作构筑对华贸易合作的"脊梁"。俄罗斯总统普京 6 月访华期间，双方在油气供应等领域签署多个大型能源和经贸协议，为中俄能源合作的长期稳定发展奠定基础。拉美国家对华合作已进入整体合作和双边合作并行发展的新阶段。拉美国家高度评价中国国家主席习近平 11 月的拉美之行，寻求抓住机遇，搭上中国发展"顺风车"。到 2016 年底，巴西、阿根廷等 9 个拉美国家已同中国结成战略伙伴关系或全面战略伙伴关系，几乎涵盖了拉美全部主要国家。

在亚洲，地区秩序经历深刻调整。亚洲秩序的变化正在酝酿之中，迫切需要新的动力为共同发展铺设一条确定的轨道。大多数亚洲国家达成一项基本共识：依靠美国砝码来平衡中国崛起，操作难度越来越大，并有可能危及自身利益。

（四）中国：迎来"大国马太效应"。中国也面临转型升级的压力，政府正积极把这种压力转变为新的经济发展动力，加快"结构性改革"和供给侧改革，促进国企改革，培育新的经济业态，从供给侧和需求侧同时下手，促进经济的健康发展。这些努力正取得了积极成效，中国经济发展开始趋于稳定。2016 年下半年的多项重要经济指标好于预期。例如，2016 年 11 月份中国制造业 PMI 指数为 51.7%，创 2014 年 8 月份以来的最高值，非制造业商务活动指数为 54.7%，为年内新高。

尤为值得一提的是，在经历上半年断崖式的下滑后，民间投资增速在 8 月份由负转正，2016 年 11 月份，民间投资增长 3.1%，比 1—10 月份加快 0.2 个百分点，占全部投资的比重为 61.5%，成为经济回暖的重要信号。

同时，中国消费作为经济稳定器，正发挥出越来越大的潜力。2015 年，中国社会消费品零售总额超过 30 万亿元，仅次于美国，成为全球第二大消费国。如果未来几年中国 GDP 增速保持在 6.5%—7.0%之间，到 2020 年全国居民的人均可支配收入将上升到 3 万—3.1

万元人民币。中国 14 亿城乡居民，将成为世界最大、增长最快的居民消费群体，中国居民的消费将进入黄金时代。

随着中国经济日益走向世界经济舞台的中央，"强国愈强，富国愈富"的"大国马太效应"正在显现。中国人常讲，"达则兼济天下，穷则独善其身。"近年来，中国提出"一带一路"倡议，与沿线各国分享中国发展机遇，实现共同繁荣。

历史总是有某种巧合，公元前 138 年，也就是西汉立国 64 年之后，汉武帝刘彻派张骞出使西域，主动控制了被匈奴隔断已久的丝绸之路昆仑道、河源道，从而开启了 2000 多年前中国社会的世界化新时代。2013 年，中华人民共和国成立 64 年，国家主席习近平在哈萨克斯坦出访时提出共建"丝绸之路经济带"的战略构想，启动了中国走进当代世界核心舞台的脚步。

打造一个当代版的古代全球化经济贸易路线，以及覆盖全域的文化软环境，已成为当下中国的标志性国策，成为中国提供给世界的公共产品。

三、结论：世界需要"新北京共识"

2017 年将不会是平静的一年，但世界仍然有继续繁荣发展的希望，而这希望最重要的一环就是中国的发展，中国已经成为世界上重要的一极，对世界的影响必将越来越大，也会受到世界越来越多的关注。

这就像一场飓风，而中国就处在暴风眼的位置，以良好的经济发展、稳定的社会形势，中国一定会在世界发展的变局中保持定力，同时成为世界稳定的基石。

在这方面，有两点显得尤为重要。一是努力建立全球宏观经济政策协调体系。2016 年中国积极参与引领全球经济治理。由于七国集团、IMF、世界银行以及世界贸易组织（WTO）等全球治理机制的乏力表现，中国越来越明显地成为全球治理的主要动力，这尤以 2016年 9 月中国杭州 G20 领导人峰会的举办为标志。

世界也开始更加关注中国经济发展的模式，以及中国为全球治理提出的方案和主张。在全球经济治理变革的道路上，中国积极贡献智慧和力量，有主张，有行动，更有身为最大发展中国家的责任担当，坚持为发展中国家发声，加强同发展中国家的团结合作。

二是以"新北京共识"引领全球未来。

20 世纪 90 年代，美国经济学家在华盛顿提出了指导拉美经济调整和改革的 10 条政策主张，被称为"华盛顿共识"，这是对西方国家发展模式的总结。新世纪初，美国学者雷默通过总结中国改革开放以来的发展经验，提出了与前者相对应的"北京共识"。

但"北京共识"并非中国的倡议，而是一个西方学者从自身视角对中国发展作出的归纳和总结，内容也并不完善。"华盛顿共识"与"北京共识"实际上代表了世界发展的两种道路。"华盛顿共识"以新自由主义为基础，主张私有化和自由主义全球化，其目标是强化以西方发达国家为主导的资本主义全球秩序。新自由主义在发展中国家失灵，也反过来影响发达国家，美国主导的世界体系正在陷入前所未有的混乱，"华盛顿共识"已被西方世界抛弃。

基于"北京共识"，中国日益增长的经济实力有能力向国际社会提供区别于美国范式的发展方式。从今年 G20 杭州峰会提出了全球治理的"中国方案"，并第一次就落实联合国 2030 年可持续发展议程制定了行动计划；到利马 APEC 会议上"引领亚太合作新航程"，都贯穿着"北京共识"的发展和完善，中国以自身的发展实践，为破解世界难题提供了经验。

"北京共识"在国际社会特别是发展中国家得到了广泛肯定。

诚如习主席在达沃斯论坛上所说："世界经济的大海，你要还是不要，都在那儿，是回避不了的。想人为切断各国经济的资金流、技术流、产品流、产业流、人员流，让世界经济的大海退回到一个一个孤立的小湖泊、小河流，是不可能的，也是不符合历史潮流的。"

中国应当在未来几年中面向世界，对"北京共识"作出一个完整的中国解读，为世界发展提出一个详尽规划。

中国应该主动提出"新北京共识"，总结中国发展道路，在世界范围内推广中国经验。"新北京共识"的核心是制定有效可行的发展规划，走契合自身发展的道路，促进全球公平正义，实现和平与共同发展。

我们期待，中国能在类似 G20 峰会，多国领导人共聚一堂的场合中，与各国共同签署类似"新北京共识"，将中国经验与世界发展紧密结合，开辟一条新的道路。

西方应该"去意识形态化"看中国变化 [*]

> 在中国，中国媒体既是国家治理的主体，为国家发展、社会稳定、经济改革作出贡献；又是国家治理的对象，充当着客体的角色，避免信息泛滥而使中国产生政治悲剧；既要保证 14 亿人正常社会交往所需要的信息往来，让老百姓的大多数意见都能得到表达，也不致变得过于极端化，进而导致国家动乱与社会失序。这实际上就是媒体发展的第三条道路，是中国媒体与政治民主化的渐进式磨合道路。

非常感谢邀请。今天能来参加伦敦政治经济学院北京校友会，终于实现了我当年没有完成的梦想，因为十多年前，我曾申请 LSE，但失败了。所以首先向大家致敬，为你们能在那么优秀的大学里生活和学习过。

---

* 随着新媒体的不断发展，全世界传统媒体都面临着巨大危机，"纸媒已死"也逐渐从口号变成了现实。新媒体的兴起也对政治治理提出了新挑战，但在西方媒体眼中，依旧以双重标准看待中国，认为新媒体并不能动摇中国的"审查制度"。西方媒体对中国的误解有多深？作为新媒体以及与新媒体同时代兴起的新型智库，在化解误解方面又能做哪些工作？ 2015 年 8 月 18 日，王文受邀在伦敦政治经济学院北京校友会上作主旨演讲。

下面我将从我与英国《金融时报》的亲历说起。

几个月前，英国《金融时报》（*Financial Times*，FT）总编辑巴伯到人大重阳。那天上午，他刚采访完李克强总理。在人大重阳，他问道：作为新型智库，你们能影响中国决策层吗？我说，当然，我们很努力地在提升决策影响力。

整个下午，英国最有权力的媒体人与中国一家新型智库负责人，聊得非常愉快。我很坦率地批评："过去 36 年，西方媒体对中国报道大部分是负面的，当历史学家翻阅资料时，会发现你们对中国的巨大进步几乎没有记录，难道不为此觉得羞愧吗？"

巴伯回答说："不！不！我们 FT 不是这样的。"

结果三个星期后，FT 今年唯一一次报道中国智库产业，把我所在的研究机构歪曲成了一家民族主义的、房地产商资助的中国新型智库。我真想往英国发一份律师函，现在看来，没必要了。因为它已卖给日本人了。

结合我自己将近 10 年的媒体人经历，以及与《金融时报》的接触和它的现状，我再确认了几个关于媒体的新观点，权当是对本次演讲的开场假设：

第一，全球纸媒面临着巨大危机，互联网冲击是纸媒危机的重要原因。过去 10 年，报纸广告在全球广告支出比重已从 30%降至 15%，杂志广告比重从 13%降至 7.3%。在中国，2014 年已经有超过 30 家纸媒停刊或者破产，报纸和杂志的覆盖面和影响力持续陷入困境。《纽约时报》已经确定从 2016 年起不再出纸版。"媒体"的本质正在发生变化，Twitter、Facebook、微信、微博等"自"媒体的崛起导致传统媒体地位的进一步下降，媒体人"无冕之王"的无形皇冠已被摘除。

第二，互联网技术的迅速发展引发了传播变革，也增加了媒体作用的消极性。媒体是政治民主化的重要推动力量，同时，也演变成民主化进程中的不稳定因素。人们在享受信息更自由、更高效、更快捷的同时，谣言、谎言、互联网犯罪、隐私漏洞、洗钱、恶搞、"手机低头族"，也在改变、冲击甚至威胁着我们的生活。更糟的是，互联网正在政治化，个体力量的膨胀，促成了民众的快速集聚，很容易反抗现有社会秩序。2011年以来的"阿拉伯之春"、伦敦骚乱、"占领华尔街"，背后都有互联网的力量。

第三，在互联网时代，中国同样受到冲击。中国要完成作为现代国家的民主化使命，让民众享受信息平等和自由，但中国又必须规避后现代社会的信息冲击，避免"阿拉伯之春""占领华尔街"等事件。

由此看，我们谈论"媒体、智库与政治民主化"的议题时，实际上面临着两难（dilemma）。要承认媒体权力本身对政治运行的制衡作用，即新闻理论中的"第四权"，但媒体本身也需要"被制衡"。谁来治理新媒体，怎么治理，这是一个问题。

可惜的是，中国媒体与政治民主化的关系，通常只被集中在前者。很多人认为，中国媒体权力受到抑制，中国有宣传部，还是"审查"制度，甚至有人还认为，中国与苏联的制度没区别。我认为，这个观点，不是错误，恐怕也是偏见，或者，至少对中国复杂性的不了解。

"去意识形态化"地看中国变化

几年前，我曾问鲍勃·伍德沃德——就是当年报道"水门事件"的那位著名《华盛顿邮报》记者："鲍勃，白宫会不会给你打电话?"已经 60 多岁的鲍勃立刻回答："不! 从不!"然后，几秒钟后，他悄悄说，"但是他们会给我老板打电话。"我也曾问过奥朗德总统，他的重要工作之一就是应付媒体。

可能在座各位会说，那叫"政治化妆"（Spin），与中国媒体"审查"不同。好吧，同样是人群抗议，在西方叫"骚乱"，在其他国家则叫"革命"；同样是非法暴力，在美国叫"恐怖主义"，在中国叫"无声反抗"，还能更双重标准一些吗?

我希望，当我们谈论中国媒体、智库与民主化进程时，首先要用"去意识形态化"话语，更不能用双重标准。几十年前，中国媒体、智库的政治话语有太多"美国帝国主义""资本主义"等词汇，现在少多了；但西方媒体里的意识形态用语，还存在不少。

只要"去意识形态化"，应该能达成这样的中西方共识：第一，中国与西方媒体人都很努力，都是社会精英的一部分，尽管他们的工作有时很艰难；第二，中国媒体、西方媒体都有许多缺陷与不足，尽管他们都在发挥着各自的社会作用；第三，中国媒体、西方媒体都与政府有着千丝万缕的复杂联系，尽管这种联系有深有浅。

判断媒体对一个国家政治进程的价值，不在于它是否在共产党国家或在多党选举制的国家，而在于它是否能够发挥各自的社会功用。

中国目前有 100 万职业媒体人，这个数量相当于整个欧盟 25 个国家职业媒体人总量的 2.5 倍，约是非洲 54 个国家总量的 4 倍。他们是中国最优秀、最聪明的群体之一。他们中的相当一部分人，用最负责任的态度，挖掘目前社会每一个丑陋事件，试图推动中国的进步，就像 20 世纪初美国媒体"扒粪"，进而造就了"进步主义"时代；他们还有一部分人，很努力地向世界介绍中国进步，希望提升中国媒体话语权；他们中很大一部分是地方、县市媒体人，报道街头趣事，报道娱乐八卦，报道商业动态，向其他省份宣传本地。

更重要的是，中国还有 350 万家网站、6 亿网民，其中大部分人都可用微博、微信，堪称自媒体人。他们相互传递信息，对喜爱的事情表达爱意，对罪恶的事情表达愤怒，对悲惨的事情表达同情，对美好的事情表达憧憬。

当然，如何处理互联网产生的谣言、诈骗、犯罪，中国经验不足。现在的中国政府必须要将原有的宣传系统，转化为适应互联网时代新特征的媒体治理系统。

与许多发达国家一样，中国也缺乏信息化时代的国家治理经验。很多政策推行与案件处理，会产生争议与批判。但我们必须说，人类还没有找到很好的办法，治理好互联网时代的社会。

由此看，中国媒体对国家的作用是复合式的，要传递信息，要宣传美好，要批判丑陋还有罪恶。可惜，在西方对华媒体研究中，只有"政治审查""媒体反抗与政府控制"单维度的叙述（narrative）。这忽视了中国 100 万媒体人、6 亿自媒体人的真实存在，简单化了亿万个发生在每一个角落的复杂中国故事。

在中国，中国媒体既是国家治理的主体，为国家发展、社会稳定、经济改革作出贡献；又是国家治理的对象，充当着客体的角色，避免信息泛滥而使中国产生政治悲剧；既要保证 14 亿人正常社会交往所需要的信息往来，让老百姓的大多数意见都能得到表达，也不致变得过于极端化，进而导致国家动乱与社会失序。这实际上就是媒体发展的第三条道路，是中国媒体与政治民主化的渐进式磨合道路。

如何让智库更好地服务决策，仍是一个问题

在政治民主化进程中，中国舆论不是没有自由的问题，而是过于多元化、过于复杂的问题。因此，到底什么才是真实的民意，需要甄别，需要有更多专业的机构来分析，这是新型智库的产生背景。习近平主席 2013 年执政以来，非常重视新型智库作用，还将智库建设写到了中共十八届三中全会的党中央最高文件中去。

目前中国智库差不多有 400 家。过去两年，中国新建的智库超过了 200 家，相当于目前英国智库的总量。更有意思的是，像人民日报社、新华社、新浪网、凤凰网等媒体也建立了智库。智库的最大作用，是发现问题，向决策者提供问题的解决方案。事实上，目前中国政府的几乎所有文件制定，都会倾听来自智库的专业意见。

以我所在的中国人民大学重阳金融研究院为例，除了拥有一个强大的研究团队外，我们还有一支实力相当强大的传播团队。我们几乎每天都收到各种邀请，其中许多来自于政府各个部门，我们的研究成果也通过内参、报告、简报、专栏、采访等多种途径传播出去，既为高层建言，也有启迪民众，这种综合能力让我们在建院两年多的时间

内就被选入"全球智库150强"。人大重阳的进展，反映了智库的最新变化，也折射媒体与智库的融合趋势，这给中国政治民主化带来的影响是非常长远的。

可惜的是，"智库到底该怎么做"在中国还没有破题。"智库"这个词才出现100年左右，起源于坦克（tank）这个词，认为思想应像坦克那样有进攻力。

事实上，全世界都在探索如何做智库。我曾拜访过全世界几乎所有著名智库。目前有许多文章，都曾批评美国智库的发展。尤其是去年8月，美国《纽约时报》也发了长篇文章，批评美国智库的现状。有次，我见到基辛格博士，问道：为什么美国有那么多著名智库，但作为曾经唯一的超级大国却在不断衰落，是不是美国过去二十年的战略全错了？

不过，中国智库在三个方面不如美国，一是中国智库还没有形成一个产业，美国智库有1800多家，比中国多。二是中国智库人不够专业，在美国，智库内有专门搞媒体关系的，专门从事政府关系的，中国智库研究员什么都要做。三是中国智库还不够职业化，像足球运动员职业化那样。中国要向美国学习，我相信，中国智库还会迸发出更大的能量。

媒体、智库与中国民主化进程

我们观察中国民主化这个全球最热衷的问题，应该有探索与动态的思维逻辑。25年前，美国学者福山说，历史终结了；现在看来，真正的世界历史才刚开始。如何治理互联网时代的媒体，如何让智库更好地发展，人类其实刚刚开始积累经验。

人类在进步过程中，千万不要以为我们已经了解所有，尤其是过去那么多年，美国不少学者狂妄自大，以为世界只应有美国模式一种，这使 21 世纪初全球发展陷入了停滞。

中国过去 37 年改革开放，有许多发展教训，需要批评，但整体上看，中国仍是全球犯错误最少的大国，尤其没有犯不可逆的战略错误。这样的大国发展经验，需要全球更多的研究。

我几年前曾到访 LSE，最深刻的印象是这所著名大学是一批信奉费边主义的思想者倡议建立的。他们相信，能够以温和改良、渐进手段实现社会主义。这个思潮与方法，对当下中国仍有相当大的借鉴意义。

中国是全球改革力度最大的国家，不走过去苏联的道路，也不会走现在美国的道路。未来道路怎么样，中国人还在探索，也非常希望能和 LSE 的老师与同学们进一步探讨。

第二章

"逆全球化"有假象，全球治理有未来

全球治理的"革命"尚未完成 *

> 如果说世界经济得病了，西方给出的药方通常"吃药""吃药"再"吃药"，哪里痛就吃什么药。而中国给的药方呢？是先要重新反思为什么那么多年、吃了那么多药，还不见好呢？不好转，就要有新的办法。不能光靠吃药，而是要长期调养，打通经脉，活血化瘀，疏通筋骨，去病断根。"创新、活力、联动和包容"就是这样的四味长期药方。

感谢《中国正在说》栏目，让我有机会与大家分享《全球治理与中国贡献》的故事。

2015年11月13日，土耳其安塔利亚G20峰会正式开幕的头一天，我们中国人民大学重阳金融研究院在峰会现场与相关合作伙伴共同主办了G20预热峰会。

突然，有一位土耳其政府官员把我拉到了一边，递给我一份邀请函，说：我国总理达乌特奥卢先生邀请您出席明天的G20峰会领导人欢迎晚宴。您是受邀请的全球智库仅有的两位代表之一，也是唯一的

---

* 由东南卫视策划与制片的《中国正在说》节目在国内热播。2016年底，该节目邀请王文电视开讲，本文为相关文字整理稿。

2015 年 11 月 16 日，王文在土耳其安塔利亚 G20 峰会现场发布会

一位中国智库代表。

第二天晚宴，我见到几乎所有大国领导人。土耳其总理在接见时，握着我的手说，"我记得咱们在去年澳大利亚 G20 峰会见过吧。"他对我如此礼遇，竟把俄罗斯总统普京排在了我后面。我握完手后才发现，普京总统排在我后面 10 多分钟，我竟浑然不知。

在那天晚宴，我向南非总统、印尼总统、马来西亚总理、阿塞拜疆总统推介中国智库的发展。联合国原秘书长安南对我说："中国做得很棒！"印度总理莫迪对我说："中国，很不错。"加拿大总理、就是那位高富帅、"小鲜肉总理"特鲁多，紧紧地抱住我说："咱们来个自拍！"

那天，我很为中国参与全球治理而感到自豪，也为我们这家年轻的智库能够拥有这么好的机会而感到无比的荣耀与光荣。

或许你们会问，到底我们做了什么，能够得到如此礼遇？这必须要从"全球治理"概念说起。

"全球治理"是二三十年前才开始流行的概念。过去主导全球化的方式，往往用军事统治或者殖民的方式。直到第二次世界大战以后，全球运行的方式开始更多地依赖制度、规则与协商的方式来运行。

可惜的是，长期以来，世界的规则一直由以美国为首的西方七国主导着，金融、贸易、投资等方方面面的国际运行规则，都是按照有利于西方国家利益的方向去制定。直到 2008 年国际金融危机的发生，在时任美国总统小布什的提议下，G7 国家、欧盟与中国、印度等其他 12 个新兴国家在华盛顿聚会，第一次召开了 G20 领导人峰会。至此，人类历史上第一次西方国家与非西方国家、发展中国家的代表实现了年度聚会的机会，新兴国家终于能够与发达国家平起平坐了。

从2008年开始的G20峰会为全球经济的复苏作出了重要的贡献，但世界并没有完全从全球经济危机的深陷里走出来。我举个简单例子，2000—2007年，全球经济平均增长率为4.5%，接着2008、2009年由于危机跌入谷底，到了负增长。2009年后开始复苏，但复苏乏力。2010—2014年全球平均增长率仅为3.5%，2015年仅为3.2%，2016年预计只有3.0%。相比之下，中国经济虽有下行压力，但仍然是全球经济状态最有潜力的大国。多年来，我们仍然保持着6.5%—9%的增长率。

这个时候，全世界都在期待着中国能够给全球经济增长提供"中国方案"。从2013年起，我们中国人民大学重阳金融研究院就起手研究G20，推动中国积极申办2016年G20峰会，得到了党和国家领导人的高度重视。尤其2016年，我们被任命为G20共同牵头智库，在全球10个城市举办盛大的G20智库会议，著书立说，建言献策，国际沟通，舆论预热，媒体解读。在这个过程中，我们感受到"中国方案"对全球治理的有效性与受欢迎程度。

大家知道，今年中国主办G20峰会的主题是"构建创新、活力、联动、包容的世界经济"，在英文简称为四个"I"。

前一年土耳其G20峰会也提出了三个"I"，即"投资性增长""包容"和"执行力"（investment for growth, inclusive and implematation）。对此，西方个别学者评价道，还应该再加一个"I"，叫"impossible"（不可能）。

　　为什么呢？一是土耳其在西方看来缺乏提出全球经济治理的权威与底气，二是靠投资来解决增长，本身仍然是"西方救市方案"中刺激政策的延续，已被证明不是一个好办法。

　　中国给世界经济低迷开出的四剂药方有什么内涵呢？

　　什么叫"创新"？意思是希望全球经济不能墨守成规，要追求技术创新、制度创新，要推动国际金融、贸易和经济体系的改革，要推进全球的基础设施建设，要构建全球创新体系，等等。没有创新，经济增长就没有出路。在杭州 G20 峰会上，中国创造性地推动实现了 29 项重大全球共识，这本身就是一种大创新。

　　几周前，我在华盛顿开国际研讨会。我对美国学者讲，事实上，美国人强调"创新"，更多指的是科学技术层面，但中国讲的"创新"，更重要的，还强调体制机制上的创新。没有重大的改革创新，恐怕全球很难走出经济低迷的陷阱。中国现在需要改革开放，美国也需要改革开放。一些美国学者也同意我的看法。

　　为何要"活力"？意思是希望全球物资、人员、技术和资源能够变得更加有活力地流动起来，进而抵御当下越来越盛行的贸易与投资保护主义，为各国发展营造更大的市场发展空间，让全球经济不再死气沉沉。对于发展中国家而言，一个国家的经济活力尤其重要。

　　在这方面，中国在杭州 G20 峰会上加强贸易与投资的各项指导原则，推动跨境电子商务，带领更多发展中国家参与到全球的贸易体系中来，引导世界建立更有活力、更开放的贸易与投资体系。相比目前欧美一些保守声音，中国的"活力"方案是能够推动全球经济复苏的。

在土耳其安塔利亚 G20 峰会现场发布会上，王文受到土耳其
总理艾哈迈德·达乌特奥卢的接见

什么叫"联动"？是希望破除藩篱，实现全世界在基础设施互联互通，通路、通电、通网。中国深知，目前发展中国家仍落后于发达国家，发展中国家经济没有起色，关键是贸易、投资、资源的推进存在巨大的技术障碍、制度障碍、基础设施障碍。

几个月前，我曾在肯尼亚调研。在那里，中国公司为肯尼亚建造了百年来第一条铁路，从蒙巴萨到内罗毕。当地民众对未来充满期待，内心对中国的贡献很感激。实践证明，越没有障碍，经济越会发展。"要致富，先修路"，是中国的成功发展经验。中国正在把它推到全世界。

什么叫"包容"？是希望能够让更多贫穷人口享受到发展的福祉。现在世界基尼系数已经达到 0.7 左右，超过了公认的 0.6 "危险线"，必须引起我们的高度关注。半个多世纪过去了，数十个通过二战民族解放运动后新成立的国家，原本是发展中国家的，现在也仍是发展中国家，并未变得富有。世界的未来不能让占全球人口五分之四的发展中国家继续贫困下去。

在中国的推动下，旨在完全消除贫困、消除文盲等中共十七大目标在内的联合国 2030 年可持续发展议程，首次成为 G20 未来重要的议程，中国还邀请了最多的发展中国家代表参加 G20 峰会，更多发出发展中国家的声音，真正做到让大国带动小国、让先富国带动后富国，促进全球利益共同体、命运共同体的形成。

我打个比方，如果说世界经济得病了，西方给出的药方通常"吃药""吃药"再"吃药"，哪里痛就吃什么药。而中国给的药方呢？是先要重新反思为什么那么多年、吃了那么多药，还不见好呢？不好转，就要有新的办法。不能光靠吃药，而是要长期调养，打通经脉，活血化瘀，疏通筋骨，去病断根。"创新、活力、联动和包容"就是这样的四味长期药方。

这四剂药方既继承了毛泽东时期的国际主义精神，将中国成功的经验与世界分享，也发展了邓小平时期的实事求是、实践是检验真理唯一标准的特点，更汲取了中国传统中"己所欲施于人，己所不欲勿施于人"的文化智慧。

G20 峰会获得了空前的成功，而中国对全球治理的建议能够得到空前的支持。为什么？因为中国长期以来为世界发展已经作出了巨大贡献，世界正在重新审视中国的贡献。

我总结为三大贡献：经济贡献、和平贡献和政治贡献。

经济贡献

在联合国推动的世界减贫目标来看，中国为全球减贫人数贡献了90%左右，换句话说，过去 30 多年，全世界从贫困走出来的绝大多数人都是中国人。中国的先富正在带动后富，中国经济过去十年，每年为全球经济净增量贡献了 1/3 以上。物美价廉的"中国制造"让全球享受到了"商品民主"。对于发展中国家来讲，中国贸易带来的福利远比西方所鼓吹的所谓"政治民主"更实惠。中国注重基础设施的对外投资方式，大大促进了全球各国的民生改善。

我去过亚非拉等第三世界的几十个国家，所到之处亲眼目睹到中国人的努力，正在悄然改变当地国家的福祉。二战以来，所有民族国家解放运动后一直致力于如何从低收入国家升级为高收入国家，但真正实现的，只有一个国家，那就是在美国扶植下的日本。

太糟糕了，西方主导下全球治理了半个多世纪，富国还是富国，穷国还是穷国。但是，因为中国的经济贡献，穷国的翻身正在成为可能。

这些天，许多机构都在纪念中国加入 WTO15 周年。15 年前，全球贸易总额为 12.5 万亿美元，现在约为 16 万亿美元；15 年前，中国贸易总额约 6000 亿美元，现在约 4 万亿美元，从全球第七大贸易国跃升为第一大贸易国。看着数字，我们能看到，15 年来全球贸易增长的增量，恰恰与中国贸易增量差不多。是中国贸易的增加，助推了全球贸易的增长，为新一轮全球化作出了最重大的贡献。

和平贡献

如果经济层面上的中国贡献更多指的是，改善了人类的生活，那么，中国还有一大贡献则可以说是保护了人类的生命。中国过去 30 多年是全球唯一一个没有发动战争的大国，中国主张以和平解决争端，这在当下是相当不容易的事情。

要知道，西方大国的崛起从来都伴随着战争。19 世纪中后期，是大国崛起的"洗牌期"，战争数不胜数，大一些的如 1840 年鸦片战争、1853—1856 年克里米亚战争、1858 年法国吞并印度支那、1860 年第二次鸦片战争、瓜分整个非洲的大小战争、1898 年的美西战争，西方崛起就是一个血与火、枪与炮的过程。

更糟糕的是，在西方历史上，为了转嫁危机、稳定国内，西欧国家可以把失业者出口到非洲，把囚犯出口到澳洲，把异教徒出口到美洲，用鸦片在亚洲换回白银，而在本国境内却独自享受现代化成果。当时整个西方世界的人口仅几千万，中国今天却是 13 亿人。中国在自己国境线内消化本国的困难，没有给世界带去难民、灾难、饥荒、战乱、疾病，维系着和平稳定、占有全球 1/5 人口的国度，这是中国对世界的最大和平贡献。想想过去仅仅 20 年，美国就挑起或参与的科索沃战争、阿富汗战争、伊拉克战争、利比亚内战、叙利亚内战等等，上百万人死亡，数百万家庭颠沛流离，就更要为中国和平贡献竖大拇指了。

除此之外，中国还几乎加入了所有维护世界和平的公约，是全世界派出维和部队最多的国家；作为联合国常任理事国之一，中国与其他国家通力合作，强调运用多边主义解决冲突，为世界冲突和平解决作出突出的贡献。

正如德国前总理施密特所说："纵观中国历史，中国从未在别国设立殖民地，中国外交政策中从未有抢夺别国领土的传统。至今中国一直是世界史上最和平的大国，中国不会背弃和平崛起的这一伟大的传统。"这句评价可以视为是对"中国梦"和平贡献的代表性描述。

政治贡献

还有一个贡献，也是西方所没有实现的。20 多年前，冷战以西方资本主义胜利的方式结束了。整个世界都响起了"历史终结"的欢

2015 年 11 月 19 日，在土耳其安塔利亚 G20 峰会上，王文向印度总理莫迪问候

呼声，认为世界历史发展到了西方民主制度，已是尽头。

　　然而，20多年后的今天，国际金融危机暴露了西方经济监管的重大缺陷，席卷全球的"占领运动"凸显了民主制度的重大危机，"第三波民主浪潮"后的发展中国家民主制度建设始终止步不前，各类思潮此起彼伏。

　　正如中国著名国际问题专家王缉思所言：世界政治发展的基本趋向，体现了各国政治结构与过程的复杂性和多面性，"新的世界历史也许才刚刚开始"。目前，西方越来越多的学者都在反思本国的制度，承认中国稳健改革的优越性。"历史终结论"的提出者弗兰西斯·福山近年来也坦承，"关于民主，美国没什么可以教中国的。"

　　可见，在政治意义上看，中国复兴正是为新的世界历史发展提供了另一种选择。民主没有统一的模式，没有唯一的形态。当下现实正在告诫我们，"三权分立""两党多党制度"并不是固定的政治改革选择。对中国这个古老而现代东方大国来说，汲取本土智慧，将对本国政治生活和国家治理发挥更加巨大和有效的作用。这类经验主义的政治改革模式正是"中国梦"给世界的最大政治贡献。

　　如此巨大的经济贡献、和平贡献和政治贡献，是数以亿计的中国人付出多年的艰辛换来的。我们应当感到骄傲与倍加珍惜。

　　我曾经去过近50个国家，几乎涵盖了所有的主要大国。有生之年，我希望能够走遍全球200多个国家，写更多的著作讲述中国崛起这个21世纪最伟大的进程。

　　这些年，中国人走到哪，都会受到越来越多的重视，而不再是百年前被讥笑成"东亚病夫"或"黄祸"。这是我们相当不容易的成就。

不过,情况还不是太令人乐观。我们的一些人并不自信,不能很理直气壮地讲中国对世界的好,明明中国做了许多贡献,但还是过于谦虚,或过于自卑,不敢说,不愿说出来;另一方面,西方舆论也没有完全承认中国作出的贡献,还没有给予中国发展与贡献以足够的客观报道,"中国崩溃论""中国威胁论"还在流行,国际治理体系的改革还应继续。

新中国成立的第一个 30 年,中国解决了"挨打"问题;第二个 30 年,中国解决了"挨饿"问题;现在进入第三个 30 年,恐怕要解决的是"挨骂"问题了。

所以,套用那句话,全球治理的"革命"尚未完成,我们还需努力啊。

我们期待有一天,全球治理体系是一个公正、合理、和平的体系,那不是乌托邦,不是虚无缥缈的空想,而是需要实实在在、值得全人类去奋斗的理想。中国作为崛起的大国,为这个理想正在作出一个大国应有的贡献。

"逆全球化"有假象，中国引领新全球化 *

> 可见，国际上出现了质疑甚至反对全球化的声音和行为，虽然从一个侧面反映了世界经济的困难和风险，以及难民潮、地区冲突等国际安全问题与收入差距扩大、失业等社会问题，但全球化并非被逆转，而只是在全球化的结构性舆论博弈中，"全球化输家"的看法在互联网时代被放大了。坦然面对所谓的"逆全球化"，中国全面引领全球化的时代正在到来。

近年来，舆论普遍认为，"逆全球化"浪潮正在来临，表现在欧美国家保护主义抬头、贸易增长率下降以及移民政策的收紧等现象。然而，真实数据与理论推导显示，经济全球化的趋势并没有变，所谓"逆全球化"存在巨大假象。事实是，全球化进程的动能正在由发达国家转向新兴经济体。全球化新旧动能转化的过程，中国需敢于面对全球治理机制碎片化、全球化速率下降等挑战，保持战略定力，坚

---

* 2016 年以来，"逆全球化"浪潮汹涌。王文受邀在智利、秘鲁、肯尼亚、印度等地多次参加研讨会，对"逆全球化"问题作出全新的思考。本文在此基础上进行学理化整理。原文中文发表在《参考消息》2017 年 3 月 15 日，英文刊发在英国《金融时报》2017 年 4 月 10 日。

持开放型对外经济政策，必将迎来中国不断走进全球中心的下一次机遇。

不必被"逆全球化"假象所迷惑

从实际情况看，目前"逆全球化"主要表现在以特朗普当选、英国脱欧等重大事件而出现的大国政策变化与国际舆论反应。除了发生欧美国家的少数"黑天鹅事件"外，全球范围内表现出来的世界经济复苏乏力、贸易投资低迷、各国移民态度分化、反全球化声音等现象，其实在国际经济理论上早有解释。

早在几十年前，反全球化运动就此起彼伏，影响世界变迁。被称为"20世纪最重要经济史学家"的卡尔·波兰尼就曾将市场能量释放与国内社会保护视为两类极化的变量，解释全球化的"钟摆效应"；西方马克思主义者阿瑞吉也曾以生产、贸易、财政和金融政策的阶段性扩张为目标，解释全球化的规律性特征。由此看，当下所谓"逆全球化"更像是发生在欧美国家，带有地域性、周期性、阶段性特点的现象。尽管欧美国家的影响力足以辐射到全球，但新兴经济体、发展中国家对全球化的看法并非如此，全球化的趋势也并未被逆转。

从中长期看全球化的各项数据，欧美对全球状态的影响是有限的。在国际贸易方面，2011—2015年间全球货物贸易占GDP比重基本保持稳定。尽管以美元计价的全球货物贸易增速出现小幅下滑，但考虑到美元走强、美国对外能源依赖度下降、大宗商品价格长期保持低位等因素叠加影响，类似降幅中的很大部分可以被证实为"统计假象"。何况，在 2008 年国际金融危机以后的 7 年时间里，全球服务贸易增速一直高于 GDP 增速，服务贸易占 GDP 比重从 2008 年的 12.5％到 2015 年的 13％，成为拉动全球经济增长和扩大就业的重要力量。

在资本流动方面，全球外国直接投资（FDI）也在强劲复苏。尽管在 2014 年曾降至 1.2 万亿美元的低点，但很快在 2015 年回升至 1.76 万亿美元，为 2008 年金融危机以来的最高水平。

在跨国并购方面，企业寻求整合的愿望强烈。2015 年全球并购交易规模总计 4.9 万亿美元，超过了 2007 年金融危机爆发前的 4.6 万亿美元，构成了全球化背景下跨国企业扩张的有力证据。

在人口流动方面，全球移民总数仍保持上升态势。2000 年全球移民总数为 1.75 亿，到 2015 年已升至 2.32 亿。在全球化背景下人员要素并没有受到各国收紧移民政策的影响，人员的自由流动也带动了其他要素的全球化流动。

可见，国际上出现了质疑甚至反对全球化的声音和行为，虽然从一个侧面反映了世界经济的困难和风险，以及难民潮、地区冲突等国际安全问题与收入差距扩大、失业等社会问题，但全球化并非被逆转，而只是在全球化的结构性舆论博弈中，"全球化输家"的看法在互联网时代被放大了。

所谓"全球化输家"，是指在 21 世纪初欧美国家不能适应竞争日益激烈的全球化进程，使收入低、受教育程度低的群体地位受到严重冲击，甚至被社会所排斥。这个群体通过互联网、选票表现出强烈反全球化和反精英的态度，其中尤以特朗普当选美国总统及其"美国优先"的孤立主义政策口号为典型。欧美主要国家"逆全球化"异动，是在国际竞争中日益势微的背景下，表现出来的寻求自我保护的政策安排。其深层次原因主要有三点：

一是国家内部矛盾激化与全球化的负面影响相互叠加。全球化本身是一把"双刃剑"，在强调相对收益的竞争逻辑之下，势必产生赢家与输家。随着全球产业链分工布局和生产外包体系的建立，以制造业为核心的实体经济不断向发展中国家转移，发达制造业空心化日益严重，加上技术进步进一步导致中低产阶层失业率上升、收入下降，最终沦为"全球化输家"。与此同时，互联网的传导作用成倍放大了全球化的负面影响，人们的焦虑和愤怒情绪如传染病般蔓延全球，加上欧洲日益严峻的难民危机和恐怖主义威胁，使得西方主张社会保护、关闭边境等迎合底层民意的民粹主义思想在政治选举中得到充分体现。

二是中国等新兴大国群体性崛起引发美国的忧虑。2001 年中国加入 WTO 后迅速融入美国主导的国际体系，并在短短十年内崛起成为全球第二大经济体，包括中国在内的新兴经济体参与和影响全球治理进程的意愿与能力不断增强，而美国在 2008 年金融危机后霸权逐渐衰落。在此背景下，美国认为，传统全球化已终结，而中国是全球化的最大赢家。美国不愿中国继续"搭便车"，转而寻求建立对其自身更加有利的区域贸易体系，希冀另辟蹊径，防范最终被新兴大国超越。

三是一些欧美国家表现出来的所谓"逆全球化"，实质上是试图重塑更加符合其国家利益的全球化。正如美国著名智库学者理查德·哈斯在新著《失序的世界：美国外交与旧秩序危机》中所说，未来的新国际秩序需要国际责任与主权义务的融合。在他们看来，在后金融危机时代，无论是发达国家内部治理的自我修复，还是广大发展中国家实现弯道超车，全球化怎么走，采取怎样的方式加以执行，必须"采取国家自愿的方式"。哈斯的潜台词无疑是，需要让美国同意才行。

对此，中国不能被"逆全球化"舆论所迷惑，而是要"逆"风而行，抓住全球化"钟摆"中的难得机遇，塑造新型全球化，设立新背景下的新规则，并让新一轮全球化的成果既助力中国可持续发展，又惠及全球。

打造"新型全球化"迫在眉睫

社会生产力与科技的进步决定了全球化趋势的不可逆性。然而，由于各国国家资源禀赋和政策导向的差异，诸多负面影响伴随全球化的发展而来，全球化的旧有制度性安排，即过去由西方发达国家主导的全球治理体系，已不能适应全球化发展的新形势。因此，推动全球治理和全球化转型升级，打造"新型全球化"迫在眉睫。

可喜的是，随着全球经济重心逐渐从发达经济体向新兴经济体转移，全球化已进入全球治理进程的新阶段，东方和西方将在人类历史上首次平等参与全球治理的进程，共享全球治理的成果。中国是第一个最有可能成功实现引领全球化进程的东方国家、发展中国家。

习近平主席在 2017 年达沃斯论坛上的演讲，引起了全球的关注。

其中的核心意思就体现了中国版"新型全球化"的发展思路：

一、以创新驱动的增长模式，解决目前全球经济增长动力不足的问题。这就需要把握好智能化的产业革命、数字经济等机遇，创造更多的就业，让各国人民重拾对全球化的信心。

二、以协同联动的合作模式，打破目前全球各国发展失衡的难题。这需要通过更频繁的多边沟通，并在基础设施（包括公路、铁路、网路）互联互通，防止各国政策的孤立性、封闭化的趋势，进而让各国在全球命运共同体的高度考虑自身利益。

三、以公正合理的治理模式，搭建和巩固共商、共建的平台和机制。这就需要超越过往国强必霸的历史定律，摆脱大国欺负小国的宿命，让各个国家不分大小平等参与全球规则的决策。

四、以平衡普惠的发展模式，弥补目前发展成果不能普及全民的困境。这就需要在国与国之间、人与社会之间、人与自然之间寻求平衡，并积极落实联合国 2030 年可持续发展议程，推动全球化的成果更加普惠、可及。

当然，建立在传统全球化废墟之上的"新型全球化"并不容易，至少要解决急迫的两大难题。首先，要解决全球治理理念落后的问题。新自由主义与"华盛顿共识"的破产呼唤全球治理的新理念，以解决发达国家内部治理困境、全球公共产品匮乏、全球共同利益与国别利益错配等一系列难题。与此同时，由于全球治理议题泛化，恐怖主义泛滥、能源和粮食安全、传染性疾病跨境蔓延等非传统威胁外溢，而现有多边体系与双边、联盟形式的应对方式并存却互不兼容，呈"碎片化"态势，导致各种风险积聚，危机四伏。基于此，这是一个呼唤大思想、大理念的时代。

其次，要解决全球治理机制失灵的问题。旧有的全球安全、贸易、金融机制如联合国、WTO、IMF 等在面临危机防范、危机管理时明显变得捉襟见肘，这就需要改革原有的机制，重塑全球治理规则，按照最新的国际权力结构，提升发展中国家在体系中总体话语权、决策权，最终捍卫全球机制的执行力与权威性。

中国如何抓住新机遇

中国的发展得益于全球化的发展，得益于贸易和投资便利化的开放型经济模式。事实上，当前全球化变局的特殊时期，也是中国引领构建"新型全球化"，全面提升国际制度性话语权的重大机遇期。中国应当拿出逆转"逆全球化"的勇气，阻挡"逆全球化铁幕"的降临，在打造"新型全球化"的宏大叙事中不断注入中国理念和中国方案。这不仅是中国自身发展和展现大国担当的需要，也是国际社会对中国的期待。

正是在这样的背景下，我们可以看到一幅前所未有的新景象：从G20 杭州峰会到 APEC 利马峰会，再到即将于今年 5 月份举办的"一带一路"国际合作高峰论坛，中国领导人、政府官员、商界精英、智库学者不约而同地在不同的场合劝导西方要对全球化的未来充满信心，中国有能力也有意愿引领"新型全球化"和全球治理的发展。

一、推进"平等、开放、合作、共享"为基本价值观念的中国式全球化和以"共商、共建、共享"为理念的中国式全球治理规则。"新型全球化"强调各国不论大小强弱，均有平等参与全球化这一开放式进程以获得经济发展的机会，各国通过贸易往来与投资合作，共享全球化发展的正向成果。全球治理应在规则、理念上合理反映各方诉求，大国提供全球公共产品，各国公平分享成果和收益。可以预见，西方国家对全球化进程的态度将会趋于谨慎，但"新型全球化"的发展不可能抛开西方，也不能让西方大国偏居一隅。因此，中国要加强与美欧之间的双边投资协定谈判，逐步化解全球化进程的战略阻力，推动从全球利益共同体向命运共同体迈进，实现"全球良治"。

二、保持战略定力，推动共建"一带一路"。"一带一路"统筹国内国际两个大局，既着眼于国内发展，同时兼顾国家对外开放战略，因此是中国打造"新型全球化"、推进贸易自由化和投资便利化的主要抓手，也充分体现了 21 世纪中国的国家意志。在基建、电子商务、农业、智能技术等领域拓展中国对全球的实际贡献与中国可持续发展。在当前全球经济金融公共产品匮乏的情况下，"一带一路"成为中国崛起过程中向全球提供的最大公共产品，构成新时期提高中国开放型经济水平的主要思路和抓手。

三、促进经济持续健康发展，提高开放型经济水平。中国经济发展前景广阔，在当前困顿的世界经济中犹如一股清流，这主要得益于中国国内治理模式的成功。近年来，中国坚定不移地推动供给侧结构性改革，同时也逐步放开资本管制、放宽外资机构准入门槛、完善外商投资管理体制，主动推进与欧美发达经济体高水平的贸易投资协定谈判。从长远来看，随着中国经济发展水平提高，高水平的开放标准将能够更好地保护中国的海外利益，这就要求中国继续保持改革的动力和定力，坚定不移奉行对外开放政策，提高开放型经济水平。

美国学者麦吉利弗雷（MacGillivray）在《全球化简史》中曾说过，过去五年前曾有过三段不等的技术引爆点，推进新一轮的全球化。1500 年前后，以伊比利亚瓜分世界进而逐渐引过机械化革命的殖民主义；1890 年前后，以英国获得全球权力制高点为标志的电力化革命；1960 年前后，以人造卫星的大国竞争引发的信息化革命；2005 年前后，以中国崛起为世界新推动力的智能化革命。坦然面对所谓的"逆全球化"，中国全面引领新全球化的时代正在到来。

通过 G20，打造全球创新体系 *

> 现在的国与国之间竞争已经不是比拼产品的时代，而是比拼"标准掌握在谁手里"的时代。目前中国发展面临的最大课题是产业升级，其主要含义并非从落后的工艺升级成先进工艺，而是要掌握标准的制定权。
>
> 在此形势下，中国应该在世界舞台上扮演开放性全球创新的有力支持者，逐渐改变游戏的性质，发展前所未有的、最具有合作力的、相互作用的全球创新体系。

我首先要开宗明义地向大家讲述，为什么需要新的创新体系？

2008 年由美国次贷危机引发的国际金融危机席卷全球，造成了经济衰退，给各国政府带来了沉重的压力。历史经验表明，全球性经济危机往往催生重大科技创新突破和科技革命。因此，自金融危机爆发后，各国均提高了创新的战略地位，希望能够通过创新创造新的经济增长点和就业岗位，把创新作为走出经济危机、促进产业结构调

---

* 2015 年 5 月 19 日，主题为"创新与国际合作"的 20 国智库（T20）峰会在德国柏林举行，王文受邀在开幕式上介绍中国的创新体系以及未来对创新推进的全球构想。

整、提升国家竞争力的重中之重。为此，各国的研发投入不减反增，不断加强科研基础设施建设，并给予多项优惠政策，使创新的战略性地位得到切实的提升。

创新可以推动世界经济从"新常态"中恢复增长，推动世界经济增长更具有包容性，更能实现整个全球经济增长。

自 2008 年以来，全球经济就进入了"新常态"：一是美国、欧洲和日本等主要经济体仍无法实现实质性的复苏。IMF 提到日本经济时指出，2015 年日本经济实际增长率仅为 0.6%，比 2014 年的预测值下降 0.2%；欧元区在 2015 年陷入通缩困境的概率为 30% 左右，陷入衰退的概率接近 40%。欧元区南方国家的欧债后遗症，使每个地区的潜在增长低迷，这些因素都拖累了欧洲经济的复苏。

二是新兴经济体的增长压力较大。IMF 下调了新兴市场 2014 年经济增长预期 0.2 个百分点至增长 4.4%，下调 2015 年增长预期 0.2 个百分点至增长 4.0%。但维持中国 2014 年 GDP 增长预期在 7.4% 不变，而产能过剩和信贷问题恐怕会导致中国经济在中期之内出现硬着陆。

要化解这种世界"新常态"，一是要通过世界再平衡，最为现实的途径是相关经济体的投资储蓄缺口收敛，比如美国提高储蓄率，中国提高消费率。二通过技术创新，从而找到像互联网这样可以带来革命性的技术，从而推动世界经济恢复增长。

那么，目前全球的创新存在什么问题？

目前世界经济最重要的特征就是，通过跨国公司实现了全球经济的一体化。跨国公司生产过程的特点，是围绕着产品标准在全球进行配置资源，形成标准控制下的产品生产与组合。这一生产架构中，标

在德国"创新与国际合作"的 20 国智库（T20）会议上讲述全球创新议题

准和游戏规则的制定掌握在极少数国家手中，而大多数生产者只是实现和落实着这些标准。

20世纪80年代以来，发达国家的跨国公司之间通过日趋复杂化的"交叉授权"形成了庞大的共享"专利池"（patents pool），从专利池又塑造出许多不断升级的标准体系，对标准本身又进行了专利化，以"无形"的知识产权链条控制了"有形"的全球化研发、生产和销售过程。

在WTO尤其是TRIPs（Agreement On Trade-related Aspects of Intellectual Property Right，《与贸易有关的知识产权（包括假冒商品贸易）协议（草案）》框架下，知识产权的效力范围会随着保护对象的位移而扩张，可以随着"嵌入"到产品中的零部件而自动把权利"嵌入"到使用国，于是拥有较大"知识产权集群"的国家，实际上可以通过修改国内法律法规来达到影响别的国家利益格局的目的。

在西方国家不愿意放弃知识产权法权的情况下，实质上，西方通过这种法权压制了新兴国家的创新，导致全球的创新体系，实际上进入了结构性梗阻的状态。

目前，中国已成为全球创新潜力最大的国家。从20世纪90年代之后，随着互联网等信息技术的快速发展，远程制造成为现实，中国成了世界工厂，拥有世界上最大的制造基地，但是却没有获得相应的利润。最直观的例子就是苹果手机，每生产一部手机，中国从中拿到的利润大约为7美元，所以绝大部分利润都被美国公司拿走了。造成这种情况的原因在于目前的跨国公司控制了产品的核心标准，并把这些标准申请为专利，利用全球化掌握的强大信息网络，以标准和游戏规则为核心，把研发、生产过程全部模块化，外包到全球任何合适的角落。

在全球产业格局重组过程中，中国虽然成了世界上最大的制造工厂，承接了全世界最多的产品制造，但是在跨国公司的价值链中，中国只是处于按照西方标准进行组装生产环节。

随着中国内需的扩大，提出的需求更多，设计能力逐渐向中国转移。2010 年 10 月 11 日，汤姆森路透集团在《专利在中国 II：中国创新活动的现状与未来》的研究报告中指出，2003—2009 年期间，中国的专利总量年增长率为 26.1%，而最接近的竞争对手美国的年增长率只有 5.5%；世界知识产权组织表示，2011 年中国约提出 52.6 万件专利申请，超过美国的 50.3 万件，因此中国成为全球最大专利申请国。

因此，只有当参与研发的社会资源的基数非常巨大并形成社会上最重要的产业时，才能产生出稳定和连续的技术进步流，这才是真正的创新型国家。随着中国有可能很快成为世界上最大的内需市场，中国也拥有世界上最大的工厂，中国比世界上其他国家拥有更大的创新原动力。

现在的国与国之间竞争已经不是比拼产品的时代，而是比拼"标准掌握在谁手里"的时代。目前中国发展面临的最大课题是产业升级，其主要含义并非从落后的工艺升级成先进的工艺，而是要掌握标准的制定权。但制定新的标准却绝非把既有的环节重新排列组合这么简单。中国必然会产生越来越多的创新，并对西方掌握的知识产权话语权构成挑战，这就需要世界构建更加和谐的知识产权管理体系。

所以，我建议，要从国家创新体系升级到全球创新体系。全球化时代各种创新要素加速流动，创新资源在全球范围内要实现优化配置。一个国家的创新能力不再局限于自身有多少人才、专利或者其他指标，而在很大程度上取决于能否整合全球的创新资源为己所用。而目前的知识产权体系仍然由欧盟、美国、日本等技术先进的发达国家主导，广大新兴国家如中国、印度、俄罗斯、巴西等，虽然越来越成为创新的主体，但仅是参与且处于被支配的地位，造成了创新的结构性梗阻。所以，必须要以全球的视角，勾画人类的重大创新，我们应该认真考虑，从如何建立国家创新体系，到如何建立全球创新体系的转变。

为什么说要制定全球创新体系呢？因为包括中国在内的新兴国家，虽然建立了世界工厂，并成了世界上最大的专利申请国，但产品标准仍然掌握在发达国家手中，所以仅靠一个国家，将难于突破全球的创新梗阻，必须建立全球的创新体系。全球创新体系是关于创新的各要素（创新主体、创新基础设施、创新资源、创新环境等）如何相互支持的框架，可以粗略图示如下：

世界创新体系图

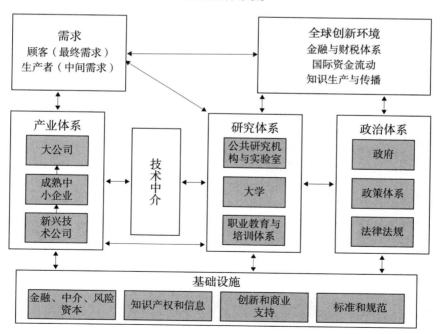

　　构建全球创新体系，首先要搭建好全球创新环境和创新的基础设施。只有以这两个设施作为基础，才能培育出全球的重大创新，即从需求到研发、生产、消费的完整的全球创新体系，并为之创建服务体系，包括中介服务、金融服务、产权保护以及合适的政治环境和社会文化氛围。

　　应站在全球的视角构建新的标准，而不是把一国的标准推广到国际市场。体现在当前的国际市场竞争中，就是谁能在尚未形成主导标准的领域率先制定并推广自己的标准，谁就能"设置议程"，占据先机，从而控制产业链的资源配置和大部分利润。

　　发达国家是世界上大部分标准的拥有者——尽管它们在产品制造过程中已经不再占据多数份额。拥有大多数的标准这种优势地位来自发达国家的国家创新体系，经过长期的历史积累，这些国家很多时候只需要通过升级现有标准的方式就能维持在产业链顶端的位置，而这种升级通常是相对容易的，比如在机械中增加更多的信息化元素。

　　但是在新的全球创新体系下，发达国家和发展中国家共同完成人类的重大创新，也共同制定产品的标准，从而使产品的利润在全球更合理地分配，也更能促进世界经济的发展。在此形势下，中国应该在世界舞台上扮演开放性全球创新的有力支持者，逐渐改变游戏的性质，发展前所未有的、最具有合作力的、相互作用的全球创新体系。

1. 设立全球创新项目库并开展全球合作

　　针对未来对人类生活有重大影响的领域，开展全球合作，各国政府可以协商并建立全球创新项目库，制定统一的科技合作协定，并在这些协议下执行科技合作项目，不同国家的企业、大学和科研机构等均有机会开展国际科技合作。由于这种合作方式是官方出面，选择的一般都是各国优秀的研发机构，解决的是全球各国关注的重大问题。各国通过开展政府间科技合作项目，实现了创新领域的跨国互动交流。

2. 创建有利于全球创新合作的环境

跨国公司对整个产品价值链的掌控能力比较强，他们阻断了知识的国家化以及人员的国际化，并不断通过收购来消灭对手以壮大自己，必须打破跨国公司的这种掌控能力。同时，需要协调各个国家的财政税收政策、改进新技术的传播渠道，创造有利于全球创新的环境。

3. 创建有益于全球创新合作的基础设施

在全球创新合作中，构建完善的金融支持体系，保证相关创新项目有充足的资金支持；同时鼓励企业和个人投资，明确知识产权保护；在新技术的推广中，鼓励创新商业模式，促进技术的商业转化过程。同时修改国际规制如知识产权保护、技术标准、**WTO** 政府采购协议、**TRIPs** 协议、全球气候变化公约等，使目前的全球规则更加促进全球创新体系的发展。

在全球创新体系中，中国能做什么？

目前的国际知识产权体系并不利于中国的创新，中国应该在全球创新体系建设中发挥积极作用。

第一，在 G20 会议上，积极倡导成立 I20（Innovation 20）。具体就是根据人类发展的重大需求，共同成立重大创新库，并成立创新基金，为人类的重大发明创新集中所有大国的力量，破除目前这种全球创新的障碍，争取实现人类的重大创新，实现全球增长。

近年来，中国已与美国启动"中美能效行动计划"，与欧盟启动了"中欧科技伙伴合作计划"，与日本启动了"气候变化科技合作共同研究项目"，与韩国启动了"中韩联合研究计划"等；在未来，中国要继续巩固和加强政府间国际科技合作的力度，特别是要将国家各主要科技计划、重大科技专项中的重点国际合作项目纳入双边、多边政府间科技合作协议，加强国际科技合作，提升创新合作的层次和质量。

第二，中国应该倡导成立国家知识产权轧差交易市场。美国商务部 2012 年 4 月 11 日发布的《知识产权与美国经济》报告称，2009 年，美国企业（含海外美资控制企业）专利许可与牌照费收入为 898 亿美元，而支出仅 252 亿美元。由于发达国家在知识产权方面的发言权，使得发展中国家的专利很难转变为收入。所以中国应该积极倡议建立国家知识产权轧差交易市场，通过该交易市场，使得发达国家和发展中国家的产权公平交易。

第三，积极承接跨国公司研发国际转移。鉴于跨国公司不断增加在华研发投资，但却严格控制其技术的状况，中国应采取如下措施：

加强对跨国公司研发活动的宏观引导，根据国内发展的需求，对跨国公司在不同行业、不同地区的创新采取不同的政策；建立吸引跨国公司人才回流的机制，以优厚的条件吸引掌握重要技术的人才回流到国内企业中，把跨国公司的先进技术和研发管理经验带过来；要赢得与跨国公司合作创新中的主导权，通过积极的谈判，最好可以完全占有知识产权，或占有一部分知识产权，至少也要取得使用的权利。

第四，中国应推动科技型企业"走出去"。由于不熟悉国外的具体情况，不少科技型中小企业对"走出去"心存顾虑。在这种情况下，中国要大力推动科技园"走出去"，在国外搭建为企业全方位服务的平台，帮助他们提高创新能力，解决国际化中面临的实际问题，以此增强企业的竞争力。

全球团结起来，建立长效治理机制 *

> 2008 年，由于"金融海啸"来袭，世界各国均面临全球金融危机带来的威胁。G20 以精诚合作的伙伴精神，加强宏观经济政策协调合作，化解了全球金融危机带来的短期风险，形成了全球经济增长合力。

目前 G20 的重要性仍像 2008 年那样重要。G20 国家需要进一步团结起来，建立长效治理机制，应对目前全球经济的新增长陷阱。

我的理由如下：

各大机构纷纷调低对全球经济增长的预期。2016 年全球经济增长预期已被调低至 2.9%。这将是继 2015 年的 2.4% 之后，全球经济连续第二年增速低于 3%，且大大低于预期。要知道，2008—2014 年，全球实际 GDP 年均增速是 3.26%。看来，在澳大利亚布里斯班二十国集团（G20）领导人峰会上，G20 国家提出了全球增长目标，即到

---

* 2016 年 4 月 13 日，G20 智库论坛（T20）在美国布鲁金斯学会召开。全球 40 多家智库代表与会，王文作了主旨发言。

2018 年底"使全球经济总量比'现有预期轨道'基础上更多增加 2%"的目标要落空了。因为，测算可知，要完成这一目标，需要让全球经济在 2015—2018 年平均增速达到 3.2% 以上。

目前，美联储加息预期逐渐形成，成为悬挂在全球经济再平衡之上的"达摩克利斯之剑"，对 G20 政策协调产生潜在威胁。尤其是 2015 年 8 月以来，有关美联储加息的猜测甚嚣尘上，引发全球金融市场大动荡，大量套利资本从新兴市场国家流出，多国出现汇率过度波动和无序调整，严重影响地区乃至全球的经济金融稳定。

大宗商品价格持续下跌，全球通货紧缩压力浮现。在全球经济下行风险和脆弱性加大的背景下，对全球经济再平衡产生复杂影响。值得注意的是，大宗商品价格的大幅回落，对诸如俄罗斯、巴西等严重依赖大宗商品出口的新兴市场国家，已导致其经济下行压力加大。

美欧日等发达国家的经济复苏乏力。主要货币对美元总体贬值，汇率波动大幅震荡。IMF 还把 2016 年美国经济增速预估由 2.6% 下调至 2.4%；2016 年欧元区经济增速预估由 1.7% 下调至 1.5%，将日本经济增速预估从 1% 下调至 0.5%。

全球贸易保护主义抬头，经济增长引擎作用减弱。根据 WTO 数据显示，2015 年全球贸易总量同比下滑近 14%。2016 年全球贸易量将增长 3.9%，仍将低于过去 20 年 5% 的平均水平。

总之，由于 21 世纪第二个 10 年的"增长陷阱"的性质堪称全球经济的"新增长陷阱"，这包括主要经济体人口"老龄化"、全球财富分配"新鸿沟"难题、全球技术创新"中梗阻"、地缘政治风险等等。

2008 年，由于"金融海啸"来袭，世界各国均面临全球金融危

机带来的威胁。在世界经济现实发展需要的带动下，发达国家和新兴
国家为加强对话和政策协调，于 2008 年在美国华盛顿召开首次二十
国集团（G20）领导人峰会，G20 机制自此应运而生，成为全球经济
合作首要论坛。G20 以精诚合作的伙伴精神，加强宏观经济政策协调
合作，化解了全球金融危机带来的短期风险，形成了全球经济增长
合力。

值得警惕的是，主要国家经济走势和政策取向差异加大，G20 宏
观政策协调难度进一步上升。美国经济呈现复苏态势，缓慢按下"紧
缩"按钮；欧元区、日本为刺激经济，需要维持极度宽松的货币政策，
这种严重分化的经济形势和货币政策取向，已经引发国际金融市场的
剧烈震荡，使得全球经济面临失衡风险，乃至彻底陷入增长困境。

总之，美联储加息预期加大了 G20 政策协调的复杂性和难度。
在世界经济中举足轻重的美国，需要在制定宏观经济政策时充分考虑
对他国的影响。G20 成员占全球经济总量的 80％以上，对世界经济
增长拥有难以推卸的责任，需要加强宏观经济政策沟通和协调，形成
政策和行动合力，防止负面外溢效应，维护金融市场稳定，促进投资
和消费，共同提振世界经济增长。

TTIP 和 TPP 将犯历史错误 *

> 如果 TTIP 和 TPP 在未来几年内均被各自国家的国会批准生效，那么，将出现两大阵营。
>
> 但那样的话，很可能从二战结束以来形成的自由贸易体系与原则将进一步重塑，新规则与旧规则之间的冲突与摩擦使世界发展增加了许多高额的交易成本，甚至会因为贸易规则的差异而产生两个世界的冲突。

今天是中国农历新年第六天，首先以中国传统祝福，祝大家春节快乐，感谢伊斯坦布尔工业协会的邀请，能够第四次到伊斯坦布尔来向在座的企业家、经济决策者们，分享中国智库学者对当下国际贸易与经济的一些看法。

今天主题是 TTIP（跨大西洋贸易与投资伙伴协议）与自由贸易。

---

* 2016 年 2 月 13 日，"新经济外交"国际论坛在土耳其最大城市伊斯坦布尔召开，与会代表围绕 TPP（跨太平洋战略经济伙伴关系协定）、TTIP（跨大西洋贸易与投资伙伴协议）在当下自由贸易体系中的作用展开了为期一天的探讨。王文受邀作为唯一中国代表在论坛上作了主旨发言。

事实上，中国学者通常把 TTIP 与另一个同样是美国推动、希望建立一个比世界贸易组织（WTO）规则更加优惠的、排他性自由贸易联盟——TPP（跨太平洋战略经济伙伴关系协定）放在一起分析国际贸易格局的变化。

中国智库界普遍认为，TTIP 和 TPP 正在成为 WTO2.0 版，都是由美国主动推动的、希望在全球强化经济领导权和贸易管理权的一种战略调整，希望建立一个高质量、高标准和高水平的 FTAs 样板，通过贸易规划，尤其是希望强调公平贸易而不是自由贸易，强化边界内制度一致性而不是像 WTO 那样关注边界上市场准入标准（比如，知识产权、劳工、环境、政府采购、国企、原产地原则等），来强化贸易流动以及贸易活动在全球价值链上的环节利益分配，重新划分全球经济板块。换句话说，TTIP 和 TPP 可能会掀起一场国际经济贸易体系的新革命。

但就目前的发展趋势看，这场所谓的"革命"带来的不是积极面的全球进步，而是会冲击本已进入线性发展的全球秩序变革进程，形成变相的新贸易保护主义，以及发达国家与新兴经济体之间不必要的竞争内耗，进而有可能引发更大规模的战略误判，加剧全球经济、政治体系的紧张与不确定性。

我的理由大体有以下三点：

第一，目前已签署的 TPP 和有望在 2016 年年内达成的 TTIP 协议与美国既定的战略初衷相违背。美国希望新的世界贸易规则安排来弥补当下国际经济组织和贸易谈判久拖不决的缺陷，希望绕开 WTO 多哈谈判的一种新尝试，但实际上，TTIP 和 TPP 正在以建立一个高标准的区域贸易体系的方式，毁掉美国在第二次世界大战以来的世界经济体系，尤其是当下的 WTO 体系。换句话说，TPP 和 TTIP 实际上是美国带动欧、日通过跨国经贸整合，以市场自由化为名，以决定技术标准、产品规格、环保指标的方式，组建有利于美欧的全球贸易规则体系。这种方式部分地强化了美国在谈判进程中的领导权，却忽视了实际的现实效果，比如，到底能给美国带来多少新增岗位？这些都在美国国会引起巨大的争论。总统候选人、民主党人希拉里·克林顿已公开表示反对，共和党人对它的兴趣也不是很大。不能排除下届美国总统废除或大规模调整 TTIP 和 TPP 谈判成果的可能性。

第二，TTIP 和 TPP 几乎把所有的强劲新兴经济体都排除在外。中国、印度、俄罗斯、巴西、印尼、整个中东和整个非洲，土耳其要想加入 TTIP 还得取决于与欧盟的关系。这种贸易规则的安排忽视了新兴经济体的话语权，是对新兴经济体的巨大排斥，如果这种排斥不被理解为某种歧视的话。当然，美国可能会通过改变 TTIP 和 TPP 区域集团的性质，使其在未来升级成一个全球性的贸易组织，但要实现这个目标，必须要形成贸易转移和增长的示范效应，否则其他成员方不会加入。目前看来，新兴市场和发展中国家经济增长、贸易增长速度总体上大大快于 TTIP 和 TPP 国家，试问，其他国家有可能在 TTIP 和 TPP 设立的高标准情况下加入吗？更糟糕的是，目前的 TTIP 和 TPP 标准过于有利于欧美日等发达国家，形成发达国家的贸易"绝对优势"，这只能导致当前国际经济、贸易体系的进一步不平等化！换句话说，TTIP 和 TPP 阻隔新兴市场国家的经济影响力在全球的扩展，实质上就是建立了保护发达国家利益的新贸易壁垒。

2016 年初，王文在伊斯坦布尔“新经济外交”国际论坛上批判 TPP 与 TTIP

2017 年 7 月初，王文在台湾宣讲"一带一路"与台湾的未来，400 多位台北各界人士听讲

第三，作为全球第一贸易国、全球最大消费市场，中国没有被列入到 TTIP 和 TPP 区域之中。这通常被中国学者视为是一种战略挑衅，但我宁愿将其视为是一种贸易无知。2015 年，中国货物贸易总额连续第三年超过美国，成为全球第一贸易大国，还是全球 130 多个国家的第一贸易大国。2015 年，中国消费市场总额第一次超过美国，增速是美国的 2.5 倍。随着电子商务在中国的进一步发展、中国经济改革与结构调整、中国出国人口的进一步增多，未来 5 年，中国还将成为全球最大的进口国。中国人的消费正在成为世界经济增长的新动力。过去 8 年，中国对全球经济增长贡献率一直保持在 35% 左右。TTIP 和 TPP 对商务人士的临时入境、服务贸易、产地原则等都做了高标准的规定，给外界产生了非善意针对中国贸易发展甚至希望与中国发动"贸易冷战"的感觉。这不是要进一步推动全球化，甚至是一种反全球化的宣战。

所以，如果问我，或者许多中国经济学者关于 TTIP 和 TPP 的看法，直率地讲，TTIP 和 TPP 是排斥性的，而非包容性的；是有助于发达国家的，而非有利于全世界的；是区域性的，而非世界性的；是重回贸易保护主义的，而非推动自由贸易的；是反全球化的，而非推动全球化的；是会加剧贸易摩擦的，而非助推贸易解决的。

如果 TTIP 和 TPP 在未来几年内均被各自国家的国会批准生效，那么，将出现两大阵营。一个是 TTIP 和 TPP 区域内的、以发达国家为首的贸易联盟，这个联盟的标准基本是西方式的，是充斥着西方的劳工标准、透明度准则、反腐败规则、原产地原则的"价值贸易圈"；另一个则是非 TTIP 和 TPP 区域内的国家，仍然在现有的 WTO 框架下的贸易体系。不同的是，后者的经济贡献率更高、贸易增长率更快、发展潜力更强、人口规模更大。

但那样的话，很可能从二战结束以来形成的自由贸易体系与原则将进一步重塑，新规则与旧规则之间的冲突与摩擦使世界发展增加了许多高额的交易成本，甚至会因为贸易规则的差异而产生两个世界的冲突。这未必是 TTIP 和 TPP 谈判最早的发起者愿意看到的。所以，我建议，应该考虑 TTIP 和 TPP 未来的成败可能性和产生的风险程度，并作出相应的调整。

首先，保持在全球层面的贸易沟通，尤其要将在 G20 层面的贸易部长会议机制化。TTIP 和 TPP 起源于 G7 时代的边界内宏观政策协调与沟通，但 2008 年国际金融危机以后，G7 国家在全球经济发展的贡献度在下降，新兴经济体 GDP 总量占全球超过 50%，全球经济协调进入了 G20 时代，TTIP 和 TPP 谈判各国需要考虑到 G7 以外的 G20 成员国（即新兴经济体）的利益与需求，使更广大的国家无法享受到互惠开放的成果。

第二，呵护在 WTO 框架下的自由贸易谈判结果。2015 年 12 月内罗毕会议将 WTO 向前推进了一步，在信息技术扩围协定和农业"出口竞争"的成果推进了一大步。同时，接下来的议题会更棘手，如取消环境产品关税协定、服务贸易协定，进一步的有渔业补贴协定，等等。但所有谈判国需要从本国利益和全球利益的角度出发，进一步呵护和加快多哈回合的谈判进程，在全球层面上推进以 WTO 为框架的全球贸易体系。

第三，关注于支持以"一带一路"为倡议的中国区域经贸合作网络。截至 2015 年底，目前中国已签署的自贸协定有 14 个，涉及 22 个国家和地区，分别是中国与东盟、新加坡、巴基斯坦、新西兰、智利、秘鲁、哥斯达黎加、冰岛、瑞士、韩国和澳大利亚，内地与香港、澳门的更紧密经贸关系安排（CEPA）以及大陆与台湾的海峡两岸经济合作框架协议（ECFA），接下去，中国将通过"一带一路"倡议，推进亚太地区自贸区、欧亚地区自贸区、中美和中欧 BITs 谈判，以及各项贸易、投资协定。这些贸易协定的原则是共商、共建、共享，是真正包容性的贸易、投资、金融、基础设施投资倡议。

与 TPP 和 TTIP 相比，"一带一路"最大的特点就是其不设固定的门槛和标准，使各国可以根据自身发展水平和具体国情选择合适的方式进行合作，这就更符合国际经贸的发展需求，更具包容性和全球性，一切从实际出发，通过沿线各国的共同努力，在尊重多样性的基础上构建合作共赢、共存共荣的利益共同体、责任共同体和命运共同体，确保不同国家能通过合作找到利益交融点，这也符合国际经贸发展、产能合作的现实需求。

过去两年多的事实证明，中国与"一带一路"地区的贸易与投资增长要快于其他地区。这是值得全世界研究与参与的倡议，超过 70 个国家表示支持。相信土耳其商人正在从"一带一路"倡议中获得益处了，我相信，未来会更多。

关于南海问题的十大迷思 *

> 维护主权和领土完整，并非等同于武力相向。当前，中国与南海周边各国面临的最重要课题就是实现持续快速发展，这需要和平稳定的环境，这是地区国家的"最大公约数"。

"南海仲裁案"正在将这片历史上几乎从未发生过重大海战的平静海域，变成了国际舆论中的"火药桶"。然而，人们对南海与中国的关系的认识，并没有因为南海的国际聚焦，而变得更清晰，相反，还有至少十大误解。2016 年 7 月 5 日，笔者参加了中美两国之间相当高规格的南海问题智库对话会，与两国 30 多位前政要、著名学者谈论这个问题，更感觉到澄清这十个错误认识的重要性。

---

* 2016 年 7 月 5 日，由中国人民大学重阳金融研究院、美国卡内基国际和平基金会主办，中国南海研究院和美国威尔逊国际学者中心协办的中美智库南海问题对话会在华盛顿举行。对话会围绕"南海问题：中方与美方的视角"、"多角度看南海分歧与未来"、"南海问题务实解决思路与建议"三个议题进行研讨。在会上，中国前国务委员戴秉国发表主旨演讲时指出，"南海仲裁案是一张废纸"，引起了全球的关注。王文作为组织方之一也在会上作了发言，并于会议期间在《南华早报》发表英文文章，厘清南海问题的十大迷思。本文由原文翻译整理，并附当时会议的纪实文字。

1. 中国不接受、不参与"南海仲裁案",不承认、不执行仲裁结果是违反国际法?

面对 2013 年菲律宾单方面诉诸仲裁的做法,中国坚持"不接受、不参与、不承认、不执行"的"四不"立场,然而,外界有关中国此举违反国际法的声音从未停止。

南海问题包含两个层面的争议:一是主权和领土争端,二是海洋权利争端,而《联合国海洋法公约》只对后者有裁决权。众所周知,中国已于 2006 年根据《公约》作出排除性声明,将涉及海洋划界等方面的争议排除在《公约》规定的第三方争端解决程序之外,换句话说,南海问题并不在国际仲裁庭的管辖范围之内。所谓中国违反国际法的说辞,已然不攻自破。

国际仲裁庭在明知其没有管辖权的情况下仍然受理菲律宾的诉求,将这两个层面的争议混合起来仲裁,无疑是一种危险的"越权"行为。面对不宜通过司法解决的争端,仲裁庭要维持其合法性,应该避免就南海问题进行"越权"裁决。

可以预见,南海问题不会因为仲裁庭的裁决而得到解决,相反,中国的"双轨"思路,即由直接当事国谈判协商解决争议、中国和东盟共同维护南海和平稳定,得到越来越多国家和地区组织的认可和支持。因此,宣布"本庭无法裁决此案,请有关各方尽最大努力协商解决",这或许不失为仲裁庭可选的最理想的裁决结果。

2. 南海"九段线"违反《联合国海洋法公约》？

近现代以来，中国人的海洋意识逐渐觉醒，南海是中国管辖面积最大的海域，中国在长期的历史过程中形成了对南沙群岛及其附近海域的主权和相关权利，南海"九段线"的划定与公布，正是中国人海权意识觉醒的现实体现。早在 1948 年，中国在公开发行的官方地图上就标绘了南海断续线，确认了中国对南海诸岛的主权和相关权益。《联合国海洋法公约》多处提及"历史性海湾""历史性所有权"等，显然是对历史性权利的尊重。

此外，中国是《联合国海洋法公约》谈判的推动者，也是《公约》的践行者。中国对南海岛礁的主权历史远远早于《公约》签署的时代，符合《公约》中提到的"历史性权利"，这种历史性权利又岂能因为菲律宾发起的仲裁而动摇？

3. 中国对整个南海提出主权声索？

外界对南海问题的误解，很大程度上源于媒体的错误报道，其中包括"中国声索整个南海主权"等论调；同时在中国国内，也有媒体和民众认为整个南海都属于中国，这是事实性错误。这种误解和错误导致公众产生中国要把南海变成"中国内湖"的印象，从而产生中国试图规制南海范围内所有活动的错误认知。

事实上，中国"对南海诸岛及其附近海域拥有无可争辩的主权"并不等于"中国对整个南海提出主权声索"。

南海争议的核心是南沙岛礁领土主权争议和南海部分海域的划界争议。按照国际法之规定，国家对海洋的权力基于大陆，即海权基于陆权。要确定领海，先要建立领海基线，要划领海基线，先要定领海基点。领海基点必须是主权无争议的岛屿或大陆。整个南中国海海域的面积为350万平方公里，其中南海九条断续线之内，中国主张拥有主权、管辖权的海域面积为200多万平方公里。实际上，目前中国的南沙岛礁大部分被越南、菲律宾、马来西亚等国家非法侵占，为了维护南海的和平稳定，中国政府至今尚未公布南沙群岛领海基线。在争议得到解决之前，中国主张"搁置争议，共同开发"。

但毫无疑问的是，一方面，中国对南沙群岛及其附近海域拥有主权、管辖权的立场从未有所变化；另一方面，中国始终以南海断续线为主张拥有主权、管辖权的范围，从未将此主张扩大化。

4. 中国威胁南海航行和飞越自由？

按照艾尔弗雷德·塞耶·马汉（Alfred Thayer Mahan）的《海权论》，"谁控制了海洋，谁就控制了世界"，从历史上的西班牙、荷兰、英国到现在的美国，这一理论似乎放之四海而皆准。然而，若据此将中国海洋意识的觉醒及其在南海的维权行动当成是威胁海上航行和飞越自由，则显然是受到地缘利益和海洋秩序之争的蛊惑，也低估了中国遵守国际法的决心。

实际上，中国的海权实践远没有达到追求"海洋权力"的阶段，更不是追求霸权意义上的海洋权力。然而，中国无海洋不能立国，海运关系国家经济命脉，南海更是中国的海上生命线。现代中国作为一个开放的经济体，有70%—80%的国际贸易途经南海，如此说来，中国难道不应该是南海航行和飞越自由的最大受益者和自觉维护者吗？这片海域也是中国与周边国家共建"21世纪海上丝绸之路"的重要通道，因此，中国始终认可并支持国际航海与飞越自由的规则，并将承担责任和提供公共品，来维护保障这种自由。

中国当然也可以接受美国海军舰只和飞机在批准同意或合法通报的情况下无害通过，并且可以为美国舰船提供必要的协助。如果有人认为中国想"把美国排挤出亚洲""让南海变成中国内湖"，那一定是严重的战略误判。

需要提醒注意的是，美国以"捍卫航行自由"等理由为其在南海的军事抵进侦察行为辩解，很容易让中国人民联想起19世纪欧洲侵略者的炮舰停留长江口耀武扬威的行为。中国人民和政府始终对领土主权和完整问题抱有极强的敏感性，在时势危迫、旦夕千变的南海局势下，中国又岂能犹豫延缓，坐误光阴，使国家利益和国家安全屈从于外部压力，美国能理解中国人民思想最深处的自尊吗？

5. 中国试图改变南海"现状"？

何谓南海"现状"？至少在2012年以前，南海问题只是中国和南海周边部分国家的一般性海洋权益摩擦。但从2012年起，南海问题突然跃升为亚洲乃至世界的热点问题，究其原因，南海问题的发展与美国"亚太再平衡"战略的实施不无关联，美国对南海问题关心之切，介入之深，都让中国感到"受宠若惊"。

中国一直努力奉行"和平崛起"的战略，在崛起过程中不断借鉴学习西方崛起大国的经验教训，避免陷入崛起大国挑战守成霸权国的"修昔底德陷阱"。因此，中国提出了"一带一路"倡议，主张构建"新型大国关系"，实际上是以新型理念探索出"大国政治悲剧"的破解之道，摆脱"国强必霸"的历史逻辑。

在南海问题上，中国坚持"搁置争议，共同开发"的原则，而且为了避免事态扩大，并未进行实际有效的开发。可以说，中国付出了巨大的诚意和牺牲。中国维护其合法航洋权力的种种努力和其间遇到的种种挑战，方才是南海的现状。

6. 中国南沙岛礁是"人工岛屿"？

中国的岛礁建设依托于拥有主权且作为南沙群岛组成部分的有关自然地形，与《联合国海洋法公约》中所称的"人工岛屿、设施和结构"有着本质区别。无论是在事实上还是法理上，南海相关岛礁本身即构成中国领土不可分割的组成部分，无须通过岛礁建设予以强化。

相反，某些国家罔顾基本事实，企图通过"低潮高地＋扩建活动＝人工岛屿"的偷换概念公式，将中方拥有主权的领土曲解为《公约》中的"人工岛屿"，是以此否定中国的主权。

7. 中国的南沙岛礁为"低潮高地"，不具领土地位？

按照国际法，南沙地物，不论是岛屿、低潮高地、水下地物，均构成南沙群岛不可分割的一部分。

在"南海仲裁案"中，菲律宾主张中国依据南海若干岩礁、低潮高地和水下地物提出的 200 海里甚至更多权利主张与《公约》不符。实际上是试图通过否认岛礁地位在海域划界中的不可分割性、人为割裂"海域权利"与"海域划界"的密切关系等方式，规避海域划界争端例外方面的管辖权障碍。

菲律宾基于其对南沙群岛的"切割"处理，完全无视中国对南沙群岛整体所享有的领土主权与海洋权利，以图主张其仲裁诉求中所选南海部分岛礁仅仅是第 121 条第 3 款意义上的岩礁、低潮高地或水下地物，最多享有 12 海里领海的海洋权利，是歪曲滥用《公约》涉群岛条款，否认群岛在一般国际法、历史性权利或历史性权源方面的依据。

8. 中国寻求南海"军事化"？

自"亚太再平衡"战略实施以来，美国介入南海问题的核心切入点始终离不开指责中国在南海和南沙群岛进行所谓的"军事化"部署和行动。然而，美国并非南海的利益攸关方，中国在南海的行动也并不危及美国的国家安全，后者却在背负着 18 万亿美元债务，并且国会连续削减军费预算的情况下在南海花费巨资投入不必要的纠葛中，逐渐从幕后走向前台推动南海"军事化"，反映出中美两个大国之间缺乏战略互信的现实困境。

中国目前的海权实现能力尚未"溢出"其主权范围，在主权范围内的南沙岛礁建设，也是履行国际法赋予主权国家的权力，同时中国也有义务提升海洋服务能力，为过往的国际船舶和飞机提供补给、导航与救援，更好地维护航行自由，这是国际法框架下的国家义务。

9. 中国南海岛礁建设破坏南海生态?

指责中国南海岛礁建设破坏南海生态，实际意图是将中国的维权行动置于破坏海洋生态的污名之下。中国古语有云，"欲加之罪，何患无辞"，这再次提醒我们，除了埋头苦干，在南海问题上中国还应该更主动地争取话语权。

中国周边海域珊瑚礁占全球珊瑚礁总面积的 2.57%，居世界第八位。近年来，由于全球海水升温，海水酸化、渔业资源的过度捕捞以及海岸带开发等原因，出现了全球性珊瑚礁退化趋势，而为了做好南沙群岛的生态保护和利用工作，中国从 1955 年开始组织开展了大量科学考察和研究工作，对区域内的珊瑚礁生态系统特征有了清晰认识。

中国在南沙部分岛礁的扩建工程，不仅进行了科学评估与论证，而且执行了严格的环保标准。而科学评估与论证的数据资料，直接来源于自 1955 年开始至今 60 余年对南沙岛礁生态系统特征、物理海洋、地质、地貌的综合考察和研究的积累，从中选择最佳建设方案。

10. 中国在南海变得具有攻击性？

随着南海局势的复杂化和尖锐化，有关"中国进攻性行为"和"中国进攻性填海作业"等表述开始频繁见于报端。在这类"话语霸权"之下，中国在南海的维权行为很容易被贴上"以大欺小"和"进攻性"的标签，塑造出中国进攻性意图的形象，将中国在南海的维权行为置于敌意的审视和质疑之下，其负面影响不容忽视。

事实上，近代以来西方国家曾对南海周边国家进行殖民统治，20世纪日本军国主义的铁蹄曾践踏这里数年，美军曾发动越南战争。所有的历史参照都告诉人们，中国是温和、克制的和平主义大国，但现在西方国家几乎在以"海禁"的标准衡量中国在南海的合法行动，造成南海周边国家同中国的对立，强化争议国对中国崛起的焦虑感，更加背离了通过对话协商解决南海问题的初衷。

维护主权和领土完整，并非等同于武力相向。当前，中国与南海周边各国面临的最重要课题就是实现持续快速发展，这需要和平稳定的环境，这是地区国家的"最大公约数"。我们仍然相信，通过南海各方的不懈努力，南海问题暂时的紧张不会影响这片海域及周边和平、稳定与发展的主旋律。我们仍然相信，通过中美两国之间各层级的对话，中美之间能够消除误解，减少误判，管控分歧，着眼长远，共同维护南海地区的和平稳定，为亚洲的和平发展发挥建设性作用，也为所有人的"太平洋世纪"贡献力量。

（陈晓晨、程阳对此文有贡献）

附：

中美智库华盛顿激辩"南海"

2016 年 7 月 5 日，一场汇聚了众多精英学者的"中美智库南海问题对话会"在华盛顿召开。这场对话会距离菲律宾单方面提出的"南海仲裁案"结果出炉仅剩一周时间。对于该仲裁案，中国强烈反对，菲律宾背后的支持者美国则屡放狠话，拉偏架、选边站，导致近年来本已处在国际舆论焦点的南海问题加倍升温。此次中美两国均邀请了重量级嘉宾，对缓和局势的作用举足轻重。作为联合主办方"中国人民大学重阳金融研究院"与"卡内基国际和平基金会"中前者的执行负责人，笔者亲历了前后数月筹备沟通的台前幕后，以及一整天闭门讨论的始终，感触颇多。

"南海对话会"——美国国庆节后华盛顿的"最大事件"

此次对话，中方由前国务委员戴秉国领衔，与会专家学者来自南海、经济、战略、国际法等领域，机构包括中国南海研究院、南京大学、上海社科院、中国人民大学等；美方则邀请前常务副国务卿内格罗蓬特及美国国务院、国防部、国安会等部门的前高官和卡内基国际和平基金会、布鲁金斯学会、战略与国际问题研究中心等智库专家。总计约 50 位对话代表和嘉宾，可谓阵容强大，重要性超前，特殊性显著。

中美双方都有意愿通过深入对话，寻求在南海问题上管控分歧，并就中美两国长期如何加强战略沟通、减少误判等提出务实思路和解决方案，但整个筹备过程却是一波三折。

最初筹备时，笔者相继找到 3 家美国顶级智库，但有的担心南海议题的敏感性，以时间、人员等为由婉拒合作，回避对话；有的比如美国卡内基国际和平基金会，态度积极，在整个筹备过程中，关于时间、人选、议题等，均更多听从中方意见。这既体现出中国智库日益提升的主动设置议程、在海外塑造话语权的能力，更折射出美方对中国在南海议题上最近看法的期待，以及对中方主张的尊重。

相当多的美国精英认识到，南海与美国相隔万里，不是美国的核心利益，但一定是中国的核心关切，处理不好，会使中美关系急剧恶化。因此，当中方提出对话时间定在 7 月 5 日，虽因是美国国庆日放假结束后的第一天而显得时间上有点尴尬，但仍牵动许多美国精英的神经。一位美国智库学者说，这次对话堪称今年美国国庆后华盛顿的最大事件。

"仲裁结果，不过是一张废纸"成为当天屡被引述的警句

开幕式当天，所有美国嘉宾都提前到场，一些未受邀请的知名学者也闻讯而来，恳请要一张有限对话会场空间内的"坐票"。内格罗蓬特也早早到场，恭候戴秉国先生，希望能够提前沟通一下。

戴秉国一走进会场，全场响起掌声。他先与大家寒暄，讲与在场几位重要美方嘉宾的多年友谊，然后对南沙群岛是中国固有领土的历史娓娓道来。他坦承中国始终坚持通过双边谈判协商和平解决争议，坚守国际法和国际关系基本准则，但"菲律宾居然独出心裁，跳出来

搞所谓南海仲裁案……实际上这背后隐藏着不良政治图谋，即有人有意挑事，刻意激化矛盾，怂恿对抗，唯恐南海不乱"。戴秉国极富逻辑与法理性地道出仲裁庭的非法、无效，并斩钉截铁地说："仲裁结果，不过是一张废纸。"——这句话成为当天对话屡被引述的警句。

全场一直安静地倾听戴秉国的讲述。戴秉国继续说，南海的温度必须冷却下来，并劝美方不要因误判而"断送掉40多年来双方苦心经营起来的好端端的中美关系，那中美两国人民是绝不会饶恕的"。这句话可谓苦口婆心。之后内格罗蓬特在主旨发言中复述了戴秉国的这个意思。

接着，戴秉国对美方的劝诫与警示令全场震撼。戴秉国提出美方应恪守不选边站队的承诺，不要把南海放大为一个战略问题，臆想中国会把美国挤出亚洲，美方对南海的介入要降下来，要努力拓展海上积极议程等5点建议。其间，他说道："哪怕美国全部10个航母战斗群都开进南海，也吓不倒中国人。"

戴秉国半个小时刚柔并济的主旨发言引起美方对话嘉宾的共鸣。美国前驻华大使芮效俭在开幕式茶歇期第一时间来索要戴秉国的发言稿，并用中文强调："我一定要中文版的"；许多美方嘉宾围着戴秉国合影，有的叙旧情，有的继续探讨。美国海军学院教授、著名少壮派军官马伟宁博士告诉笔者，可能有人会觉得戴秉国的演讲有一些强硬措辞，但他讲得很清晰，很真诚，让美国人听懂了中国给划的红线与底线。

"这才是真正的中美对话。"美国《全球策略信息》华盛顿办公室主任威廉·琼斯说，戴先生的演讲几乎是中国近年来最清晰、最全面南海政策的讲述，美国真正懂得了中国捍卫南海岛屿主权利益的决心，也明白了中美在南海问题上管控分歧的重要性，以及中美两国合作大于分歧的未来发展可能性。

有的发言引发共鸣，有的话题针锋相对

事实上，中美之间虽有100多个对话交流渠道机制，但专门就南海问题的对话却很少。大多美国智库学者对基本的南海事实也不了解，比如，对越南、菲律宾等国非法武力侵占南海共42个岛礁的事实模糊不清，对中方无意独吞南海、排挤美国的意图狐疑与猜忌，等等。有的美国智库在南海议题上出于意识形态考虑，有的则跟着美国军方与媒体的观点走，而中美南海对话会则近乎于给美方"洗脑"与"再教育"，对话过程中，中方学者明显显现出话题主导力与逻辑优势。

第一环节的主题是"南海问题：中美各自的视角"，第一位主旨发言人、南京大学中国南海研究协同创新中心主任朱锋教授的坦诚，引起全场美方嘉宾的热烈响应。朱锋说，目前南海很危险，紧张局势有可能升级。美方需要想一想，有必要在南海进行中美战略对峙吗？美国无法阻止中国。如果各持己见，就毫无退路，大家都要懂得妥协，避免过激行为。

随后发言的卡内基国际和平基金会高级研究员史文立即呼应朱锋的观点，并道出缘由：美国担心被中国逐出亚洲。他呼吁："我们面临的问题就像刚才朱锋教授提到的，双方会反应过度。中国可能认为主权受到挑衅，美国可能认为自己的立场受到了挑战。"

首轮定调发言引起诸多正面回应。史汀生中心学者、美国国务院前官员容安澜呼应道：双方应站在对方的角度思考，否则谈判就无法推进。但现在，美国对中国未来的不确定性感到焦虑。美国前副助理国防部长谢伟森不无担忧地说："未来十多个月的冲突概率特别高，我们要避免。"

管控风险的共识迅速达成使第二环节"多角度看南海分歧与未来"的讨论变得更加直率。耶鲁大学法学院教授葛维宝在主旨发言中大谈"法律的价值""中国必须遵守国际仲裁庭的裁决"。不过，他的所谓"法理论述"立即遭到接下来的主旨发言人、武汉大学边界与海洋研究院及国际法研究所首席专家易显河教授批驳。

易教授用流利的英文质问道：难道葛维宝教授忘记了美国总统拒绝执行尼加拉瓜仲裁案的历史了吗？美国常讲依法治国，但"态度要诚实，不能在全世界面前玩把戏"，难道国际仲裁庭可以裁决主权吗？是仲裁庭不懂法、不尊重法律精神吧？现在仲裁庭的费用都是由菲律宾承担，可谓"出钱的人声音大"，仲裁庭只听了菲律宾单方面的片面之词。1995年中菲两国就有共同声明，希望通过谈判达成和解，仲裁庭做判决，结果导致谈判消失。易教授最后幽默地问："现在我的学生问我，仲裁庭的仲裁员是否是法律界的专业人士，我很难回答。"易教授的反驳令美方无言以对，转而谈论其他次要议题。

"如果是一场辩论赛的话，中方完胜"

第三环节聚焦"南海问题务实解决思路与建议"更反映出两国的

未来分歧。针对戴秉国"给南海降温"的表述，芮效俭一方面表示美方应当反思自己的言辞，停止公开谈论南海问题，另一方面说中国也应尊重海洋法框架，不要老拿历史性权利说事，要知道明清时期闭关锁国，历史上中国已放弃南海权利。

上海社会科学院黄仁伟教授立即反驳道，中国谈的历史权利不是追溯到明清，而是追溯到1947年中华民国的11段线，毕竟所有临时国界是在二战之后确立。黄仁伟还纠正道：把仲裁庭的决定说成国际法，是误导；美国是最大军事大国，老派航母到南海，如何要求其他国家不军事化？

如何预防危机？黄仁伟认为，中美要定期通话，继续海上相遇规则的对话，要通知对方巡航和战舰通过、军事演习或其他活动。美方说制止过菲律宾的冲动，但不能偷偷地做，而对中国的批评却动辄借用媒体，很高调。

黄仁伟的建议得到美方响应。美国前助理国防部长格雷格森认为，美国不应再公开谈论航行自由行动，这让中国公众感觉受辱、下不了台。美国战略预测公司地缘战略分析副总裁罗杰·贝克提出，应当恢复共同开发，建立南海联络处实现信息共享等，以此缓和南海冲突。

一天的讨论，信息量相当大，交锋也很直接，几十位发言者很踊跃。在场的几位观察员纷纷表示，中方准备充分，立论扎实，占据道义制高点。有人说，"如果是一场辩论赛的话，中方完胜"。

解决南海问题的三个"C"

在对话的最后，两家主办方代表做了总结。卡内基国际和平基金会副总裁、前总统特别助理包道格坦言，举办这场对话会是经过仔细和反复利弊权衡的。他认为，这场对话会是一次坦诚、富有创造力的成功的会议。

笔者在总结中以故事开头，赞扬卡内基国际和平基金会作为现代智库的前辈与老师，对中国智库不断提供帮助与合作机会，然后话锋一转，谈到美国对中国的态度也应向卡内基学习。因为在现代化与国家崛起方面，美国是老师，中国是学生，但老师也应包容学生超越老师。南海问题部分折射了"老师"美国无法包容"学生"中国海洋力量的崛起。全场不少美方嘉宾都会心地笑了。

接着笔者建议，管控南海分歧至少要有三个"C"：communication（沟通）、coordination（协调）、cooperation（合作），即双方在智库、媒体层面多沟通，在南海政策方面多协调，在南海生态、反恐和"一带一路"方面多合作。美方学者都对此报以掌声。

本次对话在平和却又深刻的讨论中圆满结束，被许多在场嘉宾视为一次中国主动塑造国际话语权、给美方释疑解惑的重要案例。不少外媒也报道了此次会议的相当多内容，让美方清晰地知道中国意图，起到了风险管控的作用。

通过这轮对话，笔者越来越觉得，南海问题不只是南海各方的利益之争、法理之争，更重要的，还是思想之争、话语权之争。而南海的思想与话语权竞争源于国家的海洋战略意识与国际维权意识，也源于智库研究能力与国际运作能力。

正如前国务委员戴秉国铿锵有力的讲话："希望美国恪守在领土主权争议问题上不选边站的承诺，认清中国和平崛起、无意争霸的战略意图，停止介入南海有关领土问题，与中国共同建设性管控分歧。"
中国对南海问题的解决应当比美国更有底气，因为美国缺乏基本法理
支撑与根本的利益诉求，而时间与道义都站在中国这边。

（原文发表在 2016 年 7 月 7 日《环球时报》）

让金砖国家成为新全球化发动机 *

> 在新一轮的全球化过程中，金砖国家需要掌握全球贸易和投资的规则优势、制度优势，才能提升在全球价值链中的地位，推动并带领全球经济强劲、包容、可持续增长。因此，促进金砖国家间的贸易与投资、加强规则制定和谈判，应成为金砖国家的核心议题。

正值金砖国家机制成立十周年：2016 年金秋十月，以打造有效、包容、共同的解决方案为主题的金砖国家峰会在印度举办。金砖国家与 G20、联合国及上海合作组织是我国参与全球治理的四大战略平台，而金砖国家又是中国发挥作用最为突出的一个重要平台。2017年在中国举办金砖国家峰会，将是中国最重要的主场外交。

当前全球贸易锐减、全球经济复苏脆弱且不均衡，保护主义抬头，英国脱欧等逆全球化日益严重。IMF 总裁拉加德日前指出，世界

---

* 2017 年 6 月 10—12 日，金砖国家政党、智库和民间社会组织论坛在福州举行，来自 26 个国家的 37 个政党、105 家智库和 79 家民间社会组织的 400 余名代表与会。中共中央政治局常委刘云山出席开幕式。在闭幕前，王文代表课题组发布了《金砖国家与全球化》的研究报告，本文为该报告的压缩版。

经济复苏缓慢，发展中国家今明两年对全球经济增长的贡献率将超过四分之三，成为世界经济增长的主要贡献力量。金砖五国中，不仅中国、印度继续保持经济中高速增长，巴西和俄罗斯也显露出复苏迹象。作为发展中经济体的领头羊，金砖国家经济增长前景光明、后势可期。

快速机制化的金砖国家正成为全球治理的重要力量

2001 年，时任高盛首席经济学家的吉姆·奥尼尔首次提出金砖国家概念（巴西、俄罗斯、印度和中国首字母 BRIC），到 2050 年金砖四国将与美日一起跻身全球六大经济体。三亚峰会上南非也成为金砖国家一员。截至目前，金砖国家（BRICS）的人口占全球的 43%，黄金储备、外汇储备占全球的 40%，GDP 占全球总量的 21%，过去十年金砖国家对世界经济增长的贡献率超过 50%。虽然受到大宗商品价格暴跌影响，以资源为主的俄罗斯、巴西、南非等金砖国家经济增长有所下滑，但作为整体，金砖国家的经贸和投资表现仍相对较好且增长潜力巨大，成为全球经济增长中的一抹亮色。

金砖国家加速机制化建设，触发点是百年不遇的 2008 年金融危机。2006 年金砖国家首次举行外长会谈，为应对金融危机，G20 央行行长及财长会升格为 G20 领导人峰会。2009 年举办了首次金砖国家元首会议。

共同的全球治理诉求加速了金砖国家机制化进程。目前金砖国家已形成全方位、多层次、宽领域的合作治理架构。

最高层面是起引领作用的金砖国家领导人峰会，峰会之下是务实合作的部长级会议，包括外长、安全高级别代表、财长、央行行长及贸易、科技等部长。部长会议下设国企、经贸、城市化论坛等高官会和工作组会提供技术支撑；此外还有提供智力支持的智库、工商理事会、友好城市暨地方政府论坛及工商论坛等。

2013 年金砖国家在南非召开的德班会议上达成了一致意见：逐步将金砖国家发展成为就全球经济和政治领域的诸多重大问题进行日常和长期协调的全方位机制。随着金砖国家在经济和政治上的崛起，金砖国家在全球经济、政治事务中发挥越来越重要的作用。

习近平主席强调，金砖国家合作要做到政治和经济"双轮"驱动，既做世界经济动力引擎，又做国际和平之盾。因此，发展金砖国家经贸合作已超出一般意义上的互惠互利，上升到在国际政治经济各领域深化协调与合作的战略高度。

通过金砖国家组织这一平台参与国际经贸规则谈判及经贸体系重构，在双多边及诸边经贸投资规则中建立以金砖国家为主，代表发展中国家和新兴经济体的全球经贸和投资规则，促进金砖国家内部及金砖国家与全球的贸易和投资增长，不仅能对全球经贸投资产生影响，而且将引领新一轮的全球化进程。

中国已发展成为俄罗斯、巴西、印度和南非的最大贸易伙伴和投资国，经济规模和贸易总额比其他四国的总和还多，在金砖国家中处于龙头地位。作为全球货物贸易第一大国，服务贸易、对外投资第二大国，中国如何发挥核心作用，促进金砖国家经贸与投资合作，引领金砖国家融入全球价值链及参与全球治理，扭转世界经济疲弱的现状，也成为中国所必须面对的问题。

金砖国家正在成为新一轮全球化的引擎

WTO 和 UNCTAD（联合国贸发会议）预计今年国际投资将下降10%—15%。IMF 预测 2016 年全球经济增长 3.1%，贸易增长 2.8%。全球贸易增速将连续第五个年头低于 3%。美元"特里芬难题"依旧无解，全球主要经济体严重分化，美国经济复苏退出量宽进入加息通道，欧洲和日本则正在加码量化宽松货币政策，但即使步入负利率后其经济仍难见起色。

2008 年金融过度自由化导致了金融危机，进一步发展为经济危机引发的贸易保护主义又抑制了全球化，进一步导致贸易锐减，世界经济复苏乏力，亟待新一轮全球化。

随着发展中国家经济快速攀升，世界经济格局发生根本改变，经济总量上，2008 年发达国家 GDP 占全球的 65.7%，2013 年降至45.7%。贸易投资上，G7 占全球进口的比重从 50% 降至 37%。经济增量上，2008 年至 2011 年全球经济增长近 90% 来自发展中国家。预计 2030 年，新兴经济体占全球 GDP 的比重将从 38% 升至 63%，贸易额将占全球的 40% 以上，贡献全球 70% 的经济增长。

而代表广大发展中国家利益的 BRICS，正在引领着创新、普惠、共享和包容的全球化浪潮，成为新一轮全球化的引擎。刚结束的 G20杭州峰会首次提出包容性增长这新一轮全球化理念，不仅邀请包括金砖五国在内的众多发展中国家与会，而且首次将发展问题纳入宏观政

2017 年春，王文在金砖国家智库研讨会上以"金砖国家的未来"发表主题演讲

策框架，并落实 2030 年可持续发展议程，提出支持最不发达国家及非洲工业化进程。

金砖国家之间的经济互补性强，经贸合作潜力大，不仅应采取切实有效的举措来加强金砖国家之间的经贸合作，避免经济下行，而且要增强金砖国家在全球经济治理当中的发言权和影响力；不仅要成为新一轮全球化的倡导者，而且要成为推动全球经济创新增长的动力源泉和新规则制定的主要贡献者，从而引领新一轮的全球化。

金砖国家资源禀赋各异，经济互补性强，在全球经贸中各具优势，是全球重要的消费品市场和全球主要的资源供应国。

其中，巴西是"世界原料基地"，农牧业发达，矿产资源丰富，工业体系较完整。俄罗斯是"世界加油站"，油气资源丰富，产业结构较单一。印度是"世界办公室"，劳动力资源丰富，IT 优势明显。南非作为"非洲门户"，拥有丰富的资源。特别是中国，作为"世界工厂"，拥有完整的工业体系，制成品出口优势明显，为世界提供物美价廉的商品。

金砖国家作为新兴经济体国家，正处于经济增长期，拥有相对充裕的劳动力优势、资源优势、市场优势，经济活力旺盛，在全球价值链中不断向上游攀升，具备经贸快速增长的潜质和成为新一轮经济全球化引领者的条件。

2001—2010 年间，五国间的贸易年均增速达到 28%，规模增长了 15 倍，近五年来，五国间的贸易增长速度超过世界经贸增速 10 个百分点，同时我国与四国的贸易增速也超过同期对外贸易增速 10 个百分点，占中国对外贸易接近 10%。作为世界经济增长的重要引擎，金砖国家在全球经贸投资格局中的作用日益凸显。

金砖国家在发展中也面临多种挑战

受国际金融危机冲击影响，全球经济复苏乏力，金砖国家经济增速放缓，美联储加息及欧日量化宽松的负面溢出，也给经济发展分化的金砖国家带来挑战，金砖褪色论及崩溃论也甚嚣尘上，面临经济增长等各种严峻挑战。金砖国家亟须面对挑战进一步加强合作。

首先，金砖国家产业结构的相似易引发贸易战。金砖国家同属于新兴经济体国家，产业结构很多处于产业链低端，产品技术含量低。从生产结构、消费结构到贸易结构，甚至在全球产业链和价值链中的地位都较接近，容易产生竞争。

其次，部分金砖国家受到欧美金融危机和欧债危机的冲击和影响，面临经济增长困境。尤其是巴西经济增长率出现连续下降，在政治更迭中经济下行风险压力加大，主要依靠能源的俄罗斯在大宗商品低迷及欧美制裁下，经济增长难度加大。南非同样面临大宗商品价格走低影响，经济出现下滑。

最后，在全球各种双多边的区域贸易协定下面，金砖国家也面临各种挤出效应。目前全球的双多边经贸协定达 3304 个，规则碎片化严重造成了"意大利面碗效应"。尽管 TPP 和 TTIP 问题重重，面临难产，但发达国家不会就此放弃对国际经贸规则的主导权，这些发达国家主导的区域协定和经贸规则对金砖国家仍可能构成严重冲击。

金砖国家应加强内部协调，共同推动"一带一路"建设

2009—2014 年的金融危机期间，金砖国家国际贸易总额年均增速仍超过 30%。

在目前能源、农产品、矿产品等大宗商品价格持续低迷的情况下，金砖国家的经济增长出现分化，2015 年巴西、俄罗斯、印度、中国和南非的 GDP 增长率分别为 –3.8%、–3.7%、7.6%、6.9% 和 1.3%。

除了中国和印度经济增长良好以外，其他金砖国家的经济形势下行压力较大，因此，为拉动金砖国家的经济，推动和重振金砖国家之间的贸易和投资这一引擎势在必行。今年 1—8 月，巴西对中国投资同比增长 48%，印度对中国投资增长 55%，南非对中国投资同比增长 91%。除了投资基数低以外，更多的是说明金砖国家内部的巨大投资机遇。

金砖五国是新兴市场国家中最有代表性的国家，处于经济增长期。2012 年金砖国家间贸易额就超过 3360 亿美元，其中我国与其他金砖国家的双边贸易额合计超过 3000 亿美元。金砖国家经济平均增速高于发达经济体的 2 倍，到 2020 年，金砖国家经济规模将达到全球的 25%。要保持金砖国家的经济发展，必须加强五国间的伙伴关系，增进内部协调，使贸易投资带动经济增长，推动金砖国家结构调整优化升级。

首先，金砖国家不仅要通过 G20、APEC、UNCTAD 等平台开展政策沟通与协调，更要充分利用金砖国家这一平台推进贸易投资规则等谈判，引领新一轮的全球化进程。作为重要的贸易投资平台，金砖

国家最能代表发展中国家和新兴经济体利益。2014 年金砖国家就通过《金砖国家投资和贸易便利化行动计划》，并实施了《金砖国家贸易投资合作框架》以及金砖国家关于国际投资协定的观点，加强金砖国家间基础设施、金融等领域的合作。

其次，金砖国家内部要率先落实 G20 贸易增长战略及全球投资指导原则。2017 年 G20 杭州峰会通过了首个 G20 全球贸易增长战略及 G20 全球投资指导原则等。金砖国家作为 G20 成员国应当积极落实这些贸易增长战略和投资指引，率先垂范，并带动 G20 和全球经贸投资增长。

最后，金砖五国都地处"一带一路"沿线，近年来印度经济的快速增长为金砖国家的贸易与投资带来了新的机遇，俄罗斯在欧亚经济联盟上面与"一带一路"的对接与合作也存在经贸投资的重大合作机遇。而南非和巴西矿产资源丰富，随着"一带一路"建设的推进，国际上对应基础设施建设所需资源的需求必将出现增长，同样存在大量经贸投资机遇。因此，金砖国家应当加强经贸投资合作，共同推动"一带一路"建设，加强经济发展规划与"一带一路"对接，发挥合力，共同推动经济一体化发展。

发展工业是经济增长之本，金砖国家多是资源富集国，人力资源、技术优势明显。通过协调制定投资贸易增长战略及规则，共同推进"一带一路"建设，将有助于促进金砖国家间的经贸往来，推动金砖国家参与全球产业链，促进高附加值产品出口，提升在全球价值链中的位置，推动经济发展，并有效提高金砖国家整体的国际竞争力。

金砖国家应共同努力，引领新一轮全球化

新一轮全球化的核心是数字经济为代表的新产业，标志是发展中国家的崛起，2008 年金融危机重创了欧美发达国家，以 G20 为代表的全球治理架构替代由发达国家所组成的 G7，在应对金融危机拯救世界经济中发挥了重要作用。

从 2009 年开始举办的金砖国家领导人峰会也在新一轮全球化中发挥举足轻重的作用，金砖国家发挥着世界经济增长发动机的作用。

在新一轮的全球化过程中，金砖国家需要掌握全球贸易和投资的规则优势、制度优势，才能提升在全球价值链中的地位，推动并带领全球经济强劲、包容、可持续增长。因此，促进金砖国家间的贸易与投资、加强规则制定和谈判，应成为金砖国家的核心议题。

金砖国家应充分利用这一平台，加强贸易投资便利化，降低贸易投资壁垒，为各国的基础设施建设提供金融支持，促进金砖国家间及全球贸易投资增长，重启贸易和投资这两大经济增长的引擎。

当前全球基础设施建设资金缺口巨大，而包括世行等加起来也仅能提供 3000 亿美元，远不能满足全球特别是发展中国家的资金需求。为此金砖国家 2012 年领导人峰会上提出成立金砖国家新开发银行，2014 年巴西金砖国家领导人峰会上签署了《成立金砖国家新开发银行的协议》和《关于建立金砖国家应急储备安排的条约》。2015 年 1000 亿美元的金砖国家新开发银行（NDB）宣告成立开业运营。在提供开发性金融的同时，金砖国家还设立了 1000 亿美元的应急储备安排（CRA），帮助金砖国家应对流动性压力，加强金融稳定。

NDB 与 CRA 不仅支持发展中国家实体经济增长，为新一轮全球化提供重要公共品，而且将促进金砖国家经济一体化发展，更重要的，这是为金砖国家提供的金融安全网。

2013 年美国与欧元区、英国、日本、加拿大、瑞士的央行签署协议，将原来的双边货币互换网络（BSA）固化为无限额、无限期。这实际上是给发达国家加强了应对金融危机增强金融稳定的保护罩。NDB 和 CRA 则有助于为金砖国家及其他发展中国家提供融资支持和加固金融稳定，在完善国际金融治理体系的同时，促进包括 IMF 及世行份额在内的国际金融体系改革。

新一轮全球化的典型特征是建构于网络化、智能化的新产业基础之上，因此，需要创新经济增长方式，建立新型经贸、投资规则。金砖国家要更好引领新一轮全球化，首先要加强结构性改革，通过经济结构调整和优化升级，促进创新增长。

正如中国针对经济新常态提出了供给侧结构性改革，要做到"三去一降一补"，加快供给侧结构性改革步伐，坚持创新、协调、绿色、开放、共享的发展理念。为实现新一轮的全球化，金砖国家也要结构改革，创新增长。

金砖国家要坚定支持 WTO 多边贸易体制，落实 WTO 贸易便利化协定，推进包括电子商务在内的经贸投资规则谈判，并积极落实《金砖国家经济伙伴战略》，实现金砖国家经贸合作的蓝图，即推动金砖国家建设"一体化大市场、多层次大流通、陆海空大联通、文化大交流"，促进彼此之间的经贸和投资。

为此，要加快落实金砖国家经济伙伴战略。在结构调整和创新增长下，推动金砖国家间的产业内贸易，带动和提升金砖国家利益共享，促进金砖国家的大市场的发展，进而带动新兴经济体融入全球价值链，引领新一轮全球化。

此外，还应深化金砖国家间金融合作，利用人民币加入 SDR 成为世界货币的契机，增强金砖国家间货币互换规模，增强金融实力，支持人民币在金砖国家的使用。金砖国家还要充分利用新开发银行及应急储备安排，加大对贸易融资等的金融支持力度，加强基础设施的互联互通建设。通过加强国际金融合作，增强金砖国家的金融治理能力及发言权。

最后，金砖国家要积极引领新一轮全球化的规则制定。金砖国家贸易部长会议将在峰会前举办，2011 年中方倡导金砖国家经贸部长会议机制建立，迄今举办五次会议并通过了《金砖国家贸易投资合作框架》《金砖国家经济伙伴战略》等合作规划。

考虑筹划金砖国家自贸区建设，共建"一带一路"，推动经济一体化进程，引领新一轮全球化。发挥印度、巴西、俄罗斯、中国在服务与货物贸易的比较优势，在新一轮全球化背景下，金砖国家推动制定符合发展中国家和新兴经济体利益的经贸规则，引领全球经济实现持续增长。

（刘英是该研究报告的另一位作者。本研究报告《金砖国家：新全球化的发动机》的中、英、葡、俄语版由新世界出版社 2017 年 8 月出版）

第三章

世界须重新评估中国的贡献

世界大大低估了中国的贡献 *

　　有人说，中国目前的经济减缓，威胁到世界经济的增长。我认为，这种评价是不公平的。过去，我们有 10% 以上的增长时，许多舆论说，中国污染环境、排放太多；现在，我们增速降下来了，环境正在变好，质量提升上去了，但还是有那么多人批判中国。

　　如果世界过去小瞧了中国的增长，那么，现在还看低了中国对全球治理的贡献。

　　再次感谢邀请，并给了这么好的一个机会，让我向大家分享中国主办 G20 的展望。这个问题我可不能说得百分之百的准确，因为世界处于高度不确定的状态，就像巴黎暴恐事件正在影响着 G20 的议程那样，可能在未来 10 个月里，也会有一些意想不到的事情发生在中国。当然，我不希望发生坏事，而是意想不到的好事。

＊　2015 年 11 月 13—15 日，土耳其 G20 峰会预热峰会（Pre-Summit）、20 国智库峰会在安塔利亚举行。来自全球 20 多个国家的 400 多位政要、智库及国际组织参加了此次会议。作为中国智库代表，王文受邀在 15 日上午预热峰会闭幕式上作了题为"中国主办 G20 的展望"的开场主旨演讲。

2015 年 11 月，王文在安塔利亚 G20 峰会智库会场演讲

比如，刚刚过去的 11 月 11 日，中国电子商务刚完成了一场疯狂的购物活动。其中一家网站（Tmall）仅仅 12 分钟成交额就突破了 100 亿元人民币（15.7 亿美元）。全天的销售额则超过 160 亿美元。

这里需要强调的是，"双 11"购物狂欢并非只是中国人在参与，而是全球 180 多个国家的人都在中国的电子商务网站购物。这折射了全球微观经济的一体化，也从一个侧面说明了中国是如何为全球增长作出贡献的，以及中国能够为全球增长带来什么样的新动力。

那么中国到底给世界作出什么样的贡献呢？我就举几个简单的数据吧！

——中国经济的增长对全球经济的贡献。2008—2014 年，中国一国贡献了全球新增经济总量的 30％以上，按最近 3 年计算，则达到 44％。中国现在即使以 7％的增速，年增量也达 8000 亿美元，超过金融危机前两位数增速时期的增量。对稳定全球增长作出了巨大贡献。

——中国金融稳定对全球的贡献。2008 年以来，中国没有发生大的金融波动。2014 年全年，同业拆借和债券回购加权平均利率分别为 3.48％和 3.49％；非金融企业贷款加权平均利率为 6.77％，数据平稳且处在合理区间，对于"大通缩"的全球环境是强力稳定剂。

——中国对外投资促进全球增长。2015 年中国对外直接投资预计将首次超过 1 万亿美元。2020 年之前中国还将对外投资 5 万亿美元以上。

——中国对全球可持续发展作出巨大贡献。按照联合国脱贫标准，30 多年来中国累计使 6 亿人脱贫，占同期全球脱贫人口总量的

90%。

有人说，中国目前的经济减缓，威胁到世界经济的增长。我认为，这种评价是不公平的。过去，我们有10%以上的增长时，许多舆论说，中国污染环境、排放太多；现在，我们增速降下来了，环境正在变好，质量提升上去了，但还是有那么多人批判中国。我希望，世界对中国应该有公平、公正的评价。

如果世界过去小瞧了中国的增长，那么，现在还看低了中国对全球治理的贡献。而这些贡献正是中国主办G20的主题考虑。所以，大家对2016年中国主办权一定很关心，我想分享大体有四个关键词：

一是希望。中国过去30年没有发动过、也没有参加过任何战争，没有产生过难民、没轰炸过他国，是一个爱好和平的全球大国。中国正在参与越来越多的全球治理机制，这些机制让人看到世界进一步增长的活力和动力。中国积极参与G20、金砖国家、APEC等机制建设，通过建立联通全球的自贸区网络，已与22个国家签订14个自贸协定，中国参与对美国金融危机、欧元区的反危机救援，还建立了亚投行吸引了50多个国家的参加，弥补亚太地区基础设施投资缺口，这些中国的作用，都让人看到了一个负责任大国的活力，也应该看到世界的希望。

二是创新。创新是本届中国政府最大的特色之一。中国正在鼓励所有企业和个人投资，明确知识产权保护；鼓励在新技术推广中创新商业模式，促进技术的商业转化过程。中国的创新将有助于构建"全球创新体系"，使全球经济可持续增长产生根本动力。

三是联结。当前中国贸易总量已是世界第一位，经济总量达到世界第二位，实际利用外资规模在 2014 年首次达到世界第一位，对外直接投资 2014 年为 1231.2 亿美元，达到世界第三位。而预计到 2020 年，中国有可能成为世界第一大经济体，进出口贸易和资金双向流动规模在全球的比重也将进一步上升。现在中国正在推进"一带一路"倡议，就是为了国力提升以后分享国际公共产品，并促进经济要素有序自由流动、资源高效配置和市场深度融合，推动沿线各国实现经济政策协调，开展更大范围、更高水平、更深层次的区域合作，共同打造开放、包容、均衡、普惠的区域经济合作架构，既是大势所趋，也是中国经济增长的动力所在。

四是包容。目前中国刚刚公布了"十三五"规划，将决定了未来五年中国的发展政策。这是中国第一次站在世界地图前制定五年规划。其中一个大战略就是，共建"一带一路"致力于亚欧非大陆及附近海洋的互联互通，建立和加强沿线各国互联互通伙伴关系，构建全方位、多层次、复合型的互联互通网络，实现沿线各国多元、自主、平衡、可持续的发展和国际产能合作。"一带一路"的互联互通项目将推动沿线各国发展战略的对接与耦合，发掘区域内市场的潜力，促进投资和消费，创造需求和就业，增进沿线各国人民的人文交流与文明互鉴，让各国人民相逢相知、互信互敬，共享和谐、安宁、富裕的生活。

总之，中国目前正在提出"人类命运共同体"的概念，我希望，这个好的概念能够成为 G20 的根本价值观。各类全球非传统安全问题层出不穷，对国际秩序和人类生存都构成了严峻挑战，不论人们身处何国、信仰何如、是否愿意，实际上已经处在一个"命运共同体"

中。作为全球治理的首要平台，应该树立"人类命运共同体"意识，共同面对世界经济的复杂形势和全球性问题。

这就是我对中国 2016 年主办权的理解。

G20 应学中国，制定五年规划 *

G20 是各国在面对共同问题时一项分享智慧、达成方案的有效机制。目前，G20 从危机应对机制转型成为全球治理平台，就需要解决如何进行全球治理合作的常态化机制问题，并且在每五年进行量化目标的评估与执行上做文章。

刚才土耳其政府 G20 协调人和德国政府 G20 协调人都强调，G20 的"执行力"（Implementation）已成关键难题，那么，我想说的是，在全球经济增长与可持续发展的目标方面，中国是执行力最强的 G20 国家。中国过去五年贡献了全球经济增长的 30% 以上，过去 30 年中国使数亿人脱贫，占全球同期脱贫人数的 90%。今天凌晨，我刚到巴黎，连出租车司机都说，到巴黎的中国人越来越多，越来越有消费能力，这本身都折射了中国对全球发展的贡献与执行力。

---

* 2015 年 12 月 2—4 日，经合组织（OECD）在巴黎总部连续主办了两场关于"G20 与全球治理"为主题的论坛，40 多个国家的官方代表出席，OECD 秘书长古利亚亲自主持并全程参加会议。王文作为全球唯一智库代表，受邀作了两次主旨发言。本文根据录音翻译要点整理而成。

2016 年，中国是二十国集团（G20）峰会的主办国。作为国际经济合作与协调的首要全球性论坛，G20 需要为全球治理作出顶层设计并拿出推进方案。G20 主办国则需要在承续既有成果的前提下，拿出自己方案，带头应对全球经济治理面临的主要挑战。作为今天全球智库的唯一代表，我能与大家分享的中国发展重要经验，就是中国每五年制定一个发展规划，让更多措施能够得到执行。

确定 G20 执行力，中国提出的方案是有效的

如何带领全球经济走出金融危机后持续多年的低增长泥潭，实现强劲、可持续和平衡增长是 G20 面临的首要课题。

作为 2008 年以来的危机应对机制，G20 最终定下的中期目标是，要恢复世界经济"强劲、可持续和平衡的增长"，并且为此设立了一些基本数据指标。从 2011 年以来的五年，全球经济年均增速仅为 3.3%左右，远远低于 2001—2007 年期间危机前全球实际 GDP 年均增速的 4.45%。可见，全球经济并未回到预期的目标上来。

2014 年的 G20 主席国澳大利亚推动确立了"到 2018 年前使 G20 整体 GDP 额外增长 2%以上"的 G20 共同目标。为此，各成员方都制定了各自的"综合增长战略"。2015 年 G20 主席国土耳其提出"3I"，即"包容性""执行力"与"投资性增长"（Inclusiveness, Implementation and Investment for growth）的政策框架，并敦促各国拿出调整后的增长战略方案。实际上，这是对综合增长战略在可执行性方面的强化，既表达了对 2014 年 G20 主题的沿承，也体现了对 G20

机制从临时危机应对到长期全球治理转型的期待。这对占全球贸易总量 90%、经济总量 80%的二十国集团来讲尤其重要。

2016 年中国提出四个"I"，即"创新（innovative）、活力（invigorated）、联动（interconnected）、包容（inclusive）的世界经济"。这也是出于"沿承"与"转型"的考量，沿用了土耳其 G20 峰会的"包容"，并针对全球经济增长新困境、保证各国承诺的执行力，而提出的中国方案。

这四个单词是根据中国经验，试图抓住当前国际社会对于世界经济治理的最关键问题，指明了实现全球经济平衡、可持续增长的道路。"创新"是实现长远发展的动力之源，靠创新来释放体制活力和创造力，靠创新实现科技进步，这是实现全球经济复苏的根本出路；"活力"强调让经济发展的引擎高速发展，让世界经济气通血畅，焕发新动力；"联动"是实现全球整体、全面发展的必然选择，各国合作联动，才能减少经济发展的不确定性，实现经济的稳步发展和优势互补；"包容"强调发展的价值要惠及所有国家，从而释放巨大的市场需求。

G20 如果能在"创新、活力、联动、包容"方面为世界做出表率，形成共赢局面，势必将提振全球经济信心、拉动经济复苏、释放发展潜力，为世界经济的新增长创造光明前景。

下一步的关键是国际协调

目前各国提交了各自的中期增长路线图，其中存在的不足显而易见：各成员方的关键政策承诺（Key Commitments）侧重点各有不同，没有关于相互协调的说明，潜在地存在相互竞争或相互抵消问题，可能导致"零和博弈"造成对于全球经济的整体外溢效果为零甚至为负。

换句话说，在增长战略方面，各国是"有整体目标，无全面协调"。全球增长不是一国就能解决的，在 G20 层面而非各成员方层面上制定整体性的政策，建立切实可操作的执行机制，已十分必要。因此，中国人民大学重阳金融研究院通过缜密的研究和长期的跟踪认为，需要构建"全球经济协调体系"（Global Economic Coordination System，GECS）。

这不只是各成员方增长战略协调的需要，也是全球已承诺的政策目标体系变得复杂化亟待通盘考虑的需要。这种复杂性来自三个方面：

一是联合国层面上"2030 年可持续发展目标"的新进展，即 2015 年 9 月底联合国成立 70 周年峰会上，各国领导人批准了《2030 年全球可持续发展议程》（SDG），包括 17 个可持续发展目标及 169 个子目标。G20 如何与 SDG 并轨与协调相当重要。

二是全球层面上碳减排的要求。今年 12 月，联合国气候变化框架公约第 21 次缔约方大会（COP21）在法国巴黎举行，各方尤其是中国提出了应对气候变化的郑重承诺。因此，G20 讨论全球增长必须考虑到碳减排约束日益严格的趋势。

三是发达国家减少财政赤字的约束。美国与欧元区都执行"结构性减赤"的长期政策框架以及部分国家提到的退出"量宽"等政策，都会对他们的经济增长产生冲击。

此外，当前地缘政治危机、恐怖主义等不确定性事件冲击着全球增长；全球性通缩、金融市场动荡等系统性风险威胁着国际经济；而重大创新缺乏、基础设施投资与互联互通不足等支撑性要素不力则拖累着世界发展前景。这就更需要建立全球可持续增长的协调框架，增强各国的抗风险能力，并实现 G20 整体政策效果正向外溢（positive spillovers），避免相互抵消。

G20 要促进全球经济全面协调发展

当今世界上坚持时间最长的增长战略，应属中国的"五年规划"，共实施了 60 年。2016 年，中国将开始实施第十三个五年规划，内容包括农业、工业、服务业、城镇化、资源与环境、科技与教育、公共服务、社会管理、文化、经济改革、对外开放、政治、民族、军事十四大战略。中国还有各部门、各省、各市、各县的"十三五"规划，数以千计，自上而下，追求协调发展。

中国的宏大规划经验是值得在设计 G20 "全球经济协调体系"时所参考的。G20 现有四个层次的会议机制，分别是领导人峰会、协调人（Sherpa）会议、部长及副部长级会议、专家工作组及相关配套会议。这些机制既是合作平台，也是"全球经济协调体系"的实施基础。

我们认为，"全球经济协调体系"应由一个顶层机制、三张机构网络、十方面合作平台构成。

2015 年 12 月 4 日，王文在经合组织（OECD）巴黎总部介绍中国的 G20 主张

一个顶层机制是"长期愿景机制"，负责制定并指导 G20 增长战略的实施。"长期愿景机制"的操作方式可以是先形成一份"G20 经济发展愿景"文件，确立五年期发展目标。此后，在领导人峰会、协调人（Sherpa）会议、部长及副部长级会议都经常予以修订并讨论如何实现。

三张机构网络分别是 G20 与联合国各机构协调网络、G20 相互协调网络、G20 与各个国际组织协调网络。建立常态化的协调网络，形成一个全球"发展规划"的执行网。

十方面合作平台是十个方面的 G20 各成员方产业政策沟通与协调平台，综合考虑 G20 现有机制及未来发展要求，参考中国案例，建议为金融与投资、劳动与就业、商务与贸易、工业与创新、农业、基础设施、资源与环境、能源、发展、旅游十个方面。

为保证协调各国的增长战略，应建立四方面的执行机制：一是设立执行秘书处，不断与各自国内联络并共同起草文件。执行秘书处可设立在中国，并在多个国际组织设立代表处。二是建立"共同工具篮子"，为 G20 成员国发展提供了政策选项范本。例如，G20 可考虑设立全球粮价平准基金，用以干预粮价过度波动。三是设立政策效果相互评价机制，建立增长战略的政策效果相互评价机制。四是探索奖惩机制，对一些不达标的国家予以类似削减授信额度这样的处罚措施。

G20 全球经济协调体系框架图

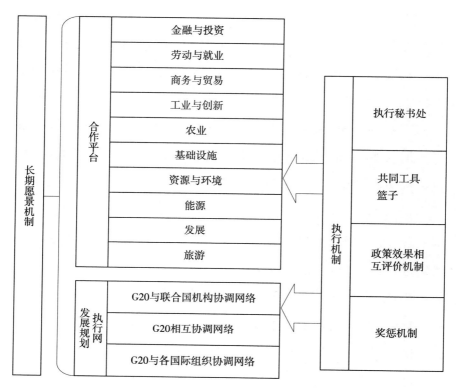

（中国人民大学重阳金融研究院制）

G20 能否有五年规划的量化政策目标？

结合 G20 已有政策目标的预期轨道，以及国际上其他政策承诺的要求，我们通过建立情境模型的方法，得出了到 2021 年的可行性量化政策目标。中国人民大学重阳金融研究院专门有计算，限于时间，我就列举一二。

比如，G20 在金融与投资方面，可否到 2021 年使全球 GDP 总量达到 95 万亿美元（按 2015 年美元价格计）。为全球基础设施建设基金融资 6000 亿美元。为保证这个目标，G20 国家可建立"宏观政策外溢协调机制"，实行"全球金融市场合法性管道"项目，推进跨国 PPP 投融资。推进亚洲基础设施投资银行的功能进一步全球化，等等。除此之外，在劳动与就业、商务与贸易、工业与创新、农业都可以有一些量化目标。

G20 是各国在面对共同问题时一项分享智慧、达成方案的有效机制。目前，G20 从危机应对机制转型成为全球治理平台，就需要解决如何进行全球治理合作的常态化机制问题，并且在每五年进行量化目标的评估与执行上做文章。

我刚才提的"全球经济协调体系"，就是为创建这一常态化机制下如何加强执行力的思考。要建成"全球经济协调体系"的框架，除了架构、执行机制及政策目标体系这些"内生性"要素外，还需要有全球价值观等"外生性"要素方面加强建设。

所以，作为结论部分，我想提的是，建议将维护"人类命运共同体"的续存与发展作为 G20 的根本价值观。当前国际形势基本特点是世界多极化、经济全球化、文化多样化和社会信息化，"你中有我、我中有你"成为各国经济的常态现状。与此同时，各类全球非传统安全问题层出不穷，对国际秩序和人类生存都构成了严峻挑战。不论人们身处何国、信仰何如、是否愿意，实际上已经处在一个"命运共同体"中。作为全球治理的首要平台，应该树立"人类命运共同体"意识，共同面对世界经济的复杂形势和全球性问题。

有人或许会问，这些都是中国官方提出过的政治概念，会不会太

"中国化"了。我倒觉得，应该反过来想。中国发展的成功是人类现代化的共同财富。长期以来，中国发展受惠于世界上的那些成功发展经验；现在，世界也可以从中国发展的成功经验中汲取营养。

　　未来，世界对中国发展经验的态度要避免两种不良的趋向：一是避免过于低估中国的贡献。一些舆论谈论"中国崩溃论"实际上是哗众取宠式的研究笑话，更是对中国发展、稳定和改革三者辩论关系未来的误读。另一种则是避免意识形态化地看中国，仍然以过去冷战思维、共产主义思维来看中国。

　　正如邓小平先生 30 年前所说，无论黑猫白猫，能抓老鼠就是好猫。现在世界也应该有这种务实精神，无论是否是中国经验，能让世界更好发展，就是好经验。2016 年是中国分享发展经验的起点，也应该是世界重新审视中国发展经验的新起点。相信在全世界的共同努力下，G20 杭州峰会一定能开得更成功。

美国不妨学点中国政治改革 *

美国思想界大可不必再揣测中国什么时候崩溃，而是要认识到中国的政治进步，相互学习，相互尊重，这样，中美两国才能团结起来应对全球的各种挑战。

我没有用"女士们、先生们"的开头，是因为今天在座的各位都是中美两国最重要的政治学、国际关系学学者，大多都是我的前辈，有的当年还曾教过我。作为一名学生，能够参与这样的重要论坛，与老师平起平坐，深感荣幸。

我现在是一家新型智库——中国人民大学重阳金融研究院的执行院长。过去我曾在报社工作将近 8 年，担任评论主管、社评起草人。两年多前受邀组建了人大重阳。过去几个月，不少媒体都来专访，问为什么只用了两年，你们人大重阳在国内外的排名都进入了中国前十

---

* 2015 年 5 月 6—7 日，由上海社会科学院、卡特中心联合主办的世界中国学论坛在美国亚特兰大召开，在 6 日开幕式、晚餐环节，中国外交部原部长李肇星，中宣部副部长、国务院新闻办公室副主任崔玉英分别致辞。王文作了题为"智库、媒体与中国民主化的新进程"的主旨发言，本文是翻译整理稿。

名呢？

当然，排名不能代表一切，我也不想继续为我们研究院做广告。我想说的是，人大重阳有一个优势，就是充分进行思想传播，这也与我过去的工作经验相关。我记得，研究院组建刚半年左右，我接到一个重要电话，说习主席读了我一篇在媒体上的文章。我当时非常激动。那之后，我们还得到了不少重要官员的反馈。

我说这一点，是想强调，智库、媒体的结合，正在推动决策机制进一步民主化、科学化。两年来，习近平主席多次在公开场合强调智库的重要性，也更频繁地邀请智库学者进入中南海讲课、讨论问题。本届政府比过去更善于运用与采纳来自专业政策研究者的建议。

为此，过去两年，中国大约成立了200家新智库，或原有研究机构的"智库转型"。智库成为一种民主化的力量，这种力量还要继续大一些。这是我要讲的第一点。

第二，关于媒体的变化。2009年，中国开始进入互联网2.0时代。所谓互联网2.0，就是出现了许多交互性的网络工具。比如，微博，即推特在中国的升级版，成为中国信息传播与政治民主化的重要推动力。多年以来流行的微博反腐，就是政治例证。

2013年，中国进入微信时代。微信比微博更有浸透力，更具有精英化的力量。目前，微信用户已超过5亿，覆盖中国大多数精英群。他们相互组群，交流思想，传播信息，进而汇总民意，使高层倾听民意，民意传达给高层的途径更加便捷、更加高效、更加清晰。

如果说微博是自下而上的政治制衡力量，那么，微信更像是上下互动的政治传导渠道。在微信时代，中国决策者与民意之间的距离越来越无障碍化，"六维社会关系理论"在微信空间里已失效。

人们常常发现，网络上流行什么词语，过段时间习近平主席或其他国家领导人就会在公开场合使用，这说明决策者对社会情况相当了解。

与此同时，官方媒体网络化的趋势，以及政府对自媒体的使用，也越来越娴熟。人民日报的下属网站人民网的上市，股价三年涨了好几倍；"学习小组"等官方微信号的巨大影响力，几乎引导了整个社会舆论。

环顾全球，许多国家骚乱频发，政治动荡，但在中国，习近平时代的中国共产党正处于 1978 年以来民意支持率最高的时代。可见，中共已经适应了互联网时代的政治治理。

第三，财富精英成为拥护社会稳定与发展、进入国家建设的正能量。现在，中国社会正在掀起有史以来最大规模的"创新热"。在北京、上海、广州、深圳，出现了数以万计的创客咖啡馆、创新孵化工厂，出现了数以万计的新亿万富翁，他们相当一部分都是年轻的 80 后，或 90 后。这样的新现象，一方面是因为中国政府鼓励创新，另一方面，是由于目前中国国内亿万富翁的榜样作用。

现在，阿里巴巴的马云、小米的雷军，还有许多财富新贵，都是中国年轻一代的崇拜对象，而前者也正在推动中国社会风气的改良。

目前，主张廉洁与政务简化的"八项规定"，正在成为全民支持的戒律；《奔跑吧兄弟》是一档主题团结、健康的节目，正在成为收视率最高的娱乐节目之一。种种现象都说明，中国社会处于改革开放以来风气最正的时刻，可以称之为政治"新常态"。

我讲到以上的三点，是想表达以下三样结论：

第一，中国与政治力量并行的三大力量：知识力量、社会力量和财富力量。在习近平时代，三大力量与政治力量想要推动的目标与大方向是吻合的，彼此实现了巨大的政治共识：那就是推动国家进步，中华民族的伟大复兴，实现中国梦，等等。

第二，目前美国对中国政治改革的认识，仍然脱节于中国政治发展现实。沈大伟教授在3月初讲述的"中国崩溃论"只是这种脱节的一个折射，更重要的是，美国对华政治探索，始终没有摆脱"美国模式主义"的影响，从美国作为全球政治发展的样板与标尺，衡量中国政治发展的进程，非常简单化，只有"民主"与"不民主"两个选项。

换句话说，"历史终结论"提出时的弗兰西斯·福山已经不在了，但"历史终结论"还在。美国主流社会仍然对自身的政治体制深以为傲，对他国政治发展保留着长期的道德优越感。

第三，中国政治体制当然还有许多问题，美国政治体制中，有许多值得中国学习的地方，比如，对外人才吸引、政治传播、旋转门机制，等等。但另一方面，我也希望，美国能够看到中国政治体制的优点。有不少也值得美国学习。

当然，目前中国政治同样面临着巨大的挑战：反腐、经济增速下滑、环境污染等等，我也认同，目前的改革比20世纪90年代初更难。但整体上，我仍然认为，中国政治发展仍然在有力地推动目前的社会转型，延续国家发展。

正如我在2014年一篇文章的题目"中国崩溃论的崩溃"所说，美国思想界大可不必再揣测中国什么时候崩溃，而是要认识到中国的

2015 年 9 月 16 日，王文在美国彼得森研究所介绍相关中国议题

政治进步，相互学习，相互尊重，这样，中美两国才能团结起来应对全球的各种挑战。

最后我要讲的是，相信中国。中国的未来会更好。

问：刚才不少主讲者都谈到反腐。我们都普遍认为，中国目前腐败严重，与体制机制有很大的关系。中国必须要从体制改革上进行腐败问题的根除，你怎么看？

王文：我现在是经济学者，按理说，对政治的评论应该少一些。且由于时间关系，我只简单回应三句话：第一，反腐已是中国社会的共识。中国社会没有人敢公开反对反腐。习近平主席的反腐决心也非常坚决，他曾说过，反腐斗争是一场伟大的新的历史斗争。所以，反腐成绩很显著，且还会继续下去。第二，反腐有来自体制机制上的原因，但西方民主制度不是治理腐败的良药。印度、尼日利亚是"民主"国家，但腐败比中国严重得多。美国 20 世纪初已经是"民主"国家了，但腐败也很严重。第三，我认为，民主主要还是与社会发展阶段相关。现在中国人均 GDP 约 6000 美元，我相信，再过 10 年、20 年，中国人均 GDP 达到一两万美元时，腐败问题一定会好得多。

问：我来自香港，常常上香港电视评说。但即便在香港，也会受到禁令。你刚才讲到中国的媒体自由，现在中国仍然没有批评的自由。对此你怎么看？

王文：我不认为，中国没有批评自由。在中国网络上，批评的尺度相当大，甚至什么都可以批判。即便中共中央党报《人民日报》，也常常会发表批判类的文章。但是，每一个国家都有言论底线，即便在美国，也不是什么都能公开说的，也有不少言论底线和政治正确之处。所以，在中国媒体的批判议题，根本不是"能不能批判"，而是"怎么批判"。当然，中国在转型，言论红线在哪里，还在形成中。

中国发展将挽救欧洲颓势[*]

> 从智库的角度看，"一带一路"是中国有史以来第一次具有全球视野的对外合作战略，是 2015 年及未来相当长一段时间内的中国外交重心，表达了中国希望与全球，尤其是欧亚大陆国家分享国家崛起红利的心愿。

很高兴在一周内第二次来中东欧国家，这从一个侧面证明中东欧国家与中国"16 + 1"机制日益夯实。上周，我在波兰卡托维兹参加欧洲经济大会，听到许多中东欧国家学者、官员、媒体和商界人士对"一带一路"的关注，提到最多的问题是，"一带一路"到底能给中东欧国家带来什么好处？

多么务实的问题啊！我很喜欢这种方式。

当务实利益取代意识形态，成为中国与中东欧国家之间的交往逻

---

* 2015 年 5 月 4 日，由中国"16 + 1"事务合作秘书处与匈牙利外交与贸易研究院主办的"中东欧—中国合作与'一带一路'"国际研讨会在布达佩斯举行。匈牙利外交部副部长萨博、中国驻匈牙利大使肖千、中国外交部"16 + 1"事务特别代表霍玉珍大使分别发表主旨演讲。王文作为国际学界、企业界代表在研讨会上第一个发言。本文根据英文发言内容与问答情况翻译整理而成。

辑时，本身就是双方关系的进步。

所以，我不想在这个场合重复"一带一路"政策文本中的内容，而是从一个学者的角度，直接务实地向大家阐述，"一带一路"倡议如果持续地推进下去，将带来哪些益处？

如大家所知，一年半以前，中国国家主席习近平提出要建"丝绸之路经济带""21世纪海上丝绸之路"的倡议（简称"一带一路"），实际上，是中国政府希望以历史上"丝绸之路"为名，通过贸易、投资、基础设施建设等方式，推进中国与欧亚大陆国家的合作与联系，或者说，是推进欧亚大陆的一体化。

从智库的角度看，"一带一路"是中国有史以来第一次具有全球视野的对外合作战略，是2015年及未来相当长一段时间内的中国外交重心，表达了中国希望与全球，尤其是欧亚大陆国家分享国家崛起红利的心愿。

怎么分享呢？我想讲五点：

第一是政策理念上的。冷战结束以后的最初20年，全球都沉浸在"历史终结论"的理论框架内，误以为只有"华盛顿共识"才是国家发展的唯一道路。2008年华尔街危机打破了全球幻想，越来越多人开始挖掘中国发展的成功秘密。

是的，或许我们不应该像西欧、美国的媒体中常常揣测的那种"中国威胁论""中国崩溃论"那样，而是应该想一想一个关于"0、1、2、3、4"的问题：为什么中国没有发生战争（0）、在1代人时代里、实现了2亿人的富裕、解决了3亿人的贫困、实现了4个现代化呢？

加强政策上的沟通，研究中国发展进程，做好对华关系，就能够

2015 年 5 月 5 日，王文在匈牙利布达佩斯举行的"一带一路"国际研讨会上作主旨发言

渐渐得到来自中国的利益。如果关注一下中国国家主席习近平、国务院总理李克强过去两年出访的国家，会发现他们对新兴国家、发展中国家的关注度、签署的合作协议，明显比过去要强得多。与中国加强合作，获得中国支持，本身就是一种战略利益，也是实际利益。

第二是投资与金融合作。2014 年中国对外投资量已经超过了外国对华投资，成为资本的净输出国。中国的外汇储备将近 4 万亿美元，大量中国企业希望走出去，全球正在迎来中国投资潮。

但遗憾的是，2015 年中国对外投资总额达到 1400 亿美元，流到中东欧国家大约只有 1.4 亿美元，占总额的 0.1%。中东欧国家如果能够加大对中国投资的吸引力度，中国金融合作尤其是货币互换能够进一步加快，欧洲经济尤其是中东欧经济将进一步腾飞。

我建议，今年下半年要召开的新一轮"16 + 1"对话，你们应该告诉中国总理，欢迎投资中东欧国家，并且进一步开放政策让中国企业来投资。一句话，更多的开放，更多的中国投资，更多的经济发展。

第三个问题，让中国到中东欧国家投资什么最好？我的答案是：基础设施。比如，高铁、通信设备等，无论是中国国家行为，还是中国企业，都是最愿意投资的，也是中东欧国家最有投资潜力的。

中国有一句话，叫"要想富，先修路"。让高铁更多地贯穿中东欧甚至整个欧洲，欧洲经济一定会继续腾飞。说到这里，我不得不说一件事情，我在华沙的一位朋友原本想来听这个会议，他告诉我，华沙坐火车到布达佩斯可能需要一夜。可是，两地仅仅只有 600 公里，在中国坐高铁，这只需要两个小时，而且安全、便宜。

第四点是贸易。目前中东欧国家不少都在抱怨，认为中国顺差太多。波兰朋友告诉我，波兰与中国的贸易比是 1∶9。事实上，不是中国不想进口，中国未来五年要进口 10 万亿美元的商品，将为相关国家与地区创造 4000 万个就业岗位。

据我所知，中国与欧洲之间的货运专列大约有 18 类，来自中国的成都、重庆、郑州、义乌等各个地方。每年将有数百趟货运列车来回中国与欧洲，中东欧国家是必经之站。但是，中国人很苦恼，因为大多数专列都是满载着到欧洲，空车回到中国。

该卖点什么给中国人？卖什么，中国人最愿意买？卖什么最能体现中东欧国家的优势。我想，这些都是我们应该思考的问题。

最后一点，但肯定不是最不重要的一点是，人员往来。这次来匈牙利，我是乘坐北京—布达佩斯首次直航班机来的。在布达佩斯机场，匈牙利外交部长、中国驻匈大使肖千先生、中国"16 + 1"特别代表霍玉珍大使出席了非常隆重的剪彩仪式。

大家都知道这次直航的意义。我大体算了一下，这趟直航每年约送 4 万人直飞到布达佩斯，如果按中国人在巴黎人均消费 3000 美元来计算，中国人旅游所创造的经济总量将为匈牙利创造 1%的 GDP。

我以上说的五点，恰恰是中国"一带一路"倡议中最重要的"五通"政策，就是政策沟通、资金融通、设施联通、贸易畅通和民心相通的内容。

当然，我必须强调的是，要做到这个"五通"并不容易，需要相互之间的信任，相互之间的帮助，相互之间的包容。大多数中东欧国家是最早承认中华人民共和国的国家，中国人永远感激在新中国成立初期来自中东欧的帮助。

现在，中东欧国家的民众教育水平很高，法律完善，技术能力强，这些还能继续帮助中国，而中国也愿意利用目前的经济发展优势、资金优势、基础设施优势帮助中东欧国家。

匈牙利的风景相当漂亮，我听说，捷克、塞尔维亚、斯洛文尼亚等也很美丽。我与家人一定还会再来，我也会介绍更多中国企业来投资。

我相信，"一带一路"虽然是中国人的倡议，却是全球的共同事业，尤其是"一带一路"必经之地，中东欧国家的事业。这项事业一定能成功。

问：中国对中东欧国家很重要，这点我们越来越明白。但是，为何中东欧国家对中国也很重要呢？重要性在哪里？我想听一听您的看法。

王文：谢谢你的问题。中东欧国家对中国也很重要，这主要有三个原因：一是正如刚才我说的，中东欧国家是最早承认中华人民共和国的地区，中国人是讲求感恩的民族，你敬我一尺，我回你一丈。虽然过去半个多世纪，但中东欧国家在中国人心目中仍然占有相当重要的位置。二是中东欧国家是全球经济潜力最大的地区，远比非洲要强。对不起，我知道今天还有非洲的朋友。但是请容我坦率地说，中东欧国家的市场潜力远高于非洲、南亚与南美，所以中东欧国家很重要。三是中国的全球战略调整。过去中国的对外战略重心过于重视美国与西欧，现在中东欧是中国战略重心再平衡的重要区域。

问："一带一路"提出以后，很多中东欧国家都相当关注。但是，

2015 年 4 月 21 日，王文在波兰的欧洲经济大会上介绍中国

我的问题是,"一带一路"倡议能坚持多久?它难道不会是一个暂时的工程吗?怎么确定"一带一路"是一个实实在在的、长期的利益导向?

王文:可能您不太了解中国的政治文化。中国的政治文化尤其是这届政府,非常强调执行与落实。中国政府不像美国选举,选举时说过许多话,但一旦当选后就全部忘了。"一带一路"是中国未来发展的倡议,更是对全球的承诺。"一带一路"不只是一个口号,还要落实到许多细节。比如我来匈牙利的国航直航,过去五六年,许多公司都在为北京、布达佩斯直航而努力,现在终于做到了。这其实也是"一带一路"的功效,未来这样的直航还将更多。

问:您如何看人民币国际化?这对中东欧国家来说有什么影响力?

王文:中国人民大学有专门研究人民币国际化的团队。如果您有兴趣,我回国后可以寄一些材料给您。我现在的简短回答是:从2009年中国央行开始推行人民币国际化以来,速度越来越快。我常与美国朋友辩论,为什么2008年国际金融危机以来美国那么不负责任,伤害了如此多的国家?中国不会。人民币首先是一个稳定的货币,其次是一个负责任的货币。明年中国将主办G20峰会,将会再次讨论国际金融治理问题,希望那个时候还能继续推进包括IMF改革在内的国际金融治理议题。

理解中国人的气候金融观 *

> 中国是有决心和负责任的大国。在我看来，中国正在发生一场绿色革命，但这一切仍然需要全世界的帮助。所以，要多鼓励中国，要多理解中国人在应对气候变化、在气候金融上的不容易，而不是一味批判中国在污染环境。

　　感谢组织方的邀请，也非常荣幸成为唯一一位在如此重要会议上发言的中国人，可能我也是在场的唯一一位中国参会者。中国是全世界人口最多的国家，但今天在气候金融日，我却感到孤单。（笑）我在想，组织方为何不多邀请一些中国人，而不是让他们只是在巴黎街头购物呢？（笑）

　　为什么中国人在此时显得孤单呢？因为"气候金融"在中国还是

---

* 2015 年 5 月 20—22 日，气候金融大会在法国巴黎的联合国教科文组织内举行。会议最后一日被称为"气候金融日·巴黎 2015"，1300 多名来自欧洲、美国、日本、印度等全球数十个主要国家的代表参加。法国金融与公共财政部部长米歇尔·萨宾、外交部部长法比尤斯分别作了开幕、闭幕致辞。王文是本次会议唯一受邀的中国发言人，他在发言中有理有据地阐述了中国人的立场与看法。本文根据现场英文录音翻译整理而成。

一个新名词，上个月，中国金融学会绿色金融专业委员会成立，这是在中国成立的第一个与绿色金融相关的官方学术组织，我有幸当选为秘书长。但坦白地说，即便我是与"绿色金融"相关组织的秘书长，还在大学任职，但我还得承认，绿色金融、气候金融这些词，绝大多数中国人是不懂的。

所以，我要讲的第一点是，请今天在座的上千位气候金融、绿色金融的专家们多到中国去，告诉中国人，气候金融对全世界、全人类的好处是什么？对中国的好处是什么？这样，如果有 13 亿人的支持，"气候金融"在全球的事业一定会走得更加顺利。

4 月，我们与 UNEP 合作，完成了一本关于建立中国绿色金融体系的专著，里面讲述了对中国政府 14 条的绿色金融建议，比如，绿色银行、绿色贷款、绿色债券、环境法律责任等等。但这些仍然不够。在气候金融方面，欧洲可能是教授，需要把知识更多地传播到中国去。

第二点，我想讲的是，低碳金融，或者说气候金融在中国的现状。2008 年中国建立了第一个环境交易所。2010 年达成了第一笔节能减排交易。但是，目前中国低碳资本体系还不够成熟，风险的不确定性也挫伤了投资者在低碳金融领域的热情。

所以，我们需要来自欧美发达国家的帮助，需要加强中国与发达国家在低碳金融领域上的合作。我们可以进行气候金融领域的培训、研讨会，还可以在 G20 领域展开合作。欧洲也需要更多地倾听来自中国的声音。我所在的中国人民大学重阳金融研究院是中国 G20 领域研究的重要智库，希望能够与大家保持合作。

第三点，我要与大家分享的，中国人的发展观。现在在巴黎，我知道，讲"发展中国家"这个词，你们可能不信。在巴黎，有太多有钱的中国人来购物，他们买香水、买包包，就像买蔬菜一样。但我仍然要告诉大家，他们只是占中国人口的 1%，甚至是 0.1%。

中国仍然是一个发展中国家，还有大量的穷人存在。所以，现在中国要做的是，发展与低碳的平衡，既要发展，也要低碳。这对于一个制造业大国来讲，是相当困难的事情，但中国一直在做。欧洲方面需要理解中国的难处。

我有充分的数据可以证明这一点。中国是最早加入《京都议定书》的国家之一，很早就认识到应对气候变化是国际义务，也是国内责任。2014 年，中国碳强度比 2005 年下降 33.8%。中国的目标是，2020 年中国单位国内生产总值二氧化碳比 2005 年下降 40%—50%。

中国是有决心和负责任的大国。在我看来，中国正在发生一场绿色革命，但这一切仍然需要全世界的帮助。所以，今天，有许多国际媒体在场，我想建议你们，要多鼓励中国，要多理解中国人在应对气候变化、在气候金融上的不容易，而不是一味批判中国在污染环境。

问：中国到底在具体政策和国家战略发展上有哪些与绿色金融相关的政策呢？

王文：中国在绿色环保方面做的事情相当多。在欧洲许多媒体的报道中，感觉中国仍然是一个只懂得排放的国家。但一定要知道，中国人也是人，是由 13 亿，相当于法国人口的 20 倍的男男女女组成，他们不只是每天吃、喝、拉、撒、睡，也在做生意、保护环境、向往美好的生活，也在构思着未来的美好国家。所以，如果要把所有绿色

金融的政策都说出来，可能今天的会场就只有我一个人在说了。（笑）

我就举一个例子，每五年，中国都会出台一个五年经济发展规划。2016年，中国将出台"十三五"规划，现在明确的是，在金融改革与发展"十三五"规划中，绿色金融将作为很重要的内容和组成部分写入。这是中国顶层政策对绿色金融、气候金融的努力，尽管社会还不太了解，但政府已经试图在通过贷款、私募基金、发债、发行股票、保险等金融服务，将社会资金和公共资源引导到环境友好型项目的一系列政策和制度安排，因为蓝天白云、绿水青山是中国人美好生活不可或缺的组成部分。

问：公民社会对一个国家气候政策的塑造有很重要的意义。请问各位发言人如何看待公民社会、大众舆论与国家气候金融的关系？

王文：你问到了一个相当重要的问题。正如我刚才说的，需要让中国大众更多地了解气候金融的政策。今天我在场下一直在听，在学习诸多气候金融专家、政要的看法，我发现，许多欧洲人开始谈论"气候金融"的风险与防范了，中国人连"气候金融"是什么意思可能还不知道。这就是发展阶段的问题。

我三天前在柏林，昨天在巴黎街头转了转，发现很多欧洲人开始骑自行车了，要知道，中国人才刚刚结束了自行车生涯，开始渐渐享受汽车的便利，现在至少还有70%的中国人没有开过汽车，这是一个相当复杂的发展阶段差异。中国决策者要考虑中国社会的感受，当然，也要考虑全人类对气候变化的关切。这是很不容易的平衡，发达国家需要理解中国人的难处以及付出的艰辛努力。

中非发展道路，应不羁于西方模式 *

> 在国家发展上都不照搬照抄他国发展模式，而是相当自信地运用本国智慧，应对本国的发展难题，走出了一条本国特色的道路。这里蕴藏着两国思想界、智库界的贡献。

感谢邀请，让我有幸参加中非智库论坛，向诸位学习，还让我平生第一次来南非，感受"彩虹之国"的魅力。

中国国家主席习近平非常重视中国智库建设，并在 2013 年将"加强中国特色新型智库建设"写进党的十八届三中全会的决定中。这是有史以来第一次把"智库建设"写进中国共产党中央文件，意味着智库发展已提升到了中国国家发展战略的高度。现在，中国智库的总数大约有 2000 家，相当一部分是最近几年建立的，可谓"中国智库迎来了春天"。

中国人民大学重阳金融研究院（人大重阳）就是这股"智库热"

---

* 2015 年 9 月 9—10 日，第四届中非智库论坛在南非行政首都茨瓦内举行，百余位中国与非洲各国的政要、著名智库学者参与了为期两天的讨论。王文受邀作开幕全体大会上的主旨发言。

的产物。目前，人大重阳被视为是中国国内最有代表性的新型智库之一。我们成立于 2013 年初，虽然成立只有三年的时间，但由于在全球治理，尤其是 G20、"一带一路"、对外投资等议题研究上的影响力，人大重阳已被选入在国际上认可度最高的美国宾州大学《全球智库报告 2014》的"全球智库的 150 强"，目前仅有 7 家中国智库入选。我们也被视为历史最短但进步最快的中国智库。可能正是这个原因，让我非常荣幸地能够在如此重要论坛的全体大会上作主旨发言，与大家分享一些看法。

大概 7 年前，中国学术界有一场关于"是否能把南非与中国比较"的学术争论，清华大学、北京大学、中国社会科学院、中国人民大学等中国一流教育与研究机构均有学者参与讨论，一度相当激烈。那场讨论从"人权与劳动力成本"角度切入的中国与南非比较，让中国相当一部分知识精英对新南非第一次产生了全面的兴趣。

可惜，那次争论仅仅在学术圈，而没有扩展到智库界。我希望这次"中非智库论坛"能够再次燃起两国思想碰撞与比较的火花。

在我看来，中国与南非至少有三点相似之处，每一点相似之处都为两国智库界奠定合作的战略基础：

从发展阶段看，中国与南非都处在艰难的二次转型期。过去 20 年，南非实现了从种族隔离制度向民主制度的转型，但目前南非思想界都在呼吁，如何在民主制度的大背景下实现提升国家治理水平、解决社会发展和经济增速的再一次转型。中国也在完成改革开放的巨大成绩之后，面临着产业升级、提质增效和生态保护的二次转型。两国智库界可以就此展开频繁讨论，分享经验，相互鼓励，增强信心。

2015 年 9 月 9 日，王文在"中非智库论坛"上做主旨演讲

从地区贡献看，中国与南非都是各自地区发展的支柱力量，都在构建面向未来的命运共同体。南非早在 20 世纪末就有"非洲复兴"的战略设想，还专门设立了非洲复兴基金和国际援助机构，也有"2063 年规划"。长期以来，南非在非洲的影响力举足轻重，是非洲发展最重要的领导者，同时又是金砖国家、G20 和几任联合国非常任理事国成员，全球影响力与日俱增。中国目前推出"一带一路"倡议，设立丝路基金，领衔建立亚洲基础设施投资银行，其中一个重要的目的，就是与全世界尤其是亚洲国家分享中国崛起的成果，带动亚欧非等古老民族最集聚区域的集体复兴。为此，两国智库界能够以"地区复兴"为主题，全面展开战略合作与思想交流，在 G20、金砖国家领域等研究不断拓展与夯实合作。

从金融实力看，中国与南非都是金融大国，都面临如何走向金融强国的重任。南非拥有非洲最发达的金融体系，保险业位居全球第六，约翰内斯堡证交所综合排名全球第八。但南非金融体系受欧美影响较大，兰特汇率不太稳定，"大而不强"是目前南非金融业的困境。中国金融业也处于在大发展的阶段，拥有全球最大的银行资产总量和互联网金融市场，但"金融抑制"长期限制中国金融效率的提升。两国金融智库能够在金融领域找到许多合作点。

由此可见，中国与南非的合作相当广泛，尤其是通过南非建立中国与非洲的全面战略合作升级的空间也相当大。对此，我有以下三点具体建议，希望能够通过智库平台，进一步推进中国与非洲，尤其是与南非的合作。

第一，通过中非智库论坛的平台，进一步扩大成立为"中非智库联盟"，建立中非智库研究产品的大数据，相互分享研究成果，加强中非思想界的相互认知，从思想与决策咨询层面缩短中国与非洲的距离。浙江师范大学是中国重要的非洲研究重镇，中国人民大学重阳金融研究院也愿意全力参与。

第二，通过中非智库合作，寻求"一带一路"与"非洲复兴"倡议对接，尤其是探讨在发展与投资项目上的合作对接。400亿美元的"丝路基金"已投入运营，金砖国家新开发银行已建立运行，亚洲基础设施投资银行也即将正式成立，三大全新的金融机构将重塑国际金融格局，以智库为平台，双方可能进一步推动货币互换、贸易清算、金融监管、风险防范等领域的研究合作，以及大量与贸易投资相关的项目对接。比如，今天义乌市领导就在，那是全球最大的商品集散地，有大量的贸易与投资机会，非洲一定不能错过。

第三，通过中非智库合作，进一步提升两国的全球影响力。2016年，中国将举办G20峰会，这是有史以来中国第一次主持全球治理的顶层设计。中国人民大学重阳金融研究院是重要的G20研究智库，愿意邀请更多南非智库的参与。事实上，过去人大重阳举办过三届G20智库峰会，都有南非智库的身影。承办G20领导人峰会是一个国家全球大国地位的重要标志，我建议，南非可以考虑承办一届G20峰会，人大重阳愿意分享相关经验。如果成功，2018年一定是2010年南非承办足球世界杯后再次吸引全球目光的风光一年。

总之，南非是值得全球尊敬的国家，南非已故总统曼德拉是最受中国人尊敬的外国领导人之一，他所倡导宽容与和解精神化解了困扰南非百年之久的种族关系的紧张，值得向全球推广。中国也是一个值得全球尊敬的国家，近年来为全球经济增长的贡献率达到 30% 左右，是全球贡献最大的国家。

两国在国家发展上都不照搬照抄他国发展模式，而是相当自信地运用本国智慧，应对本国的发展难题，走出了一条本国特色的道路。这里蕴藏着两国思想界、智库界的贡献。

但未来的路还很长，世界历史才刚刚开始，两国智库界应该互帮互助，为两国的进一步发展贡献力量。

第四章

需要加强中美俄的大国协调

中国有能力应对美国的挑衅

中美进入共同演进的新时代

中俄共同崛起，对世界意味着什么

中美俄三国博弈进入"中国引领期"

我劝美国人，别与中国比拳击，不妨比马拉松

中国有能力应对美国的挑衅 *

——"今日俄罗斯"的专访

> 特朗普这个人很有趣，他非常擅长学习，现在他正在学习如何做一个美国总统。我认为不应该根据竞选时期的言论来分析特朗普，我们需要给特朗普学习的时间。中国有信心与特朗普打交道，让他明白什么符合美国的长远核心利益。中美合作、美俄合作符合美国的利益，这是我的观点。

今日俄罗斯（RT）解说词：美国再次试图向中国示好。中国领导人正准备对美国进行国事访问，会见新上任的美国总统。不过此时恰逢南海紧张局势不断升温，双方言辞不善，中美关系将走向何方？上周，我们了解到美国人对中美局势的看法。今天（2017 年 3 月 30 日），我们请到了资深政府顾问、中国顶尖智库——中国人民大学重阳金融研究院执行院长、本届莫斯科经济论坛发言嘉宾王文先生，探讨中国

---

* 2017 年 3 月 30 日，王文受邀参加莫斯科经济论坛并作主旨发言，会前接受"今日俄罗斯"的专访，探讨中国方面对中美问题的立场。本文根据采访实录整理而成。

方面对中美问题的立场。

苏菲·谢瓦纳兹：王文先生，欢迎您来到我们节目现场。我们了解到您不仅担任重阳金融研究院的院长，还是政府部门的资深顾问，今天有很多话题值得讨论。在新一届美国政府对中国抛出一系列威胁言论之后，例如发动贸易战、将中国驱逐出人工岛屿等，美国似乎正在试图向中国示好，中国方面是否打算既往不究、重新开始呢？

王文：事实上，如何处理与美国新一届政府的关系是中国外交政策的一项重要任务。下周，习近平主席和特朗普总统将要会面，我认为这将开启中美关系发展的新阶段。

苏菲·谢瓦纳兹：您提到了将要在棕榈滩海湖庄园举行的两国元首会晤，中国对此次会晤有什么期待？

王文：我认为美国应该向俄罗斯学习，中俄之间一直以来相互尊重，然而美国过去对中俄并不友好。中国希望借此次会晤告诉美国应当如何尊重其他像中俄这样的强国。中美关系目前面临的一个巨大挑战就是如何避免两国陷入"修昔底德陷阱"——当一个强国崛起的时候，另一个强国会对它发起战争，或者在现有强国和新兴国家之间爆发战争。中国不愿意与美国发生战争，所以中国希望中美双方能够避开历史陷阱。

苏菲·谢瓦纳兹：我想就中国如何避免战争进行一些细节上的探讨，虽然外交辞令总是无懈可击、令人欢欣鼓舞，但当深入细节就会发现根本行不通。例如，美国国务卿蒂勒森声称中美遵循"不冲突不对抗"的原则，但是既没有迹象表明美国海军将停止在南中国海的巡逻，也没有迹象显示中国将放弃它在这些岛屿上的主张，这是否意味着中美之间的对抗是不可避免的？

王文：我认为南中国海问题非常复杂，当前中美之间有一个很好的谈判和协调渠道。

苏菲·谢瓦纳兹：是怎样的渠道？

王文：例如，美国国务卿访华，中国也有高层官员访问美国，就这些问题进行面对面探讨，进而协调谈判、处理危机。我赞同这样的做法。作为一个智库学者，我认为当今中国有足够的信心在南中国海问题上与美国进行斡旋。

苏菲·谢瓦纳兹：我前几天跟美国国防部的顾问对话，他告诉我说，在美国有些人想要跟中国一决胜负——这是他的原话。在中国是否也有这样的鹰派人士想要跟美国进行全面长期的对抗？

王文：对南中国海问题，美国的看法非常复杂，有许多不同的声音……

苏菲·谢瓦纳兹：我不是单指南中国海问题，而是从整体意义上来讲。现在美国有这样一群人，有的甚至可能在政府部门，因为这样或那样的原因主张对抗中国，比如可能是因为中国的崛起会在未来几年威胁到美国的霸权地位。总之，持这样立场的美国人确实存在。在中国有没有类似的鹰派人士？

王文：我不这样认为。首先，美国不能把中国视为下一个伊拉克、阿富汗或是利比亚，中国是世界第二大经济体，不畏惧美国任何空洞的言论或声明，中国有足够的力量抵御外侮，也有足够的智慧去应对这些非常复杂的、耸人听闻的、威胁性的言论。

苏菲·谢瓦纳兹：但是您没回答我的问题。中国是否存在类似主

2017 年 4 月，王文在莫斯科接受今日俄罗斯专访

张对抗的声音？

王文：当然！中国情况非常复杂，我们有 13 亿人口，也存在不少民族主义者。这些民族主义者对美立场非常强硬，敢于和美国对抗。撇开这个不说，中国的政府非常理智并且希望在民族主义者和自由主义者之间找到一个平衡点，走出一条自己的外交之路。中国希望和平地、渐进地、双赢地处理与大国之间的关系。

苏菲·谢瓦纳兹：我们稍后会谈到"双赢"，但我不止一次听中方和美方讲，哪怕一个小小的意外冲突都可能会引发全面的军事对抗甚至是战争。对中国人来说冲突是迟早的事吗？你们为此做好准备了吗？毕竟未来的事谁也说不准。

王文：是的，中国现在做好了应对任何可能状况的准备。一方面，中国有许多像我们这样的智库为政府筹划；另一方面，我们的外交政策十分巧妙。我们总是避免最坏的情形发生，大家要对中国的外交政策有信心。过去 30 年，中国没有与任何国家发生战争，中国是世界上最和平的国家。

苏菲·谢瓦纳兹：您刚提到"相互尊重"，最近中国人似乎常把这个词挂在嘴边，它的意思是双方不会挑战对方的利益。但是美国在亚太地区有自己的传统利益，有着日本和其他盟友。中国愿意接受这个现状吗？还是打算对此提出挑战？你们打算挑战美国和日韩之间的伙伴关系吗？

王文：是的，我们一直能感受到中国崛起带来的挑战。中国的崛起改变了亚太地区和其他国家的格局，正如您所提到的日韩以及其他东南亚国家，这些国家不能适应新的状况。所以我认为，当下中国采取的外交策略是，十分耐心地处理与其他国家和周边国家的关系，让这些国家逐渐适应中国作为新兴大国的存在。

苏菲·谢瓦纳兹：美国总是声称将会尊重"一个中国"原则，不会试图改变台湾的现状，但是美国只按自己的方式行事，例如美国仍然对台军售。中国对此可以接受吗？

王文：我认为"一个中国"原则是中国外交政策的底线……

苏菲·谢瓦纳兹：您认为美国是如何看待"一个中国"原则的？

王文：我认为即使特朗普总统也明白中国外交政策的底线，在他就职之后从未触碰过该底线，显示了对"一个中国"原则的尊重，这是我的理解。

苏菲·谢瓦纳兹：但是据报道称，美国无视中国的警告准备大规模地向台湾输送武器，这也是事实。中国会以某种方式对此提出挑战吗？你们是打算采取严肃的应对措施还是只是打算在口头上表达不满？

王文：是的，中国反对美国对台湾军售，但是另一方面，从学者的角度看，我们坚信美国卖给台湾的武器将来最终会归属于中国，因为台湾将来会回归祖国。

苏菲·谢瓦纳兹：但是"未来"是个很宽泛的概念。我们就说当下正在发生的现实，得益于美国的支持台湾在军事上正变得越来越强大，你们对此能接受吗？因为中国实现完全统一可能还要上百年时间。

王文：我不这么认为。台湾是一个岛屿。即使台湾的军事实力比过去强了很多，也不可能改变"一个中国"的现状，因为现在中国大陆的 GDP 和军事力量都是台湾的几十倍，所以我们有十足的信心。至于未来，中国有漫长的文明发展史，我们有智慧有耐心去守望和塑造未来。

苏菲·谢瓦纳兹：那些中国宣示主权的南中国海岛屿可能不久就会成为中国战斗机的简易机场。您觉得中国会在那些岛屿永久驻军以守卫自己的主权吗？

王文：我认为在南中国海的那些岛屿上，中国完全有权利保护自己的主权。那是我们作为所有者的权利，没人能够阻止。所以说美国凭什么干涉南中国海岛屿的建设？许多中国人认为不可理喻，谴责美国的干涉行为。所以我认为最重要的是世界需要明白，南中国海问题是中国和东南亚国家的事务。

苏菲·谢瓦纳兹：但是看起来并不容易。我听美国国务卿蒂勒森说美国将会阻止中国进入中国自建的岛屿——你们对此如何回应？如果美国所说属实，你们打算怎么做？

王文：美国对任何事都会说长道短。

苏菲·谢瓦纳兹：您的意思是美国只是说空话？

王文：这就是我们看到的事实。美国对世界上的所有事指手画脚，但现在还成不了什么气候。

苏菲·谢瓦纳兹：所以，现在美国正在宣称的"我们将要阻止中国进入他们建造的人工岛屿"，您认为完全没有事实或行动基础？

王文：对那些空话我们是拒绝和批判的。我们希望美国能平衡各方关系，对南中国海问题保持沉默。

苏菲·谢瓦纳兹：如果美国真正采取行动阻挠中国进入自建岛

屿，中国将如何应对？

王文：这取决于美国的具体行动。对美国可能的行动我们有充分的应对措施，只需等待和观察美国的行动。

苏菲·谢瓦纳兹：我们现在看到这样一个趋势——一直以来美国拉拢中国周边国家成为盟友，例如越南、韩国、日本等，但是菲律宾现在与美国的关系破裂，开始转向中国，即使中菲存在领土争端。中国应该如何处理与周边国家的关系？您认为周边国家会围绕中国结成紧密的同盟吗？

王文：我认为菲律宾转向中国是非常明智的做法。菲律宾终于想明白了。过去，菲律宾前总统对美国过分信任，但新总统上台后幡然醒悟——美国只能给菲律宾空头支票而中国可以为菲律宾提供常规的支持。菲律宾人很聪明，他们明白谁是好人谁是骗子。所以我认为，这给中国周边国家树立了一个良好的典范。我对越南、马来西亚以及其他国家，甚至韩国、日本有充分的信心。

苏菲·谢瓦纳兹：观察现在的形势，您是否认为美国与中国周边国家以及环太平洋地区构筑的联盟正在分裂瓦解？

王文：就当前新形势而言，美国在亚太地区的军事同盟无法发挥作用。因为，进入新世纪、面临新条件，我们亚太国家应当崇尚可持续发展，如何做到可持续发展？我们需要的不是军事同盟，而是发展，是投资，是基础设施建设。

苏菲·谢瓦纳兹：我们谈了很多也听了很多有关中美对抗的话题，但仔细一想，对一个普通美国人来说，没有中国产品的生活是不可想象的。我的意思是，中美两国经贸关系联系得如此紧密，经济上双方都输不起，这种背景下怎么可能谈论对抗？

王文：关于中美关系，我们不能只关注对抗，应当看到两个大国之间关系的其他侧面。每年有超过 600 万人往来于两国之间，两国贸易额接近 6000 亿美元，这就是另一个侧面——现在中美两国是互相依存的。我认为对抗的说法其实是媒体的定义、媒体的观点。现实中两国推崇的是和平、互助、双赢。我年年去美国，感觉美国普通民众和中国普通民众一样，都认为稳定和平双赢是两国的共同目标。

苏菲·谢瓦纳兹：我想谈一下特朗普总统退出 TPP 这件事，奥巴马总统很热衷 TPP 并且将中国排除在外，现在习近平主席声称将捍卫自由贸易，这是否意味着中国将代替美国发挥作用？

王文：世界上的所有国家都应该遵守 WTO 的规则，我们有既定的规则，为什么美国还要建立新的规则呢？我认为特朗普总统做得很对，大部分中国人都赞同特朗普的做法。

苏菲·谢瓦纳兹：我理解为什么中国赞同特朗普退出 TPP，显然中国作为在亚太地区举足轻重的国家，被这样一个重大协定排除在外肯定会感到不安。但中国也在该地区发起了一个自由贸易协定——地区全面经济伙伴关系协定（RCEP）——请问，对此中国欢迎美国的加入吗？

王文：加入什么？

苏菲·谢瓦纳兹：加入地区全面经济伙伴关系协定（RCEP）。

王文：当然，我们非常欢迎美国的加入。当今中国外交政策的核心价值是双赢、开放、包容。所以我们欢迎所有国家加入中国发起的协定。例如我们现在最重大的倡议——"一带一路"，中国欢迎所有国家加入。我认为俄罗斯积极参与的行为值得肯定，而美国至今仍摇摆不定。

苏菲·谢瓦纳兹：另一个问题是，中国一直习惯于在地区充当领导角色，但是现在我们看到中国正在建设丝绸之路基础设施项目，在非洲大量投资，这是否意味着中国正在打破传统，谋求更广泛的国际影响力？

王文：当然，中国是第二大经济体，未来十年中国将成为世界最大的经济体，未来3到5年中国将成为世界最大的消费市场。所以，中国当然希望给国际社会提供更多的公共产品。过去，世界低估了中国对全球治理的贡献。三年前，习近平主席发起了"一带一路"倡议，这意味着中国作为新兴大国，希望在和平、双赢、避免冲突和战争的前提下为世界作出贡献。

苏菲·谢瓦纳兹：最后我想简短地问您一个关于特朗普的问题，特朗普对中国的态度一直不甚明确、朝令夕改，您是否认为这种不可预测性其实是他的一种策略，如果是的话，对中国起作用吗？

王文：特朗普这个人很有趣，他非常擅长学习，现在他正在学习如何做一个美国总统。所以我认为不应该根据竞选时期的言论来分析特朗普，我们需要给特朗普学习的时间。中国有信心与特朗普打交道，让他明白什么符合美国的长远核心利益。中美合作、美俄合作符合美国的利益，这是我的观点。

苏菲·谢瓦纳兹：王先生，非常感谢您接受我们的采访，祝您一切顺利。

中美进入共同演进的新时代 *

> 中美新型大国关系的建立，需要双方跳出传统大国关系演进的窠臼，避免陷入"自我实现的预言"式的思维陷阱，减少战略误判，直面分歧和挑战，继续发挥经贸关系在双边关系中的压舱石作用，用面向21世纪的新型商业伙伴创造新型文明，让中美两国"共同演进"、友好合作，为构建人类命运共同体发挥"共赢"力量。

感谢邀请，让我有机会与各位分享我对中美关系的最新思考。我是今天凌晨 5 点抵达纽约的，计划今晚就要飞回北京。但纽约实在是太爱我了，今天竟下起一场鹅毛大雪，航班取消，正好让"两会"中极其忙碌两周的我有了休息时间，我内心也只能与天气变化而"共同演进"（Co-evlution）。"共同演进"，这正是我今天要讲的主题《共同演进：中美合作的未来》。

---

* 2018 年 3 月 21 日，中国美国商会在纽约主办"特朗普时期的中美关系展望"主题论坛，近 200 位来自美国商界、华尔街、政界与社会知名人士与会。中国驻纽约总领事章启月大使、纽约州共和党主席爱德华·考克斯（Ed Cox）和王文分别做主旨演讲，并共同就中美贸易问题进行了探讨。本文为演讲中译文完整版。

Co-evolution 的概念最早起源于生物学。1964 年，美国生态学家埃利希（P.R. Ehrlich）和雷文（P.H. Raven）在研究植物和植食昆虫关系时提出了这一概念。他们认为，Co-evolution 是指一个物种的性状作为对另一个物种性状的反映而进化。这种由不同物种相互作用引发的进化是双方共同作用的结果。

后来，这个概念被用到了社会经济系统之中。经济学家诺加德（Norgaard）认为，经济系统的参与主体存在相互反馈机制，一个参与者的适应性变化会通过另一个参与者的适应而改变其演化轨迹，后者的变化又会进一步制约或促进前者的变化。

2011 年 5 月，美国前国务卿基辛格博士出版一本名叫《论中国》（*On China*）的新书。在书中，基辛格先生提出"Co-evolution"的概念。他指出，作为世界前两大经济体，美国和中国的关系不应该是零和博弈，而应该努力谋求"共同演进"的关系。美中两国都应该追求自己本国的利益，同时尽可能扩大合作，减少双方的对立争斗。换句话说，任何一方都不能要求对方完全站在自己的立场去分析处理国际事务，但是双方要尽可能地实现互补发展。这个概念一经提出，就得到中美两国许多人士的认可。

中美进入了"共同演进"的新时代

的确，过去十年，中美的确在"共同演进"。在新时代，中美两国更应该审时度势，抓住目前两国发展的宏观特点，寻求互补发展。

第一，中美两国经济均在增长。2017 年中国 GDP 比上年增长

6.9%，达到将近13万亿美元；2017年美国GDP则突破了18万亿美元。中美两国的GDP总额已超过全球40%。中国占全球经济份额从2008年的7.3%上升到约15%。而美国经济过去十年占全球经济份额一直稳定在23%—25%之间，可见，中国崛起并没有实质地影响到美国在全球经济总量中的地位。而且，中国经济总量与美国相比还存在较大的差距。

不过，中国也不能被小觑。中国的经济发展水平已进入中等收入国家行列。根据2018年1月《华盛顿邮报》的数据显示，中国人民实物商品消费2018年预计5.8万亿美元，2018年，中国很有可能将会赶上美国，成为全球第一消费大国。目前，中国经济增长最主要的动能来自消费，其贡献率达到58.8%。消费成为拉动经济增长的第一动能。这是美国经济增长的重大机会。

第二，中国产业结构转型明显，与美国形成了相对互补的产业结构。2017年中国第一产业增加值65468亿元，比上年增长3.9%；第二产业增加值334623亿元，比上年增长6.1%；第三产业增加值427032亿元，比上年增长8.0%。中美两国的产业结构互补性较大，中美两国应加强相关领域的合作，为两国经济发展提供新的动能。在产业结构中，尤其值得一提的是，中美两国独角兽企业占据全球总数量的81%，体现了两国市场的企业活力。

在这方面，我必须要提一下，中国在电子商务、金融服务领域处于世界领先的地位。中国电子商务高速发展，已成为世界第一。在上市公司里，中国拥有像阿里巴巴和京东这两家实力雄厚的电子商务平台，起到引领作用，并且拥有全球最大的电子商务需求市场。中国互联网用户群体庞大，截至 2017 年底，中国互联网人数规模达到 7.72亿人，位居世界第一。

由电商平台引领，消费需求多样化带动了中国电子商务的快速发展。截至 2017 年底，中国电子商务交易额达 29.16 万亿元，规模居世界第一。中国的电子商务发展也将越来越成熟，从传统的 B2B 到品牌特卖、二手交易、跨境购物到生鲜、团购等越来越细化的电商分类。当然，政策的实施也带来需求侧的改变，如二胎政策的放开，带来母婴产品、玩具、孕期保健品等方面需求的增加。

第三，在服务行业方面，中美两国的合作空间相当大。这些年，中国金融行业纷纷与互联网技术开展了广泛且深度的合作，诞生出许多新型的金融业务模式。中国的金融机构利用金融科技充分整合利用资源，在云计算、人工智能、区块链等方面体现出重大变革。未来中国的金融行业仍将继续保持高速增长，对于目前仍处在全球领先位置的美国金融业、服务行业来说，仍是重大的合作与市场开拓的机会。

归结原因，这些变化源于中国的城市化。美国城市化发展较早，且非常成熟。截至 2017 年，美国的城市化率高达 82%，中国自 2011年来城市化率发展也较快速，已达 58.52%。

由于美国的城市化程度较高，企业结构也相对完善，对企业服务的需求也早于中国。同时，以硅谷为依托，美国的技术优势明显，如有 IBM、微软、苹果、甲骨文等老牌企业提供技术支持，美国已经形成了以大数据、网络安全云服务为基础的成熟的服务体系。在这方面，中国还有许多值得向美国看齐的地方。

第四，在交通运输，中国为世界的互联互通贡献了重大的力量。

近年来，中国交通运输行业呈现高速的发展。截至 2017 年底，中国铁路营运里程已经达到 12.7 万公里，其中高速铁路通车里程 2.5 万公里；中国公路通车总里程 477 万公里，其中高速公路里程 13.6 万公里，均居世界第一位。而作为"汽车轮子上的国家"，美国高速公路只有 7.6 万公里，远低于中国。

中国高速公路里程的超越得益于中国基础设施建设的快速发展，中国素有"基建狂魔"的称号，中国基建技术世界领先。中国建筑公司是世界上最庞大的建设力量。中国建筑公司拥有数量庞大且富有经验的工程师、技术人员和建筑工人，这些都是别国短时间内无法拥有的。

根据美国中央情报局世界概况的数据显示，中国的水路交通里程居世界第一位，达到 11 万公里，美国居于世界第五位，仅有 4.1 万公里，不及中国的二分之一。在海上，中国也拥有多个优良的港口，如大连港、天津港等，承载着中国进出口的水路运输作业。

我从经济总量、产业结构、服务行业、基础设施四方面入手，就是希望告诉大家，中美两国"共同演进"的必要性、重要性。

当前，世界发展进入新阶段，处于深度改革调整期。此时，世界经济增长动能较弱，地缘政治、恐怖主义等事件频发，为整个世界增加了不确定性。作为世界第一、第二的经济体，美中两国实力仍然存在差距，但作为后进国家，中国利用互联网、大数据等优势，正在追赶美国。中国需要向美国学习很多，同时美国也不应将中国视为敌人，仍然可以从中国身上学到优点。

新时期、新阶段，中美两国应按照基辛格先生提出的"Co-evolution"携手合作，共同演进，才能为世界带来福祉。

中国是一股合作、共赢与和平的力量

不过，稍有些遗憾的是，美国媒体和一些政客对中国存在现实主义的巨大误解，仍以权力政治的零和博弈思维在解读中国。2018年是中国改革开放40周年，也是中美建交40周年。40年的中美演进历史已经证明，中国是值得合作、实现共赢、维护和平的全球力量。继续加强两国深度合作是一条必经之路。

关于合作，大家都会同意，中国不是俄罗斯，中国也不是伊朗，中国更不是全球革命的力量，而是维护全球现状的力量（Status quo）。哈佛大学政治系的江忆恩教授（Ian Johnston）曾统计，从20世纪90年代开始，中国参与国际体制、国际组织、国际法、国际规则的程度就已经接近发达国家的水平。

随着改革开放不断地深化，中国逐步从边缘走向中心，正在成为现行国际体系的参与者、建设者、贡献者以及受益者。对于第二次世界大战以来由美国领衔建立的所谓"自由国际秩序"（liberal international order），中国都参与并支持。2017年以来，美国从许多国际合作机制退出，如巴黎气候变化协定、联合国教科文组织，而中国仍在支持。从这个角度上看，一些美国媒体认为，中国在破坏国际秩序的说法，是不公平的。

关于共赢，在这里尤其要感谢美国公司过去40年对中国的投资。美国的投资是促进中国改革开放的积极因素。但另一方面，在北京，我有许多美国公司的朋友，他们也告诉我，美国公司在中国的盈利状况是相当不错的。换句话说，赚了不少钱，获利巨大。

2017 年 11 月，特朗普总统访华期间，两国企业在两场签约仪式上共签署合作项目 34 个，金额达到 2535 亿美元，这既创造了中美经贸合作的纪录，也刷新了世界经贸合作史上的新纪录。中美作为世界上两个最大的经济体，两国企业落实相关合作的成果，将是带动区域经济和全球经济增长的"引擎"，也将惠及全世界。

关于和平，中美在关于维护世界和平、稳定以及反恐怖主义的道路上一直保持着高度一致。近两年，全球恐怖袭击数量不断攀升，欧美国家更是层出不穷。恐怖主义已成为影响世界和平与发展的重要因素，中国作为安理会常任理事国和发展中大国，为国际反恐作出了重要的贡献。中国是联合国派出维和部队最多的国家。

除此之外，中国在过去 35 年是从未参与、发动战争的国家，中国的社会稳定在西太平洋地区营造了一个更加安全稳定的环境，据统计，无论是恐怖袭击还是传统战争，西太平洋地区发生的频率都大大低于其他地区。正如大家所知，和平是企业发展、社会进步、经济增长的前提。

美国需要知道，中国正在做什么

不过，有时我阅读美国报纸和智库报告，发现他们总是从消极面来看待中国，比如，中国正在破坏全球秩序，中国正在关上大门等等，这些说法肯定是误解中国的发展现状。那么，中国正在做什么呢？

第一，中国正在经济转型，致力成为一个富强民主文明和谐美丽的国家。

中国目前推进供给侧结构性改革，正在从高速增长转向高质量增长。精准扶贫、生态保护与防范风险，正在成为中国最重要的三大攻坚战。与此同时，中国在推进工业化和城市化，居民可支配收入也逐年攀升，形成拉动内需的"双引擎"。

第二，中国正在开放市场，为外国资本带来重大的新机遇。

过去五年，中国推出了一系列推进资本市场开放的政策。中国刚结束"两会"，组建新一届中国领导班子，可以预见，2018年中国市场开放的步伐还将扩大，进一步开放中国金融市场，这对美国资产管理公司是一大利好。目前全球前10的资产管理公司中，已在中国注册的有8家。除了拓宽资管市场以外，债券以及股票市场的开放，也增强了国际金融贸易效率，为海外投资者提供了极大的便利。

中国还会全面放开一般制造业，扩大电信、医疗、教育、养老、新能源汽车等领域开放；简化外资企业设立程序，实施境外投资者境内利润再投资递延纳税；全面复制推广自贸区经验，探索建设自由贸易港。随着上述改革措施逐步推进落实，对美国而言是难得的商业机遇。

第三，中国提出"一带一路"倡议，为美国及世界其他国家提供公共产品。

"一带一路"不是"马歇尔计划"，不会像美国当年那样用美国模式及标准塑造受援国的经济政治体制。"一带一路"倡议不以改变第三国，而是以一种包容、共赢、协调的态度去推进经济协作。直到2018 年初，已有 80 多个国家与国际组织和中国签署了相关"一带一路"合作协议。中国人民大学重阳金融研究院还专门推出《美国对接"一带一路"》研究报告，为美国参与"一带一路"提供指导。我相信，美国最终还是会与中国在"一带一路"上进行重大的合作，这符合美国的利益，也将实现共赢局面，更好地促进合作共同发展。

最终，中国是为了实现人类命运共同体。这是中国作为崛起大国的理想。

中国是一个拥有近 5000 年文明的大国，我们的祖先就教导"穷则独善其身，达则兼济天下"，人类命运共同体就是一个富起来、强起来的中国对世界的贡献与责任。人类命运共同体蕴含的"合作""共赢""普惠"思想，为世界贡献中国方案和中国智慧，其内涵和时代价值与联合国共同安全的和平理念高度契合。

美国应清楚地认识到，冲突是可以避免的，中美合作的加强是实现这一思想的关键举措，推动构建人类命运共同体能够进一步成为地区乃至全世界的广泛共识。

中美不要贸易战

我知道，近年来，美国对华战略有一场政策辩论，辩论焦点在于评估过去 40 年美国对华"接触"战略是否失败。中国全方位的崛起，引发了美国各界的普遍焦虑和担忧。部分美国精英认为，40 年的对华"接触"已经失败，中国并没有以符合美国意愿的方式融入西方主导了一个世纪之久的国际体系，甚至有可能变成现有秩序的颠覆性力量。这种看法是错误的。

当我们回过头来思考从 20 世纪 70 年代末以来两国历届领导人的讲话会发现，无论国际风云如何变幻，中美历届领导人都致力于促进双边关系友好。历史已经证明，中美两国之间的友好合作关系对世界和平、稳定、繁荣有着举足轻重的影响。2017 年 11 月 9 日，习近平主席在欢迎美国总统特朗普访华时指出，"中美应该成为伙伴而不是对手，两国合作可以办成许多有利于两国和世界的大事……我坚信，中美关系面临的挑战是有限的，发展的潜力是无限的。"

美国前副国务卿科特·坎贝尔（Kurt Campbell）2018 年 3 月在《外交事务》（Foreign Affairs）杂志上撰文有一段话，我比较赞同，"无论胡萝卜还是大棒，都无法改变中国，中国坚定走在自己认准的道路上，在很多方面背离了美国的预期"。

理解中美关系的历史和未来，需要超越西方长期以来对大国兴衰权力更替理论的根深蒂固的思维局限。美国需要明白，中国不会变成第二个美国，中国不会复制美国乃至整个西方世界近代以来的崛起之路。中国的改革致力于国强民富、民族复兴，而一个强大的中国是维护世界稳定繁荣的重要建设性力量。在过去 40 年中国改革开放的历程中，美国得益甚多；未来继续支持中国进一步深化改革，符合美国利益，有利于两国合作共赢。

历史经验已经无数次证明，中美两国合则两利，斗则两伤。作为当今世界排名第一、二的经济体，两国之间若像一些媒体说的，爆发贸易战，毫无疑问将不可避免达到双输结局。

首先，中美之间经贸关系高度依存。

从 2013 年到 2017 年，货物贸易中国对美出口额从 4404.3 亿美元增长到 5056.0 亿美元，增幅 14.8%；美国对华出口额从 1217.5 亿美元增长到 1303.7 亿美元，涨幅 7.1%。2017 年，美国是中国第一大出口市场，而中国也是美国第一大进口市场。

中美贸易逆差高企一直是两国经贸关系中的敏感议题。然而我们必须认识到，中美两国之间的贸易逆差在一定程度上被美方过分夸大了。事实上，近十多年来，中美货物贸易逆差增幅整体上呈减小趋势，从 2005 年的 24.5% 下降到了 2017 年的 8.1%。另外，从 2006 年到 2017 年，美国对华货物贸易出口额增长率为 147%，远远高于对世界其他地区 44% 的出口增长；服务贸易在 2006—2016 年十年间对华出口额上涨 421%，更是远超对世界其他地区 76% 的涨幅。

中美之间的贸易逆差，是经济全球化背景下，国际产业分工和资源优化配置的必然结果。平衡双边贸易关系，需要双方共同努力，中国需要进一步开放市场，美方也应放宽对华高技术出口限制，一味指责对方毫无益处。

其次，中美一旦爆发贸易战，将对两国产业产生极大消极影响。

2017 年美国对华出口产品中，运输设备、机电产品、植物产品、化工产品、矿产品等排前五位，占对华出口总额的 60% 以上，贸易战将对以这些产品出口为经济支柱的州和地区造成重大打击。

第三，贸易战的潜在影响，还有可能危及就业、物价等民生领域，对社会造成消极影响。

美国从中国进口大量质优价廉的商品，不仅有助于其维持较低的通胀率，还提高了美国民众特别是中低收入群体的实际购买力。美中贸易委员会研究显示，美国对华贸易平均为每个家庭每年节省 850 美元。美对华出口还为美国创造了大量就业岗位。中国商务部的报告指出，2015 年美对华出口实际支撑了美国内 180 万个新增就业岗位，加上中美双向投资，共计支撑了美国内约 260 万个就业岗位。

2018 年 3 月 8 日，十三届全国人大一次会议召开记者会，外交部部长王毅就"特朗普政府需要决定是否对进口自中国的太阳能板、钢材和铝材施以处罚"一事作出回应，他表示，中美之间并不存在攻击性竞争关系，历史的经验教训证明，打贸易战从来都不是解决问题的正确途径。尤其在全球化的今天，选择贸易战更是抓错了药方，结果只会损人害己，中方必将作出正当和必要的反应。

在中美的经贸合作过程中，确实一直存在着贸易顺差的现象，然而，中国已经逐渐从出口导向型逐渐转变成内需拉动型，2017 年中国整体贸易顺差收窄 17%，这不仅减缓了美国贸易逆差的压力，也为外国资本带来了极大的机遇。此外，2018 年 11 月，中国将首次举办国际进口博览会，搭建国际贸易的开放型合作平台，有利于促进中美双边贸易平衡发展。

美国应抓住机遇投资中国

当前，中国经济保持高速发展的同时向高质量增长转型，经济结构不断优化，数字经济、人工智能等科技创新为经济发展带来新动能。对美国来说，中国经济的持续增长和优化转型意味着更广阔的投资市场和盈利空间。

正如上文所说，中国将成为全球消费大国。中国中高收入人群（中产阶级）规模不断扩大，2016 年占总人口比例超过 20%，2021年预计超过 40%，达到 3 亿人。未来中国庞大的国内消费市场能够为美国提供更多的商业机会，带动美国经济发展。

在创新创业方面，中国已经在人工智能和电子商务平台等领域走在世界前列。2016 年，中国数字经济规模达到 22.6 万亿元，占当年GDP 的比重超过 30.3%。随着中国互联网产业的飞速发展，"互联网＋"带动移动支付、共享经济等一系列新兴产业发展，未来互联网将成为中美合作的新空间。

回顾建交 40 年的历史，中美双边关系虽历经风雨，但始终向前。中美在各领域中相互依赖程度都在不断加深，双边经贸关系更是早已形成"你中有我、我中有你"的格局。

中美新型大国关系的建立，需要双方跳出传统大国关系演进的窠臼，避免陷入"自我实现的预言"式的思维陷阱，减少战略误判，直面分歧和挑战，继续发挥经贸关系在双边关系中的压舱石作用，用面向 21 世纪的新型商业伙伴创造新型文明，让中美两国"共同演进"、友好合作，为构建人类命运共同体发挥"共赢"力量。

中俄共同崛起，对世界意味着什么 *

中俄共同崛起是和平的复兴、合作的复兴。改革是确保和平、促进合作的重要方式。中俄也致力于推动"共享的复兴"，中俄需要复兴，美国也需要复兴，欧洲也需要复兴。复兴是大多数国家的发展主题，符合大多数国家的长远利益。但是"复兴"不是零和博弈的过程，而是共同合作的过程。共同改革才能推动共同复兴。

感谢谢尔盖·格拉兹涅夫（Sergey Glazyev）院士的邀请。这些年在他的努力下，中俄两国在经济决策议题上的相互了解更加深刻了。对于中国智库而言，今年的一个重大议题是，如何理解中国改革开放 40 年。为什么中国这个国家，同一政党、同样的人民、同样的国土面积，没有发动战争，也没有产生社会不稳定，却从过去 30 多年从贫穷状态里走出来，完全变了样？这个成就值得全世界学习，其

---

* 2018 年 4 月 3 日—4 日，俄罗斯最大规模的经济大会"莫斯科经济论坛"在莫斯科举行，约 1500 位来自欧亚大陆各界政要名流智库学者商界人士参加了论坛。王文受邀在主题大会、分论坛"欧亚联盟与'一带一路'战略对接"上先后发言，并受邀在主办方欢迎晚宴上作为演讲嘉宾代表致辞。

中一些经济崛起的发展经验也值得俄罗斯学习。当然，俄罗斯"全球操盘手"（Global Actor）的崛起经验也非常值得中国学习。中俄到了相互学习的新阶段。

从历史演变律的角度看，中国与俄罗斯都处在冷战结束以来最强盛的时刻。两国面临着几乎完全相同的六大历史使命：实现国家复兴，维护主权完整，推进经济转型，承担国际责任，维护世界和平，推动全球发展。如何共同崛起，是新时代下中俄关系的重要议题，也关系世界的未来。

欧美国家应相信，中俄真的在崛起

目前，在欧美国家的媒体与公众舆论中，都存在对中俄是否真的崛起的怀疑论调。历史上俄罗斯曾出现过几次鼎盛时期，如彼得大帝时代、叶卡捷琳娜时代和苏联时代，到了 20 世纪末，俄罗斯出现了短暂的衰退。自 2000 年普京执政以来，一直将实现俄罗斯的民族复兴作为执政目标。2017 年俄罗斯 GDP 是 1999 年的 8 倍多，外汇储备是 1999 年的 36 倍多。

过去 18 年，俄罗斯社会基本稳定，没有发生过重大金融危机、种族冲突、枪击事件、政治恶斗，俄罗斯的军事、外交影响力在全球领先，几乎所有重大全球事件都离不开俄罗斯。2014 年俄罗斯举办索契冬季奥运会，2018 年将举办足球世界杯，再次提升俄罗斯影响力。无论欧美媒体如何唱衰俄罗斯，中国比欧美国家更确信，过去 18 年俄罗斯的发展是明显的，俄罗斯正走在民族复兴的路上。

更重要的是，中国比欧美国家更尊重俄罗斯，更把俄罗斯视为是天然的大国。俄罗斯是世界上国土面积最大的国家，自然资源丰富，其中森林、天然气资源居世界第一，淡水、煤铁等资源也占据优势。优越的自然禀赋使俄罗斯成为天然的大国。更特殊的是，相当多的中国人对俄罗斯还保有苏联时代的特殊情感。

很奇怪的是，当前欧美国家媒体与公众舆论对中国也长期存在误判。"中国威胁论""中国崩溃论"经常周期性地流行。他们似乎忘了，中国也是天然大国，中国人口全球第一，经济总量全球第二，国土面积全球第三。经过改革开放 40 年的努力，中国已成为全球最大贸易国、全球最大电子商务国、全球最大的消费市场，是最有前途的全球大国之一。

如果欧美国家发自内心地相信中俄真的在崛起，且不可遏制地走在民族复兴的道路上，他们对中俄的不理解、不尊重可能就会少得多。

西方低估了中俄的世界贡献

从西方现实主义国际关系理论看，两个崛起的大国是不可能和平相处的，但中俄关系打破了理论桎梏，且成为全球大国关系的典范。

冷战期间，中苏关系虽然出现过波折，但普京执政以来，中俄关系迅速升温。2008 年，中俄黑瞎子岛边界揭牌，为 21 世纪国家之间解决领土争端树立了典范。2014 年，中俄签订了全面战略协作伙伴关系协议，标志着两国高水平的战略互信关系又迈上新台阶，两国在诸多领域开展了合作。

在涉及全球重大问题中，两国相互信任、相互配合，展现了亲密无间的战略信任，在朝鲜半岛危机、叙利亚危机中，两国始终保持沟通，统一立场。在全球治理中，中俄共同发力，以上合组织、金砖组织、G20 为平台，共同推动区域合作与全球治理。在涉及两国重大事件中，两国也相互支持，2014 年西方抵制索契冬奥会之际，习近平主席亲自出席予以支持；2017 年，两国在双方敏感海域南海和波罗的海分别进行了联合军事演习，以此表达相互支持。在经济方面，中国已经连续 8 年成为俄罗斯的最大贸易伙伴国。

中俄两国元首也保持着密切关系，过去 5 年间，习近平主席和普京总统会面高达 20 多次。王毅外长在"两会"期间也指出："中俄关系没有最好，只有更好。"历史上，很少有两个同时崛起的大国，能够表现出如此战略互信与全球合作的状态。可以说，21 世纪以来，中俄两国在各个方面都保持着亲密的伙伴关系，是新时代全球大国关系的典范。

更重要的是，中俄在全球的责任值得西方正视。作为安理会常任理事国，中俄两国一直致力于维护世界的和平与稳定，例如，两国都是《核不扩散条约》《禁止化学武器公约》《禁止生物武器公约》《全面禁止核试验条约》的签署国，也积极呼吁国际社会参与到世界"无核化"进程中。

21 世纪以来，全球发生了许多负面与消极事件，如"9·11"恐怖袭击、阿富汗战争、伊拉克战争、全球金融危机、"IS"恐怖主义、难民浪潮、逆全球化、反自由贸易浪潮等等，俄罗斯与中国都不是这些重大负面事件的起因，相反，复兴中的中国和俄罗斯都是维护世界积极发展的关键力量。中俄支持全球化、WTO、应对气候变化、国际体系改革、反恐、反对民粹主义，是主张维持第二次世界大战以来国际秩序的力量。30 多年来，中国从没发动过对外战争；俄罗斯也从未主动挑起过对外战争，曾经或当前卷入的冲突都直接或间接与其领土完整、国家稳定、民族矛盾调解等关系到其切身利益的事务有关，应该得到国际社会的理解。可以说，同在复兴中的中俄两国是世界进步的正向能量、积极力量和稳定力量。

欧美有许多媒体常对俄罗斯、中国进行负面报道，视中俄两国为全球秩序的革命者。这种看法是不客观的，也是不正确的。

全球应当支持中俄的共同崛起

中俄两国的发展既得益于和平与稳定国际环境下的深度合作，也离不开两国对内改革与对外合作。中俄应当继续携手，成为全球和平稳定、合作共赢与改革转型的积极力量。

第一，中俄应当继续维系世界和平，反对战争与分裂主义，反对恐怖主义、贸易战、金融战、信息战的威胁。目前，特朗普治下的美国正在挑起贸易战，正在以各种退出的方式破坏国际体系，正在成为全球不确定性的因素，世界应当团结起来防范不确定性的来临。

同样，一个强大的俄罗斯与强大的中国有助于世界和平。中俄两国具有作为全球天然大国的民族复兴使命。2018 年 3 月，中国完成了新一轮换届，正在加速致力于国家统一，支持朝鲜半岛来之不易的缓和与稳定，在这方面，世界应更加理解与支持中国的努力。

第二，世界应加强战略对接，通过全面合作促进下一轮的各国发展。当前全球存在的巨大"发展赤字"，应当通过深化合作，而不是像西方某些媒体与领导人那样怪罪于他国的方式来解决。

5 年前，中国提出"一带一路"倡议并先后与 80 多个国家和国际组织签署了合作协议，对下一轮经济全球化推动极大。2017 年 5 月，"一带一路"高峰论坛期间，中俄两国就"一带一路"倡议和"欧亚经济联盟"对接展开合作，其中"冰上丝绸之路"是两国两大倡议对接的重要领域。2017 年 12 月 8 日，中俄共建"亚马尔 LNG"项目第一条生产线的正式投产标志着两国对接合作取得重大成果。中国欢迎欧洲和美国更多地参与到这项倡议中来。目前，贸易战是影响当前全球化合作的重要因素之一，美国发动的贸易战不利于国际合作。中国并不是美国贸易战的唯一受害者，国际社会应该共同应对美国贸易战威胁。

第三，让改革成为世界的普世价值，全球难题需要全球改革才能解决。

2018 年是中国改革开放 40 周年。中国发展成就归功于对内进行的大规模有效改革与对外开放。中国当前深化改革也为促进中国经济结构转型，释放经济发展空间提供机遇。普京当选后，也在政治、经济、军事等领域推动一系列大刀阔斧改革。可以说，内部改革是两国破除经济发展阻力，增强国家发展内核动力的重要方式。

当前全球治理体系的转型是历史发展大势所趋，中国在这个历史进程中积极发挥引领作用，推动国际社会正向改革。中国提出的筹建

"亚投行"、"一带一路"倡议是填补国际公共产品缺口，弥合发展赤字，推动全球改革的重要举措。近年来，中俄两国在推动改革世界不公平旧秩序中发挥着重要作用。两国参与建立的金砖国家银行为推动世界金融改革提供新思路。当然，改革不等于简单的推翻重建，改革需要考虑当前的发展情况。

总之，中俄共同崛起是和平的复兴、合作的复兴。改革是确保和平、促进合作的重要方式。中俄也致力于推动"共享的复兴"，中俄需要复兴，美国也需要复兴，欧洲也需要复兴。复兴是大多数国家的发展主题，符合大多数国家的长远利益。但是"复兴"不是零和博弈的过程，而是共同合作的过程。共同改革才能推动共同复兴。

中美俄三国博弈进入"中国引领期"[*]

> 在复杂多变的多极化时代,"积极性的均衡外交"应该是中国明智的选择。加强与美、俄协调,和平解决朝叙危机,这个进程就是中国特色式的大国崛起的进程。加强中美俄的全球政策协调、逐渐改革目前的全球体系,相互缓解各自的战略压力,将直接决定着未来世界安全局势。

  叙利亚、朝鲜两国在 2017 年春季爆发的危机,将国际关系观察者眼里久违的中美俄三国关系拉回到大众视野中。有人担心,叙朝危机是否升级,爆发地区大规模的冲突与战争,将中美俄被迫拉入对抗状态?或者,叙朝两国是否会陷入本国的严重失序,进而波及中美俄三国内部,以至于将三国拉入冷战状态?

  事实上,在笔者看来,从特朗普执政以后再次凸显的叙朝危机里,一种新型的三国博弈与制衡状态正在形成,在国际安全领域极有可能会出现罕见的"G3+"的惯性。由于中国的引领,"G3+ 安全时代"

---

* 2017 年 4 月 19 日,由观察者网主办的"观天下讲坛"第 4 期以"中美俄三角与叙朝危机"为主题,王文作了主题演讲。本文根据演讲相关内容整理而成。

将使得国际社会出现难得的微妙和平期与平衡期。

全球进入中美俄博弈的新大国时代

第二次世界大战结束后，全球互动的进程正式跨越了欧美国家为核心的运作模式，逐渐进入中美俄博弈的新大国时代，一直延续到现在。

按照基辛格在 20 世纪中叶提出的"三角战略"理论，在 1990 年冷战结束以前，中美苏三国关系是"倒三角形"，即美苏冷战竞争主导和牵引起三国关系与全球格局，也相继拉拢着中国的对外大国关系。从 1945 年到 1990 年初，"倒三角形"大体分为两个时期，20 世纪 80 年代以前，苏中关系的一"边"更硬，中国"一边倒"，中苏结盟使得美国一度呈现弱势；20 世纪 80 年代以后，中美建交，美中关系一"边"显得变硬，苏联处于守势，直至苏联解体。

20 世纪 90 年代以后，美国"一超独霸"时代形成，三国关系呈现"正三角形"的状态。美国在上方，俄中两国成为下方的两个点，美国牵引中俄的三国关系，主导着全球局势。俄罗斯作为苏联主要实力的继承国，一度全国拥抱美国，而中国在 90 年代初受美国制裁后，也提出了"不搞对抗"等对美十六字方针。

21 世纪初，普京执政后的俄罗斯逐渐从前任叶利钦的对美教训中苏醒，采取了"双头鹰"战略，且不断"向东看"，强化对中国的关系，2014 年初中俄确立全面战略协作伙伴关系，2015 年与中国提出的"一带一路"倡议对接。中俄关系逐渐成为大国关系的典范。

2008 年国际金融危机，迫使美国开始求助于中国。中国在工业生产总值、贸易总量上迅速赶超美国，在 GDP、军事实力、金融实力上呈现追赶美国的势头。

此时，正三角形的状态不变，但三国的位置逐渐呈现了位移。中国开始位移至上方，有史以来第一次在三角关系最上方的位置，开始牵引与主导着美俄关系与全球形势的发展。法国《费加罗报》2017年 4 月 11 日发文评述道，"中国上升到了中美俄战略三角的顶端"。

2017 年以后，美俄两国对中国的倚重空前

正是因为中国战略地位上升到了三角关系的顶端，我们从种种迹象中看到美俄两国对中国的倚重程度达到了空前的状态。

当下的俄罗斯对中国的倚重高于中国的反向倚重。俄罗斯选择与中国的战略互信，不只是一种历史选择，也是俄罗斯战略家深思熟虑后的理性选择。曾到访过人大重阳、普京总统顾问、也是非常著名的俄罗斯学者格莱耶夫的新作《世界经济体系危机与中美俄关系》一书中讲道：俄罗斯的未来有七种选择：1）维持目前的中美俄现状；2）成为美国的殖民地；3）成为中国的被保护国；4）孤立和军事被干涉；5）孤立和全民动员；6）俄罗斯—中国战略协作关系；7）中美俄合作伙伴，俄罗斯最舒适，但不稳定。他认为，第 6 选项是最有可能的选择，能够取得俄罗斯的长足发展。这不只是金融、投资和贸易领域，还有政治、安全、战略领域。中俄之间的"结伴不结盟"的准盟友关系正在形成。

　　美国与中国的战略利益重合度、相向性也达到多年来的最大值。比如中美都希望抑制朝鲜"拥核"、都希望能够扭转贸易的战略失衡、都希望加强基建合作，都希望人民币能够呈现升值的趋势。可以说，特朗普迄今为止的表现对中国都是利好。习总书记说，我们有一千条理由把中美关系搞好，没有一条理由把中美关系搞坏，现在美国主流社会的确非常难找到搞坏的"一条理由"。中美已经互为第一大贸易伙伴国，双方贸易并非直接竞争，而是具有较强的互补性，合则两利，斗则俱伤。特朗普的牌都在明面上：贸易谈判、汇率问题、叙利亚的导弹、阿富汗的炸弹之母以及朝鲜半岛的航母战斗群。

　　今年4月初，我曾在华盛顿与美国多家顶级智库开展密集调研，对新时期的中美关系进行一轮深度摸底。我认为，特朗普目前仍处在"学习期"与"试探期"，上任两个多月来，在重大涉华问题上，特朗普处于"轻率表态——补充认知——重新表态——可能再度轻率表态——再度补充认知"的螺旋式循环。在三角关系上，特朗普的调适表现在三个方面：

　　对于俄中两国，特朗普的"试探"变得有一些忌惮。在叙朝问题上，对中、俄的态度很是关切与顾忌。比如，执政以来，特朗普以实际行动证明他和传统政治人物多么的不同：既有雷厉风行、杀伐果断的手腕，也有自食其言、反悔如翻书的表演，但仔细观察可以发现，特氏想要达到的目标很少轻易放弃，某些食言不过是某时某刻的战略放弃。比如废除奥巴马医改和气候变化政策、退出TPP、一再不屈不挠地颁布禁穆令、推动美墨柏林墙的建造等。但是只有两个领域是例外：一是对中国，二是对俄罗斯。

对中国，特朗普没有表现出明显的恶意，虽然前期有过波折，但最终还是在台湾问题上重返历届美国总统的立场——这被认为是中国的一个外交胜利，而且还接受了中国多年以来提出的新型大国关系的说法，甚至西方 11 国大使联名发起的针对中国人权的挑战，美国也极其罕见地拒绝参与。

对俄罗斯，特朗普也保持着相对温和的态度。尽管中国所担心的美俄关系改善将削弱中国对俄主动权的一幕并没有出现，但是在对叙利亚动武上，特朗普感受到了来自俄罗斯方面的压力。特朗普干了奥巴马都没做的事情，几乎彻底断送俄美关系改善的可能性，现在，特朗普明显往回扳美俄关系，特朗普不希望看到美俄关系下滑，而是回到正常的轨道上来。

可见，总体上，以中国"稳中求进"、和平解决国际热点问题的外交政策总基调的主张，正在引导着全球问题解决的进程，也引导着美俄两个大国对这两大热点问题解决方案的重大判断，使得美、俄两国往常所惯用的武力军事解决方案，变得不那么通行。而美俄对中国诉求的重视，为中国可持续性的崛起创造了有利的条件。

中美俄的 G3 状态

未来，由于中国的协调与引导，中美俄三角关系已从零和博弈变成竞争与合作博弈，成为某种重要与敏感安全领域的 G3 状态，如叙利亚、朝鲜问题。

首先，中美俄"三角关系"已从线性的零和博弈变成复合型的竞合博弈。三者不比当年中美苏"三角关系"的性质在东西方对峙的冷战年代的零和博弈关系，目前中美俄三国的双边关系内容来看，情况发生了根本性的变化，超越冷战、超越零和博弈，而呈现了复合型的大国协调式博弈状态 CGPCG（comprehensive great power coordination Game）。

其次，中美俄三边关系在重大敏感安全领域呈现"G3+"状态，如叙利亚朝鲜问题，除去毫无实质意义的 59 枚导弹之外，三国保持着在"反胆小鬼博弈"外交、与由于国内因素而产生的外交冒进与协调。未来 G3 的博弈现状直接决定了世界的安全形态，而中国的和平引导作用越大，全球和平形势就越大。朝鲜在可预见将来发生大战仍然是低概率事件，这不仅是金融、军事、安全等因素，更是"G3+"协调模式。美、朝有点像江南小男人之间的打闹版理性，只是相互叫骂，但就是不动手。但这也是理性，因为我听上海人说：打赢了进法院，打输了进医院。

第三，尽管中美俄三国存在一些无法短期调和的矛盾，但中俄战略协作伙伴关系、中美"建设性""合作型""结果导向"的战略性关系正在呈现全球新型大国关系的新格局，重写着国际关系"大国兴衰史"。

在未来，美国可能将会逐渐放弃"亚太再平衡战略"，寻求与中国的战略交易，俄罗斯"欧亚经济联盟"希望能够加强与中国"一带一路"倡议对接。很有可能呈现出的一种乐观状态，即在"一带一路"大倡议下的中美俄合作，如合作基建、合作反恐、合作抑制安全事件。这个概率尽管不是很高，但理论上大于中美俄三边破裂的关系。

受到国际地缘政治格局影响，今年以来黄金价格持续向上，带动相关黄金基金持续上涨。近期叠加美国空袭叙利亚、朝鲜半岛和中东紧张局势加剧，以及法国即将举行总统大选，投资者避险情绪再度升温，国际金价频频走高，黄金基金全线上涨。未来黄金基金仍是对冲股债市场风险、资产中长期配置的良好基金品种。

在复杂多变的多极化时代，"积极性的均衡外交"应该是中国明智的选择。保持国内平衡、区域平衡，将使中国崛起变得可持续。

加强与美、俄协调，和平解决朝叙危机，这个进程就是中国特色式的大国崛起的进程。

加强中美俄的全球政策协调、逐渐改革目前的全球体系，相互缓解各自的战略压力，将直接决定着未来世界安全局势。三国的战略目标都不可能转变，处在三国的平衡状态。

我劝美国人，别与中国比拳击，
不妨比马拉松[*]

> 如果说中美有竞争关系，那么，比的是马拉松，而不是拳击。赢得马拉松比赛的关键是要调整好身体状态，不要犯错误，两国的竞争是国内治理的竞争，比的也是谁犯的错误少，谁更能满足国内需求的竞争。中国以经济建设为中心，一直在推进国内改革，满足民众的需求，没有参与对外战争，保持社会稳定，这场马拉松赛，中国跑得不错。

感谢邀请。在中国和美国两国社会普遍焦虑两国关系未来的时候，召开中美两国间大规模的智库对话会议非常重要。

2018 年是非常特殊的年份，是国际金融危机十周年，也是中美建交四十周年，同样是中国改革开放四十周年，我想，有必要重新评

---

* 2018 年 5 月 10—11 日，美国著名智库战略与国际研究中心（CSIS）在华盛顿连续主办两场主题是"全球经济秩序与中美关系"（内部）、"中美关系四十年"的主题研讨会，美国参议员苏利文、中国驻美大使崔天凯与美国前国防部长科恩作了午餐对话，美国前常务副国务卿、前世界银行行长佐利克作了晚餐内部演讲，近 300 位美国智库学者、政界要人与社会知名人士与会。王文分别在两场论坛开幕式、分论坛中作了主旨发言。本文是王文演讲的中文翻译整理稿。

价过去十年来美国实力的变化，以及过去四十年中美关系发展的历史经验。我的主要观点有五个：

第一，过去十年，中国在崛起，美国未衰落。2017 中国 GDP 比上年增长 6.9%，达到将近 13 万亿美元；2017 年美国 GDP 则突破了 19 万亿美元。中美两国的 GDP 总额约占全球 40%。中国经济份额从 2008 年的 7.3% 上升到约 15%。而美国经济过去十年占全球经济份额一直稳定在 23%—25% 之间。根据我个人的计算，美国占全球经济份额在 2011 年前后是最低的，大约 23% 左右，现在逐渐恢复，2018 年大约能达到 25%。可见，中国崛起并没有实质地影响到美国在全球经济总量中的地位，而且，中国经济总量与美国相比还存在较大的差距。

更重要的是，中国过去十年为世界经济增长贡献了 30% 左右，美国经济增长中约 5% 左右是源于中国的经济增长。这还不包括中国长期持有美元国债、支持美国主导的国际体系规则等非经济因素。从这个角度看，如果中国改革开放与中美建交同步，中国改革开放过去四十年的成功，要说一声"谢谢美国"，那么，美国过去十年的经济复苏，且仍能保持目前的全球领导权，也应该说一声"谢谢中国"。

第二，当前的美国社会错把中国当成是美国问题的替罪羊。近两年，我来了近十次美国，去了近十个州，与上百位美国朋友交谈，天天看美国媒体，阅读美国智库的报告，感觉美国对中国崛起过于焦虑。美国总以为，中国希望替代美国，甚至打败美国，进而领导全世界，这明显是错误的。没有任何国家能够打败美国，除了美国自己。

如果说中美有竞争关系，那么，比的是马拉松，而不是拳击。我是马拉松跑步的爱好者，深刻知道要赢得马拉松，关键靠的是自己要调整好身体状态，不要犯错误。从这个角度说，两国的竞争是国内治理的竞争，比的是谁犯的错误少，谁更能满足国内需求的竞争。过去四十年，尤其是冷战结束以后，中国是全世界犯错误最少的国家。中国以经济建设为中心，一直在推进国内改革，满足民众的需求，没有参与对外战争，保持社会稳定，这场马拉松赛，中国跑得不错。

美国整体表现不错。美国的科技水平一直在引领世界，美国文化在全球流行；但美国也犯了不少错误，发动不应发动的伊拉克战争，爆发国际金融危机。美国经济、军事、科技、文化实力都没有衰落，但美国的软实力衰落了。美国在全球形象不好，美国不再是自由民主的形象，而成了自私、强权的代名词，甚至 2017 年根据皮尤中心的调查，中国在全球的形象第一次好于美国。这才是美国真正需要反思的。

第三，美国明显高估了中国的全球战略，低估了中国对美国的积极作用。在任何中国政策文件中，中国都没有提过要成为全球领导，中国支持第二次世界大战以来的国际体系，决不是国际体系的革命力量。

更重要的是，中美两国的产业结构互补性较大，中美两国应加强相关领域的合作，为两国经济发展提供新的动能。中国的经济发展水平已进入中等收入国家行列。根据 2018 年 1 月《华盛顿邮报》的数据显示，2018 年中国人民实物商品消费预计达到 5.8 万亿美元。未来三年，中国很有可能将会赶上美国，成为全球第一消费大国。目前，中国经济增长最主要的动能来自于消费，其贡献率达到 58.8%。消费成为拉动经济增长的第一动能。这是美国经济增长的重大机会。2018年11月，中国将举办首届进口博览会，向全世界购买商品，美国应该参加，到中国去展示最好的、值得卖给中国的产品。

中国目前的三大任务是，防范金融风险、精准扶贫、生态保护。这三大任务都意味着美国的机遇，美国能与中国分享金融经验，出口更多商品包括清洁能源、技术等。

第四，中美贸易失衡是被高估的。按美国经济分析局（BEA）统计，2015年，美国企业在中国的总销售额是3720亿美元，其中美国企业在中国的子公司销售2320亿美元，直接出口到中国1500亿美元。2015年，中国企业对美国出售了4020亿美元的货物和服务，其中包括100亿美元中国企业在美子公司的销售和3930亿美元中国对美国的出口。这个角度看，中美贸易的美国逆差仅有300亿美元。

更重要的，在全球服务贸易上，2015年总计9.4万亿美元，美国1.2万亿美元，中国仅是6000亿美元。中国排在全球第五位，美国仍是第一服务贸易大国，美国占全球服务贸易出口的15%，英国占6.9%，德国占5.6%，法国占4.9%，中国仅4.3%。而中国是全球第二大服务贸易进口国，中国与美国的服务贸易逆差是1400亿美元左右。

回顾中美建交四十年的历史，事实上远比美苏关系要复杂。美苏关系主要是竞争与冲突，但中美关系却是相互依赖、有竞争有合作，双边经贸关系更是"你中有我、我中有你"。我同意基辛格博士说的，中美需要"共同演进"，共同应对全球的挑战，而不是比拳击。

第五，未来四十年中美关系很难预测，但一定不会重复过去的道路。未来的国家会受到高科技、互联网的巨大挑战，非国家的力量正在冲击着国家的存在。如果超越政治现实主义的理论逻辑，中国一定不是美国未来的首要对手，甚至没有任何一个国家会成为美国的对手。美国最大的对手会是那些非国家的力量，跨国公司、互联网、智能机器人、恐怖主义还有许多国内矛盾。谁能处理好这些复杂的问题，谁就是未来的领袖。这些领袖未必是国家领导人，也有可能是某个哲学家、某个跨国公司老总。未来没有什么是不可能的。

再次感谢主办方为我提供如此好的机会。谢谢！

第五章

不必过度炒作"一带一路"风险

不妨建立"一带一路学"

推进"一带一路"时胆子要大一点

50 国归来看"一带一路"战略耐力

中美"一带一路"合作，可从修纽约道路开始

"一带一路"提升了中国学者的身价

"一带一路"与中国走出去的代际效应

让绿色金融助力中国发展

10 个亲历故事透析"一带一路"

不妨建立"一带一路学"*

从各国反响看,"一带一路"是多年来中国第一个如此大范围地引领世界学术风尚、设置全球议程的话语概念。这反映了中国与日俱增的软实力与国际影响力,也折射了世界对中国提供全球治理方案的热衷程度与学术偏好。

习近平主席在达沃斯论坛宣布2017年5月中国将主办"一带一路"国际合作高峰论坛,掀起了全球关注与研究"一带一路"倡议的新高潮。连日来,多国驻华使馆官员、外国智库学者来访或来信询问"一带一路"的相关内容,令人期待,"一带一路"可能很快成为全球"显学"。或许,现在到考虑设立"一带一路学"的时候了。

事实上,从2016年起,美国智库界就开始全面了解与研究"一带一路",几乎所有顶尖美国智库都设立"一带一路"或与此相关的研究项目(诸如互联互通与地缘政治、基础设施与亚洲发展等),有

---

* 2017年初,北京举行多次研讨会与论坛,筹备即将召开的"一带一路"国际合作高峰论坛。王文在多次论坛上呼吁要建立"'一带一路'学"。本文的删减版刊发在《人民日报》2017年1月23日。

的则通过电子遥感、数据制图、资金流跟踪等多种方式研究"一带一路"沿线的中国工程项目，呈现出理论化、学科化地挖掘中国走出去并影响世界背后奥秘的学术研究新趋势。

最典型的莫过于美国国家情报委员会顾问康纳《超级版图》与剑桥大学教授弗兰科潘《丝绸之路》两本学术著作。前者大胆断言"基础设施互联互通才是未来国家的最大软实力"，并论证中国发展经验对世界发展的巨大牵引力，这无疑从理论上为"一带一路基础设施学"破了题；后者则从世界史的广度、以扎实可信的史料，将两千多年来的丝绸之路演变，按时期的不同依次定义为"信仰之路""基督之路""变革之路""和睦之路""皮毛之路"等 24 种"路"别，这更像是"一带一路历史学"。

2016 年底，联合国大会决议首次写入"一带一路"倡议，体现了国际社会对"一带一路"倡议的普遍支持与接纳。中国学术界体系化、理论化、学科化地研究"一带一路"，进而引领全球"一带一路"研究、推动中国与世界的思想交流与共享的使命感、责任感变得更重了。

社会科学发展最大的动力来源于现实需要。在春秋战国或古希腊城邦时代，并没有所谓的学科划分。18 世纪工业革命推动的分工体系，促使社会科学的学科化分类，产生了当代经济学、政治学、社会学等大学科分类。

20 世纪人类全球化的进程进一步加快，学科分类更细化、更聚焦于具体事务，比如，1919 年，第一次世界大战后，欧美国家专门设立了"国际关系学"；货币流通与信贷收支加速后，逐渐形成了"金融学"。有的学科则因为某个领域变得越来越受人关注而设立，如"红学""敦煌学"。有的学科则出于国家发展需要而不断壮大，最典型的则是几乎在所有中国高校都设立的"马克思主义学院"。事实上，马克思曾说，社会科学总是承担着国家发展与意识形态的功能；韦伯讲得更直白，他干脆把社会科学称为"国家学"。

从各国反响看，"一带一路"是多年来中国第一个如此大范围地引领世界学术风尚、设置全球议程的话语概念。这反映了中国与日俱增的软实力与国际影响力，也折射了世界对中国提供全球治理方案的热衷程度与学术偏好。

可以相信，如果中国不为此专门设立"一带一路学"，迟早有一天，国外一定会为此设立专门学科。"一带一路"研究切不可重蹈多年前一度出现的"敦煌在中国，敦煌学却在国外""《红楼梦》是中国人写的，红学研究却是国外更强"的尴尬窘境。

在当今错综纷杂的学术领域，基于实践经验而设立"一带一路学"，旨在重新总结中国与世界交往的历史经验、重新阐释中国与世界互动的发展现状、重新评估中国影响世界的未来前景。这必将是一项重大的理论战略工程，也将大大促进"一带一路"倡议在全球的推进步伐。

可喜的是，国内已有几家研究机构将"一带一路"设为博士生研究方向，出现了"一带一路"学科化的萌芽。如果借"一带一路"国际合作高峰论坛的东风，设立"一带一路"研究基金，鼓励更多海内外有志于中国参与和引导新一轮全球治理的学者为"一带一路"研究的理论化、学术化作出贡献，假以时日，"一带一路"肯定会在决策支撑体系的提升、舆论引导方式的改进、制度性国际话语权的增强和复合型人才培养方式的完善等多个方面，成为全球治理思想的新范式。

基于"一带一路学"，中国人必将站在历史的新制高点，进一步把握时代潮流，更加有定力、有底气、有思想地用中国自己的理论范式和话语体系影响与改变世界。

推进"一带一路"时胆子要大一点[*]

> 很多人认为"一带一路"是中国第二轮的开放改革，以开放倒逼改革，我们中国再次腾飞战略需要发挥全民作用，政府是全民的一部分，市场力量再开拓，下一个奇迹、下一个梦想就会实现。

中国人民大学重阳金融研究院在过去不到两年时间做了不少关于"一带一路"的工作，调研 20 多个国家，现在还有一个调研团在西北三省，4 位老师带着 12 名学生走了数千里地。我自己也去了"一带一路"沿线的许多国家，还有国内的大量省份、县市。现在，大体有两种感受，一喜一忧。

喜的就是大家对"一带一路"很热情，国外许多人都对中国"一带一路"的倡议很渴求，希望从中得到利益；忧的是，有部分国家和人群对"一带一路"不是特别热情，甚至产生了一些阻力。从 2013 年秋季，中国国家主席习近平提出"一带一路"倡议到现在，习主席亲自在不同公开场合至少讲过 100 次，换句话说，可谓"月月讲、周

---

* 2015 年 8 月 8 日，"'一带一路'百人论坛首届论坛"在北京举行。本文为王文在开幕式上的发言。

周讲"，说明"一带一路"是动用了国家核心力量在推动。

再往下推，就会发现有几股力量在阻止我们。一是来自于全球层面上的，比如，超级大国美国，它曾让许多国家都不要加入亚投行，但在这点上，它没有得逞。但在许多时候，因为"一带一路"，我们正在产生一场与美国的全球大博弈。

我们搞基础设施建设，修港口、修铁路、修公路，我们一直坚持民用，但美国和不少西方媒体都在揣测，中国将有可能军用，将影响到美国的军事霸权。我们在推金融、贸易、货币，人民币国际化，美国一些声音说，中国将冲击美元的霸权。中国人常讲，"要致富、先修路"等等，其实，这是一种发展模式。美国一些声音认为，这种发展模式是某种意识形态对未来国家的冲击。

前段时间，我在一篇发在《环球时报》上的文章讲道："无论两国有识之士多么不愿意看到中美竞争加剧，中美在全球层面上的博弈之势，已成基本事实。以民主自由为核心的美国意识形态外交霸权，受到了以改革不止为经济逻辑、以选贤任能为政治逻辑的中国发展模式的挑战；以管控全球 16 个交道要冲为基石、拥有 600 多个军事基地的美国军事霸权，受到了中国在外建海港、高铁和基础设施的压力；以主导国际金融运行秩序为基础的美元霸权，在人民币国际化加速势头下也受到撼动。"

虽然博弈不等于对抗，而且中国发展不需要非得看美国脸色，但我们必须承认，"一带一路"建设，美国对华的举动是中国必须考量的重大因素。

第二股阻碍力量在国内社会层面上。"一带一路"是一个非常巨

大的工程。这个工程不是在这届政府就能完成的。人大重阳在 2014
年的一份报告中说,"一带一路"至少得要 35 年完成,这个报告引起
了国际上高度关注。为什么 35 年? 35 年以后,是中华人民共和国成
立百年,我们实现"中国梦",也完成这个世纪工程,跟其他国家一
块致富进步,这是我们当时报告中的逻辑。

这个世纪工程确确实实不太容易,然而,我们目前有股所谓的浮
躁情绪在"一带一路"建设过程中出现,恨不得几年就完成,几年就
收到巨大的效益,这是需要防范的。

1894 年美国工业生产总值超过英国,1897 年美国的 GDP 超过英
国,1922 年美国军事力量超过英国,1945 年美国金融力量超过英国。
2011 年,中国工业生产总值刚超过美国。

从这个角度看,中美的差距,相当于 19 世纪末的美英关系。从
目前往前走,再过五年左右,中国 GDP 将接近并逐渐超过美国;军
事力量的超过,还得花二十年左右;在本世纪下半叶,如果我们这个
国家没有垮,我们可能在综合实力上全面超过美国,这是一般预见的
正常规律。当然,也有不确定的因素产生。

在这个进程中,"一带一路"恰恰是支撑我们这个国家下一步崛
起和发展最重要的一个战略支柱,所以,我们恐怕需要用百年的目光
看待"一带一路",需要兢兢业业,既要努力开拓,又要扎实稳妥。

第三股阻碍力量则与企业家的内心有关。过去这些年,我曾到访
过 100 多个县,与很多官员谈,与很多企业家谈,大多都谈"一带一
路"。谈"一带一路",则必谈风险。前几周,在深圳,也看了前海,
深圳发展真是好啊,前海自贸区潜力很大。但也有一些企业家谈风

2017 年 5 月初，王文在央视《对话》栏目（泉州）讲"一带一路"

险。我就想,当年,深圳从一个小渔村变成国际大都市,数千万人到那里去,有多少人考虑过风险呢?有多少人害怕过风险?后来一个官员跟我说,王老师,你说得对!当年我们光脚,现在穿鞋,所以怕风险啦。

现在"一带一路"风险的确非常多,但在我看来,目前对风险担忧有一些过了。风险必须防范,风险永远与利润成正比。目前"一带一路"是长远的战略,是趋势,是国家不得不走的方向,不是"一带一路"也会有一个"二带二路""N带N路"出现。从这点看,社会、企业、民众必须要跟上国家"走出去"步伐。此时,我们要重拾1992年冒险探索、市场主义精神,我们胆子要大一点。

前面几位嘉宾讲到,推进"一带一路",要发挥市场作用。我觉得很对,目前靠国家和政府推"一带一路"还不行,要让市场力量,鼓励民间力量也要起来。就像当年市场经济刚刚开始时,国家布局,战略号召,接着很多民企、市场力量积极参与,最后促成了1992年以后市场经济的大繁荣,很多人认为"一带一路"是中国第二轮的开放改革,以开放倒逼改革,我们中国再次腾飞战略需要发挥全民作用,政府是全民的一部分,市场力量再开拓,下一个奇迹、下一个梦想就会实现。

50 国归来看"一带一路"战略耐力 [*]

> 充分认识到"一带一路"的品牌价值，规划、提升、管理"一带一路"品牌价值，充分阐释"一带一路"的内涵和外延，进而形成我国引导全球治理与国际合作的一面旗帜，已经迫不及待，刻不容缓。只有这样，在国内，全国上下才能形成对"一带一路"建设的统一认识，进而凝聚成共建合力；在国外，才能消除或减少国际社会对我国"一带一路"建设的政治化倾向，进而促进共商共建大局的形成。

"一带一路"倡议提出三年多来，笔者与同事先后调研了近 50 个国家、国内上百个县市，所在机构举办了上百场关于"一带一路"讲座、沙龙、研讨会，出版了 8 部著作并发表了数百篇文章，方方面面接触各国人员数千人，积累了大量"一带一路"推进情况的一手认识。

三年多来"一带一路"进展的确超出预期，但"一带一路"需要战略耐力，需要厘清基于长远考量的诸多基本概念，需要不断调适中

---

* 2017 年初，多个国内外机构召开关于"一带一路"三年多来的进展研讨会，王文多次受邀参会。本文是将相关核心观点进行学理化整理的成果，并刊于《前线》2017年第 5 期。

234

2016 年 9 月 9 日，王文在北京为非洲高级军官讲述"一带一路"

外之间的相互预期，需要避免国内各省对"一带一路"的无序竞争。目前"一带一路"已形成了一个巨大的中国品牌，中国应通过建立统筹协调机制、综合服务机制、研究评估机制，对"一带一路"进行品牌管理。除此之外，中国还应设立长期的跨国联合研究小组，发挥民间大V、知名作家、新型智库等作用，讲好"一带一路"故事，进而推动"一带一路"长远发展。

调研后的三大突出感受

第一，通过调研发现，"一带一路"的确给沿线带来许多实际利益，受到了大多数国家的支持与拥护，但一些国家"隐性"的防范之心与不少国家"显性"的奢求之心也同样存在。

美国、日本和印度这三个重要大国对"一带一路"态度很微妙。美日的态度受制于双边关系，印度则偏向于地缘政治的考量。包括俄罗斯、土耳其等沿线大国均实现了与"一带一路"的战略对接，一些国家还设立了"丝路大使"等专职负责与中国的对接，但如何落实既有项目且实现可持续发展，仍需要较为漫长的时间。

还有一些国家对"一带一路"的期待过高。笔者曾在中东调研，对方最关心的是，到底"一带一路"能给当地带来什么实际利益，却丝毫不提自己的付出。笔者还曾参与某"一带一路"沿线大国的双边"共建'一带一路'备忘录"最后文本谈判，最大的感受是，对方非常希望把什么项目都往"一带一路"里钻，但在一整天的文本谈判过程中，连续打电话回国与各项目的主管部委确认细节时，才发现许多项目都是陷阱，是不能签约的。

第二，通过调研发现，"一带一路"的声势已在全球造出，各国多数政治、经济精英都已感受到"一带一路"倡议的影响力，但要使"一带一路"在全球深入人心，塑造真正的中国软实力，恐怕还需要很长时间，尤其是一些基本概念还没有完全成为共识。

比如，至今有的舆论还在讲"'一带一路'沿线 60 多个国家"的概念，许多外国人会问，到底是哪 60 多个国家呢？西非、拉美算不算？美国、日本、韩国在"一带一路"的定位是怎样的？再比如，官方爱用"belt and road initative"的翻译，但民间与学术界却更接受"one belt one road"的说法，有不少国家则爱用"silk road initative"。

2016 年，笔者两次调研美国的"一带一路"看法。一次是在美国国务院给部分中层官员讲解"一带一路"，另一次则是与著名美国智库 CSIS 合办了在华盛顿首次"中美一带一路智库对话"。美方问得最多、也令人印象最深刻的问题就在于，"一带一路"倡议和长期以来"中国走出去"战略到底有什么区别？在印度调研时，笔者受到印方质询，"孟中印缅走廊"是出于怎样的地缘战略考量？被问最多的还有，中国公司在"一带一路"赚钱吗？如何防范风险？中国转移"过剩产能"的意图何在？这些问题都需要更多令人信服的综合解答。

第三，通过调研发现，"一带一路"在国内各地已形成普遍共识，已全部写进了各省和绝大多数地市的政府工作报告中，但是各地的项目无序、恶性竞争开始出现苗头，一些重大项目缺乏可持续盈利性，个别地方政府"寅食卯粮"，"跑马圈地"为政绩拼命补贴财政。

比如，中欧班列是"一带一路"重要项目，像蓉新欧、渝新欧、义新欧等都取得重大进展，但另一方面，我们需要考虑，在海运成本持续低廉的前景下，是否需要有那么多中欧班列？如何提升中欧班列的回程货物量？更糟糕的是，在调研中发现，各地都在抢货源的现象严重，某市提出，货物只要从该市上货，国内各地方到此的运费由该市来付；某沿海城市则说，每吨货物补贴几千元不等。外国商会看到机会，在几个地方穿梭，竞相压价，最后是地方财政埋单。

以上三个突出感受说明，虽然"一带一路"的初期阶段产生了巨大的效果，但双边多边沟通还显得不足，研究与认识还不够精细，个别政策与项目还有些粗糙。作为基于市场化的中国对外新倡议，尤其是针对广大发展中国家发展议题所提供的中国式解决方案，"一带一路"必须着眼于可持续与长期发展，在漫长与渐进的过程中学习总结。

以未来视角管理"一带一路"品牌

历史上任何一个大国的崛起，都会有着眼于长远的对外大战略。以美国为例，始于 1948 年、旨在推进欧洲复苏、强化美欧关系的"马歇尔计划"一直延续到 20 世纪 70 年代。在这个进程中，"马歇尔计划"也一度受到过巨大的争议甚至挫折，但对美国 20 世纪国力发展领先于世界起到至关重要的作用。

"一带一路"的时代背景与运作规则均有别于"马歇尔计划"，从覆盖范围与全球影响来看，也大大超过"马歇尔计划"，但美国政府推进"马歇尔计划"的战略耐力、定力与运营经验却值得中国借鉴。

三年多来，"一带一路"已形成了一个中国"品牌"。但如果像着眼于"两个一百年"的长度，我们针对目前的品牌管理机制却是明显未跟上。如上文所述，一些西方媒体常从地缘政治角度来解读，一些发展中国家则有一些不太符合实际的期待，国内个别地方的过度营销也伤害了"一带一路"的品牌。

为此，唯有着眼于未来，从各国经验中寻找借鉴，更深层次地看待"一带一路"的下一步进程。

对于"一带一路"各项规划的落实与推进，中国需要建立实体化的统筹协调机制，综合考量各部委发起制定的各项"一带一路"政策文本，防止各部门之间政策冲突，抑制各地方政府互相争夺资源和权力，平衡各对外企业之间的恶性竞争。

对于"一带一路"各大项目的可持续发展，中国需要支撑企业"走出去"整体服务机制，特别是包括投行、信托、法律、咨询与调查等方面的大投资服务机制，以及美化本国形象、服务当地民生、融洽中外关系等方面的大宣传服务机制，与应对突发事件、保护驻在国侨民、防止海外财产遭破坏等的大安全服务机制。

对于"一带一路"整体品牌运营管理，中国需要具有思想深度、实践精神的研究评估机制。特别是以"一国一策"为基础，结合中国的全球布局，对"一带一路"建设进展进行全面、客观、公正的第三方评估，总结建设过程中遇到的风险和挑战，提出下一步重点推进的方向。

总之，充分认识到"一带一路"的品牌价值，规划、提升、管理"一带一路"品牌价值，充分阐释"一带一路"的内涵和外延，进而形成我国引导全球治理与国际合作的一面旗帜，已经迫不及待，刻不容缓。只有这样，在国内，全国上下才能形成对"一带一路"建设的统一认识，进而凝聚成共建合力；在国外，才能消除或减少国际社会对我国"一带一路"建设的政治化倾向，进而促进共商共建大局的形成。

"润物细无声"的几点建议

三年多来，中央对"一带一路"的推进进程是谨慎与稳重的。习近平主席过去三年在各个场合至少200次提及"一带一路"，循序渐进、娓娓道来地讲述"一带一路"故事。2015年初，中央成立了"一带一路"领导小组。发改委、外交部、商务部三个部委还联合推出《推进"一带一路"：愿景与行动》。在此基础上，可以期待，2017年5月中旬举行的"一带一路"国际合作高峰论坛将会有更权威、更全面、更深入人心的声音与合作进展。

诚如一位沿线国家前总理私下曾对笔者所说，"'一带一路'是好东西，但千万别给沿线国家造成硬要塞给人家的感觉"，"一带一路"长远的发展的确需要润物细无声，放长远眼光。

第一，设立"一带一路"共同研究基金，吸引全球智库、学术机构共同参与到"一带一路"的研究，促进"一带一路"研究的理论化、学术化。在国际思想学术领域设立"一带一路学"，既能重新总结中国与世界交往的历史经验、重新阐释中国与世界互动的发展现状、重新评估中国影响世界的未来前景，更能在决策支撑体系的提升、舆论引导方式的改进、制度性国际话语权的增强和复合型人才培养方式的完善等多个方面,推进中国引导的全球治理进程。

第二,发挥互联网时代的新媒体技术优势,通过多轨道的交流方式塑造"一带一路"区域的国际民意。"一带一路"传播的目标群体不应仅仅是外国政府,更要面向商界群体以及社会大众;在手段和方法上,不应仅仅依靠主流媒体,更该重视 Twitter、Facebook、YouTube 等社交媒体的强大力量。在这方面,笔者曾参与的"中国大V南美行、非洲行"效果不错,在主流媒体影响力和可信任度下降背景下,社交媒体是推进"一带一路"国际民意建设,得"一带一路"民心的重要方式。

第三,紧抓几个重大的文创项目,请一批知名作家、智库学者参与调研,出现更多以小说、畅销书为载体的"一带一路"故事。目前,上百万中国国民在"一带一路"区域艰辛工作,为新时期的中国影响力"开疆拓土"。21 世纪需要有更多像魏巍《谁是最可爱的人》、丁玲《太阳照在桑干河上》等经典的"一带一路"名篇名著。更重要的是,像弗里德曼《世界是平的》畅销全球那样,中国也可鼓励一批中生代的国际畅销家如剑桥大学教授、《丝绸之路》作者弗兰科潘等对中国有客观认识而不只是"献媚中国"且作品有国际穿透力的外国学者参与。他们是"新的国际统一战线"对象,也是宣传动能的新力量。

第四,加强对"一带一路"精细化人才建设,出台"一带一路"版的"千人计划""万人计划",吸引全球各类人才。现在,在"一带一路"沿线国家工作、拿中国护照的中国人超过百万,许多都是熟悉当地文化、语言、投资方法、深厚人脉的难得人才。在各个领域、各个国别派出真正了解当地的专门人才,甚至可以专门设立"专员""特使"、行业和区域协会等职，立足于长远，继续坚定不移地推进"一带一路"倡议的落实与对接。

总之，秉持合作开放的理念，实事求是地阐述共同开发、共担风险的市场化理念，充分发挥智库作用，共同利益终将驱动各国越来越重视与中方的配合和合作。这样，在多方共同努力下，相信 2017 年一定又是"一带一路"进展的丰硕成果之年，"一带一路"之路将会越走越宽。

中美"一带一路"合作，
可从修纽约道路开始*

> 但相比历史上的任何崛起大国，中国的倡议与行动都显得更加和平、包容与富有建设性。中国没输出灾难、没输出战争、没输出难民、没输出冲突，而只是出口了商品、基础设施、贸易、投资，还有上亿的旅游者。这样的大国"温和"崛起，根本不是革命性（revolutionary）崛起，而是维持现状的崛起。在美国，绝大多数学者恐怕都不得不承认，中国是维持二战以来国际秩序的最重要大国力量，如果不是之一的话。

　　2017 年 6 月 22 日，美国总统特朗普会见在华盛顿出席首轮中美外交安全对话的中国国务委员杨洁篪时，首度明确表态美国愿意参与"一带一路"。这是中美关系发展中的重大信号，离不开两国有识之士

* 2017 年 6 月 20—21 日，在中国公共外交协会与中国驻纽约总领馆支持下，在纽约、费城分别与美国对外关系委员会、彭博社、美中关系全国委员会及宾州大学举行了四场关于"一带一路"的专家座谈与研讨会。中国人民大学重阳金融研究院执行院长王文是系列活动的四位中方专家之一，在交流活动中数次进行主旨发言并重点介绍"一带一路"的进展，受到诸多关注。本文根据现场发言录音翻译整理而成。

243

的共同努力，也离不开中美智库此前的多轮沟通。中国人民大学重阳金融研究院（人大重阳）是其中最频繁对美交往的中国智库之一。以下是现场发言正文。

在许多人看来，纽约是全球商业之都，因为纽约在过去一百多年总是能发现世界的投资、贸易与金融机会，并从中得利，进而创造了一个国际大都市的辉煌，甚至是奇迹。

对于中国，过去40年，纽约——尤其是华尔街的风险投资家们——很恰当地发现了改革开放的机遇，通过帮助中国公司融资、上市、并购、再投资等各种方式，获得了丰厚的利润，同时也帮助中国经济发展，创造了共赢共生的局面。那么，下一个40年的中国机遇在哪里？在"一带一路"！纽约只有像发现改革开放那样发现"一带一路"的机遇，才能在21世纪续写20世纪的辉煌。

不过，有一些可惜，在纽约及美国许多媒体与公众舆论中，我明显看到美国舆论高估了中国在"一带一路"上的战略野心，揣测中国企图创造一个新的全球秩序，取代美国二战以来的国际自由秩序。我想，这种看法明显是过虑了，也是错误的。

另一方面，美国舆论也低估了中美在"一带一路"上的合作潜力。中国能为"一带一路"提供资金、劳动力、基建技术等，美国也能为"一带一路"提供区域安全、国际管理经验和软实力等，中美双方在"一带一路"建设中的互助性非常强，美国理应成为"一带一路"的利益攸关方（stake holder），与中国合作，共同获利，也帮助他国获利，进而出现"多赢"的多边主义局面。

当然，美国有复杂声音是正常的。美国一些人对"一带一路"持怀疑态度是能想到的。他们不一定很了解"一带一路"，对其他国家如何评价"一带一路"的真实进展也不太知情。过去三四年，我与同事们去了约 50 个国家调研，看到了世界对中国贡献的期待，也真实感受到世界愿与中国合作的意愿。现在，有 120 多个国家与国际组织纷纷表态支持"一带一路"，40 多个国家与中国签署了共建"一带一路"的备忘录。在 5 月份闭幕的"一带一路"国际合作高峰论坛上，来了 29 个国家的元首，130 多个国家的代表，可谓是二战以来除了联合国大会以外最盛大的国际会议。这些都表明国际社会对"一带一路"的参与热情。

特朗普政府也派了高级代表参加此次论坛。虽然级别不算很高，但特朗普对"一带一路"的态度明显比奥巴马更积极、更主动。两周前，加州州长杰里·布朗访华，受到了习近平主席的接见。布朗表达了积极参加共建"一带一路"的意愿。习主席表示欢迎。这些都表明美国方面的积极变化。

刚才有朋友讲到对"一带一路"地缘政治意图的疑惑及一些像人权、环保和经营透明、法律标准的担心。我承认，"一带一路"进展中当然有一些不如意的地方。要知道，中国有 3 万多家企业在海外，且绝大多数是民营机构，持中国护照在海外的中国人估计超过了 300 万，这么大的一个群体，不可能没有被人诟病的缺点。但是，如果我们只盯着缺点看，或许我们将不可能发现世界上的美。

在我看来，美国方面尤其是纽约的投资家、研究者、社会精英能否看到"一带一路"的机遇，关键在于能否完全接受一个拥有全球战略倡议、视野与政策的崛起中国。中国崛起是真实的，作为第二大全球经济体，可能在未来成为全球第一大，必然会有全球式的行动与倡议。

但相比历史上的任何崛起大国，中国的倡议与行动都显得更加和平、包容与富有建设性。中国没输出灾难、没输出战争、没输出难民、没输出冲突，而只是出口了商品、基础设施、贸易、投资，还有上亿的旅游者。这样的大国"温和"崛起，根本不是革命性（revolutionary）崛起，而是维持现状的崛起。在美国，绝大多数学者恐怕都不得不承认，中国是维持二战以来国际秩序的最重要大国力量，如果不是之一的话。

刚才还有一些美国朋友提到中国在"一带一路"表态上的模糊与摇摆，也问到拉美地区是否属于"一带一路"。的确，过去四年，中国对"一带一路"的理解也在变化中，不断根据推进进程作出调整。比如，开始时，"一带一路"主要是专注亚欧大陆，中国政府的对外表述中常讲"一带一路沿线 65 个国家"，后来，随着全球对"一带一路"欢迎程度越来越高，像拉美、澳大利亚、新西兰、非洲都很希望加入，于是"一带一路"逐渐变成了一个全球倡议。

这正是中国人对全球互动的学习进程，体现了一种"干中学"（learning by doing）的精神。我前段时间写了一篇长文，讲述"中国的世界观不再像过去那样只盯着西方"，而是开始转向全球。历史地看中国，中国从清朝闭关锁国、自以为是全球中心，到新中国刚建立时"一边倒"地在社会主义阵营，再到改革开放初期，中国聚焦与西方合作，最后到现在"一带一路"的提出与推进，这实际上代表着中国人世界观的成长进程。不用历史的眼光看中国，许多时候无法看懂中国。

改革开放的成功可以说是中国"干中学"——或者说"摸着石头过河"精神最好的体现

基于此，有美国朋友也问起，五年以后"一带一路"会怎么样？让我设想一下，我觉得这真的很难。正如 40 年前，谁都想象不到改革开放会让中国产生如此大的变化，4 年前，"一带一路"刚提出时，连习主席自己恐怕都没有想到现在的进展。他多次在公开场合讲过，"进展超过预期"。从这个角度看，或许 5 年后"一带一路"进展也会超过我们现在的预期。

不过，中国人善于五年规划。根据中国政府的公开承诺与规划，有一些数据是非常值得关注的。今年以来，中国多次对外阐述，未来 5 年，中国将进口 8 万亿美元的商品，将向全球投资 7500 亿美元，预计出国旅游的中国人年均达 1.3 亿。纽约的朋友们不妨设想一下，这里有多少商业机遇、投资机遇、盈利机遇？

有美国朋友也提到"风险"，很想知道中国如何驾驭风险？说实在的，这不应该是拥有华尔街的纽约人提出的问题。因为，在华尔街看来，风险不就意味着利润吗？风险越大，利润可能就越大。纽约怎能过于担心风险呢？这可能是句玩笑话，但逻辑是严肃的。

话说回来，中国目前的金融耐心与投资能力许多时候要比美国更大、更强。中国企业许多时候不指望一两年能盈利，而是立足于长远。尤其是基础设施建设，有时需要一二十年的盈利。但基建的提

2017 年 6 月 24 日，王文在纽约宣讲"一带一路"

升，带动周边地价的上涨与老百姓福祉的改善，这个"综合利润"是很值得关注的。

在这方面，中国通常在海外采用"工业园"的模式支撑长期运营。作为全球最大的发展银行，中国国家开发银行的不良贷款率十年来都保持在1%以下，这本身就意味着这一运营模式的成功。现在，中国有一个新词，叫"耐心资本（patience capital）"，讲的就是这个意思。

再说回纽约，我今天往返多个机构交流，颠坏了。纽约的道路沆沆洼洼，我的胃都颠疼了。多少年来都这样，为什么不请中国公司来好好地修一下纽约道路呢？在这方面，中国还是有"道路自信"的。或许，纽约与中国的"一带一路"合作就应从改善纽约的道路开始吧。

"一带一路"提升了中国学者的身价 *

利益是相互给的，中国利益也不是白给的，我们不是来撒钱的，中国也没有这么多钱。你们有不少问题，我们一块合作可以解决，相互获益。现在，一些老外被宠坏了。以为搞"一带一路"，是中国有求于他们，完全误解中国的善意。这是中国目前要警惕的。

今天我刚刚在《人民日报·海外版》发了一整版的文章，《十个亲历故事透析"一带一路"》。上周在北京市委机关刊物《前线》上也发了一篇学术论文《50 国归来看"一带一路"的长远发展》。两篇文章都复印发给大家了，里面有的内容，我就不照本宣科了，而且晓晨给了我任务，只让我讲 30 分钟，我就用三大点感受分享我最关键的"一带一路"调研感受：

第一，"一带一路"提升了中国学者的身价，中国知识与思想实

---

* 在 2017 年 5 月"一带一路"国际合作高峰论坛召开前，中国人民大学重阳金融研究院先后举办了五场预热讲座，分别邀请了外交部前副部长何亚非及知名"一带一路"研究学者王义桅、赵磊、王文和柯银斌，就"一带一路"的方方面面分享了看法。本文根据"40 国宣讲归来看'一带一路'"的实录整理而成。

2015 年 11 月 19 日，王文在土耳其安塔利亚 G20 峰会上与加拿大总理贾斯廷·特鲁多合影

现了输出的状态。

人大重阳国际研究部主任陈晓晨博士也去了好多的国家，我和他是院里出国最多的。贾晋京、相均泳博士刚刚从日本、科威特回来，还有杨清清主任、陈晨晨研究员、程诚博士研究员今年上半年还去了南非、俄罗斯、印度等。近年来，我们院有时候全院会议都很难凑齐人，每个人都在北京的日子不多，因为都受邀请出国，讲述中国故事与"一带一路"。我院高级研究员王义桅也受邀去了几十个国家。粗算一下，院内研究人员在过去三年总计去了近50个国家。

更重要的是，去了那么多国家，多数都是对方掏钱，买机票、衣食住行，基本都是邀请方掏钱。因为"一带一路"，中国学者的身价开始有了。这是过去很少有的。我们每次出去讲"一带一路"，都有许多人来听，有一次在联合国教科文组织，曾有1400多位欧美听众。我一上台，没见过这架势，腿都有点发抖。（笑）所以，中国学者要感恩"一带一路"。"一带一路"让中国思想实现了史上罕见的知识输出。

一周前，菲律宾邀请我去讲述。我时间紧张，但对方说，愿意出商务舱，我都不好意思拒绝啊。（笑）我们这些学者挺可怜的，现在八项规定出国都得经济舱，好不容易有人给你出商务舱，那就去吧。（笑）所以说，中国崛起造就了中国新知识，中国知识的国际普及化造就中国学者的身价。有朝一日中国学者讲课，不只是为拿到一个商务舱机票的待遇而感到兴奋，还能够得到高额的出场费，那中国学者就真的崛起了。（笑）这与金钱无关，而是折射着中国思想的标价。中国学者崛起，代表中国思想和中国知识的崛起，那个时候，中国崛起才算迈过了非常大的软实力门槛。

现在，"一带一路"让中国逐渐成为知识输出国家，外国人想与中国合作，又不知道什么是"一带一路"，于是，我们可以教他们。（笑）"一带一路"倡议之前，基本上是这样的局面：一些外国学者来，中国得承担他们机票，好吃好喝招待着。中国学者去对方，你自己还得掏钱。更糟糕的是，一些有名的西方教授，来中国还要出场费的。比如，那位写《黑天鹅》的塔勒布教授，演讲费高达 12 万美元，而且还要头等舱。许多著名西方教授的市场价都有 5 万—10 万美元左右。这让中国学者汗颜啊！

不过，人大重阳过去在国内办了七场 G20 智库论坛、"一带一路"论坛，邀请了近千位外国学者。绝大多数都是让对方自己掏机票、支付酒店费用，因为中国的重要性，到中国来开会得到有用信息的重要性。现在越来越多在中国举办的国际会议也都这样做，这些都得益于中国崛起的时代，时代造就人大重阳的崛起，实际上造就了中国智库的崛起。

过去四五年，思想产业的中外交流出现了逆转。越来越多的老外想到中国来开会，他们不会再提出要机票的请求。中国学者出去开会，都会提出你买机票，你不买机票我不来了。未来，我相信，迟早有一天，中国学者的身价会越来越高。这是中国身价，说明中国知识是有标价的。这个标价是中国学者劳动的体现。这不是民族主义，而是市场需求，是国际知识与思想市场的需求反映。国际市场决定，"一带一路"造就了一个全球的思想市场，而思想市场推动中国学者的崛起。这是我的第一个观点。

第二，"一带一路"研究缺乏鲜活的中国故事。这个不足是我的自我批判。目前，绝大多数"一带一路"研究是框架性的、理论性的、非叙事性的研究，有大量的空话、虚话。现在据说有 700 多万篇关于"一带一路"的报道文章和相关论文，绝大多数的文章都在用"引领""公共物品""全球治理"等来描述"一带一路"，这并不是错。但没有叙事，都是形容词，就会显得很不足。

我受此启发，自己带个头，讲了十个故事，后来《人民日报》领导看到了，得以刊发。"一带一路"是一门调研出真知的学问，是脚底板下走出来的学问，不是理论到理论、学术到学术、书本到书本、模型到模型的学问。2016 年 2 月我在《人民日报》上发文，主张未来要有"一带一路学"，主张有血有肉的叙事。

我简单讲两个故事。比如，我曾经参与某个国家的双边谈判。文本前面原则性的东西谈得非常快，基本上半个小时就通过了所谓共商、共建、共享等原则性问题，命运共同体、责任共同体、利益共同体通过也非常快。什么卡壳了呢？就是下一步两国对哪些具体项目进行合作的时候，耗了 7 个小时。几乎每一句话、每个项目名，都需要打电话回国核实，结果对方想加进去的 90％ 的项目都做不了。这个经历背后是很复杂的逻辑，中国在全世界来讲是被需求方。中国的投资、中国的贸易、中国的商品、中国的发展经验，确确实实是全世界的需求方，即使对西欧国家来讲，还是被需求方。此前，中国可能还是要悠着点。

我到波兰调研。有一件事如鲠在喉。我到访波兰一家重要智库，一坐定，对方负责人就说，"王文先生，你是今天我们这一周接待的第四批中国智库代表，我知道你肯定来谈'一带一路'，我想问一下，你们'一带一路'能够给我们多少实际利益？"我于是跟他说，"利益是相互给的，中国利益也不是白给的，我们不是来撒钱的，中国也没有这么多钱。你们有不少问题，我们一块合作可以解决，相互获益。"现在，一些老外被宠坏了。以为搞"一带一路"，是中国有求于他们，完全误解中国的善意。这是中国目前要警惕的。

我去拉美调研，与一位中国企业的海外老总谈了三四个小时。这位老总的一句话令我印象深刻，他说，"中国企业不害怕跟任何欧美企业竞争，只要在公开、公平、透明的环境下竞争，中国人有这个能力了。而中国真正优秀的企业愿意遵守这个规则，跟欧美企业竞争，但是很多时候我们害怕的是，跟中国自己的企业竞争。"他说，不只遇到一个现象，中国企业出去以后，跟对方谈完，另一个中国企业就过去再与对方谈，说他们跟你谈的标的，直接降一个点，这就是我们的标的。经常有这样的大项目，最后中标、符合资质的六七个企业全是中国企业，然后中国企业互相掐架，最后损失的是中国品牌和"一带一路"的品牌。好几个场合，我都提倡中国企业的行规，希望把这些行规在国际场合应用，进而更好地让中国纳税人、中国社会和中国国家的品牌得益。

所以我的第二个观点，就是"一带一路"不仅仅是我们提供公共产品，或者我们引导全球治理如此单线条的简单故事。我也不太赞同有的媒体和学者说，美国人开始围堵中国"一带一路"，日本人开始搞破坏，欧洲人不配合，印度人不爱搭理，也不是那么简单。

"一带一路"不是两分法：一方是白，支持你"一带一路"；一方是黑，美国、日本、欧洲好像不太配合。这是不对的，美国、日本也有一些人支持"一带一路"，那些友好国家也有人反对"一带一路"。中国拥抱世界、世界拥抱中国的第二轮开放进程是一个综合、复杂、多元的故事。咱们需要用案例的研究，把它背后的复杂性探索出来。

比如，蒙内铁路 2017 年 5 月底开通，肯尼亚建国 100 多年来修的第一条铁路，是中国人建的。建完了以后还给中国人多年的营运权。比如在科伦坡，有一个深水港，叫汉班托塔港口，80 米深水港挖下去，招商局和中交建建的，也做得不错，三年内利润翻番。在斯里兰卡，70%的基础设施建设都是中国建的；埃塞俄比亚 90%的基础设施建设都是中国人建的。亚的斯亚贝巴机场一出来，看到跟中国二三线城市一模一样的场景，各种各样的工地，条幅拉下来，写着中国某某公司承建。在开罗，苏伊士运河沿红海往南走 50 公里，有一个苏伊士运河中埃泰达合作商贸区，是天津泰达主导建的，现在那里面有大概 60 多家企业，大概有将近 1 万人在那里住着。预计 2030 年这里至少要 50 万人居住。

在坦桑尼亚，从达累斯萨拉姆出发，190 公里，走了 9 个小时，到了一个农业示范园，咱们中国人在那边建了农业示范园，几个重庆农业专家在那边蹲守了许多年，教坦桑尼亚人如何种那个水稻。示范园专门为我们举办一个活动，谁亩产量多，就送谁一个打农药的喷壶。为了来领喷农药的喷壶，很多坦桑人跋山涉水几百公里，走了三天四夜。这些故事讲不完，如果讲我们至少要讲好几个小时。

第三个观点是"一带一路"需要战略耐力。

过去我们常讲，中国过去三四十年，走完了西方国家三四百年现代化的道路。这句话过去我们没有什么质疑的。现在看来，这个话应该更加复杂一点的理解。我们真的走完了吗？我们三四十年真的走完人家三四百年的道路吗？可能物质层面，某些城市、某些区域的确走完了，比如北京、上海很多硬件设施、软件设施，比起纽约、巴黎要先进、要干净多了。但软件可能还有差距，且不说雾霾、生态破坏等方面。

更重要的是，现代化所伴随的国际影响力，中国真的没有走完。我们国际影响力也就是三四十年的效果，肯定比不过西方国家的三四百年，尤其是在亚非拉国家。比如拉美，直接就讲西班牙语、葡萄牙语，你永远不可能三四十年让人家都讲中文，再给我们两三百年也不可能做到。

我们还有许多事情能做，比如在吉布提，中国建了第一个海军基地，还有亚吉铁路也修过去。吉布提那个点濒临曼德海峡，最窄处与阿拉伯半岛只有27公里。西方战略家说，只要控制了吉布提，就控制了红海，控制了红海就能控制阿拉伯海，控制整个印度洋、地中海和大西洋之间的咽喉地带。当然，中国没有那么多的军事目的，我们需要打海盗，保护能源运输等等。不过，就算你有军事考虑，会发现法国人1844年就在那里建军事基地了，100多年了，最精锐部队都驻在那里。20多年前，美国也在那里建军事基地了，连日本都有类军事的基地，都比我们早。当然，我们近年才开始建基地已经很不容易，但实际上我们要做的事情恐怕还要更远。

基于此，我们再横向比较一下，中华民族伟大复兴的前景很好，世界的未来需要中国的智慧，融入中国智慧，世界才会变得更好。光靠美国那点智慧是不行的，美国模式那些智慧太简单、太线性思维了。这很正常，新兴国家一定是基于现有霸权的基础之上而发展起来的。过去几年，中国向美国学习到了许多经验，也吸取了许多教训。

但更长远地看，美国崛起盖过原来的大英帝国，大概经历了 50 年的历程，大概 1894 年前后，美国工业生产总值超过了英国；1897 年前后，美国 GDP 超过了英国；1922 年签订《五国海军条约》的过程，美国的军力和英国持平；1945 年二战以后，美国开始重新塑造世界的贸易、经济和金融体系。从 1894 年前后，美国工业总值超过英国，到了 1945 年美国才开始真正领衔这个世界，走了半个世纪。

如果从这个角度来看，中国 2011 年工业生产总值无可置疑地超过了美国。2014 年前后，据世界银行、IMF，用 PPP 的计算方式认为中国经济总量超过了美国，当然中国不承认这个。按 GDP，2025 年到 2030 年差不多能够超过美国。在军力上，大概比较一下，再给我们三十年左右的时间，中国军力（如果不战争）应能与美国持平。但有一项实力更难，即金融实力，现在人民币国际化率大概只有 3%，美元国际化率大概是 61%，欧元大概 25%。"一带一路"可以加速推进人民币国际化，但与美元的差距仍然很大。

另外还有一个实力落后更远，即文化和思想实力。我设想一下，有没有可能我六七十岁时，到美国讲课，对方付我 10 万美元的身价？（笑）好像比较困难。

再回过头来看"一带一路"，它真不是一年、两年，甚至不是十年、二十年的过程，是一代、两代，甚至更多代的进程。考虑更多战略耐力的过程，再来评价对"一带一路"的一些批判，是不是太浅了？是不是有点像二三十年前认为"深圳、浦东新区必然失败"那样呢？

我们不是说，"一带一路"不能批判，但我们对"一带一路"的批判需要有建设性、需要有更多厚重性，需要有更多的长期性，需要有更多的经得起历史考验性，这样才能使"一带一路"走得更远，走得更加平稳。

这是我主旨发言部分，谢谢大家！

陈晓晨：为节省时间，开放提问，请大家举手示意，自报家门，希望问题简短，有概括性。

提问：非常感谢您的演讲，这几天的演讲对我们启发非常大，我来自政府部门，问一个很简单的问题，在咱们"一带一路"建设过程当中，一直提的是政府搭台，企业先行，到目前为止，您觉得，您和您同事在整个过程当中，政府在什么方面做得很不够，或者很有欠缺的？因为我们在这个过程当中，感觉还是有非常多的难点和不太好的着力点，企业在做，但是企业的主动性和被动性都是有的，看看您觉得从什么角度？

提问：谢谢王老师，我来自大学。我们在"一带一路"过程当中，如何克服或者面临潜在的风险，比如宗教的风险，谢谢！

王文：感谢！这两个问题有难度，因为峰会马上要开了，还是首先要鼓励一下政府，（全场笑）政府整体上还是不错的。中国政府的政策有过不少错误，但绝对是过去四十年犯错误最少的大国政府，要有这个肯定。

行业管理部门，比如金融"一行三会"、发改委、工商管理局等等整体上来讲，也都非常努力。现在看来，还是政治体制改革得不够，能够走到那一步，行业管理部门已经尽到很大的努力了。总的说来，有三点好的、三点不足的。

第一，政府行业管理部门较好地用了中国的国家信用。比如国开行现在是全世界最大的开发银行，资产量超过全世界所有190多个国家开发性银行总和。这是国家信用杠杆功能。

第二，运用国家力量协调和保护国民安全，中国做到了最大的努力。全世界任何一个国家，不会像中国这样，不惜任何代价在利比亚撤侨等工作。每到一个国家去，很亲切的一点是，首先一开机，立刻短信来了，告诉你到这个国家打电话多少钱；第二条短信是外交部门的，告诉你领馆电话号码多少，应该注意什么风俗习惯。有人抹黑中国外交部门，说什么美国人护照后面写着什么类似"你到哪里，美国政府都给你撑腰"，中国护照写着请遵守当地规则。这是不确切的。

第三，行业管理部门整体上还是聚合了一批精英，真正在推动着三四年来中国"一带一路"快速进展。

不足大体也有三点：第一，现在还是政府管得太多，尤其是到海外去，政府做安全保障、整体政策规划方面指引好，其他的就释放企业作为市场主体的灵活性。换句话说，减政放权还不够。以中交建为例，海外业务，仅用了自己企业10%的资源，获得了企业40%的利润。从这个角度来讲，需要在机制上更多地放活，给予在市场制度下更多的激励。

第二，目前行业部门和企业部门之间人才交流还是不够，导致行业管理监管部门很多情况下不了解、不能设身处地了解市场前沿的大量具体东西。

我去某非洲大国调研。2002年该国所有基础设施建设基本上都垄断在德国人手里。2014 年我去的时候，一位基建公司老总仅 39 岁，大概 2002 年 27 岁时，公司派他去该国，他"光杆司令"开设一个公司，现在拥有 2 万多名员工，该国 80％的高速公路、高架几乎都是他一家公司承包。我说，你太了不起了，国家直接给你当个大使，一点问题都没有。（笑）

类似这样的人比比皆是，"一带一路"具有我们中国护照的、在海外居住半年以上的，至少有 100 万人，多数了解当地，会当地语言。"千人计划""万人计划"别老覆盖欧美国家，覆盖一下"一带一路"这些国家，到行业部门、要职部门担一下职，将大大解决"一带一路"过程当中的人才紧缺的问题。

第三，行业监管部门自身的知识储备不够，知识盲区太大。我有一次在某部门，一位青年干部说，今天才知道阿富汗跟中国是接壤的。我说，哥们儿，100 公里左右接壤的！这个知识储备不足状态是令人担忧的。

由此看，关于风险，我分享三个观点：第一，目前谈论风险最多的不是企业家，而是学者。学者在谈论风险，是忧国忧民，但企业家比学者聪明，企业家知道风险在哪里，空谈风险，上来就谈法律风险、宗教风险、民族风险，政府的更迭风险，太泛泛、太浅了。

第二，风险往往跟利润成正比的。风险越大，不是利润更大吗？从商业角度是这么来看的。目前"一带一路"应该鼓励更多的企业家投资，应该鼓励更多的中国国民关注"一带一路"，更多的中国政府部门、行业监管部门因为"一带一路"而自我提升。看看欧美国家当年殖民，多困难啊，一堆人跋山涉水去非洲，跟土著斗争，最后创造了欧美国家三五百年的辉煌。对于欧美来说，他们的前辈们是伟大的。虽然他们的殖民主义是需要批判的，但那种冒险精神值得我们学习。所以我认为，"一带一路"的风险，恰恰是我们中国未来崛起的重大机遇。

第三，最大风险源于我们知识不足，因为我们对"一带一路"陌生，因为我们的无知。陌生产生恐惧，恐惧则滋生风险。中国太需要走向全球了，太需要脚底板下出来的学问，这是我今天跟大家最大的分享点。

"一带一路"与中国走出去的代际效应 *

> "一带一路"的倡议才两三年，但"一带一路"的行动早已开始，呈现了代际的差异。一是，比拼智力的时代真正开始了。"三把刀"是拼苦力；"三建"，是拼体力；"三资"，是拼智力。二是，要有"金融强国"，让对外投资更加精细化。中国要进入"人人懂金融"的时代。三是，要真正睁眼看世界。

非常感谢主办方的邀请，给我这个分享经验的机会。作为一家新型智库，人大重阳的一个重要课题是"一带一路"研究，但与很多研究机构不一样，我们讲求的是"脚底板下做学问"。不过，比刚才张维为教授过去 30 多年走了 100 多个国家少一点，我们在这两三年调研了 40 多个国家，真切地感受到"一带一路"大背景下中国走出去的最新现状与曲折进程。

根据自己的经验，我把近现代化以来的"中国走出去"分为三个时代。

---

* 2016 年 5 月 31 日，第十届中国企业国际融资洽谈会在天津召开。本文是王文在开幕式上的主旨演讲。

从清末民初开始，以广东、福建、浙江及沿海地区的个人、家庭为单位，出于逃荒、做生意、打鱼等种种原因，背井离乡，闯荡世界，向东南亚、美洲、非洲等移民，逐渐拉开了中国走出去 1.0 时代进程，也延续了古代丝绸之路贸易往来、人员往来的近现代化进程。

不过，中国走出去 1.0 时代，主要是靠"三把刀"：菜刀（中餐）、剪刀（缝纫）、剃头刀（理发）。目前海外 5000 万华人大多祖父辈都有"三把刀"或类似的经历。到了后来，"三把刀"的后代通过努力，成了"三师"，即律师、会计师和老师，有的还成了高官。最典型的是，非盟现任主席让·平，他的父亲程志平是温州永嘉人。1933 年去了加蓬，娶了当地部族首领女儿为妻。"平"是姓，教名是"让"，后来曾当过加蓬共和国外交部长，任过联合国大会主席，2008 年当选为非洲联盟主席。另外，还有几任泰国总理、菲律宾总统祖父辈都可以算到"三把刀"一族。"三把刀"的特征延续了很久，反映了中国走出去初期的艰辛。

改革开放以后，一批国有大型企业和有国际视野的民企走出去，开启了"三建"为特征的中国走出去 2.0 进程，即建路（公路、铁路、网路）、建厂（光伏厂、服装厂、炼油厂等）、建站（电站、机站、水电站、火车站）。我去德黑兰调研，目前在建的五条地铁线路，都是中国企业在建；在尼日利亚，中国各大基建公司基本垄断了整个国家的公路、铁路的市场份额。

不过，这个 2.0 时代也不容易，基本算是各个国家最累、最难的基础设施建设活儿，大都是中国人在做。但我们也应为这点而感到骄傲，因为中国走出去 2.0 时代使中国发展模式渐渐获得了全球层面的认同。

随着中国国力提升，中国融入经济全球化的速度在加快，中国资产在海外不断增多，在21世纪初，中国走出去渐渐进入了3.0时代，特征是"三资"。那就是，"资金、资源、资质"。

在资金方面，2015年开始，中国成为净资本输出国，中国对外投资额已超过外国对华投资额。在金融支持方面，银行、证券、基金、保险等各类机构已将"一带一路"视作施展拳脚的机会，均在寻求适合自身特点的投资模式，并提前研判获取收益的时间窗口。

截至2015年6月末，共有11家中资银行在"一带一路"沿线23个国家设立了55家一级分支机构，并开始启动"一带一路"沿线合作的投融资建设；值得称道的是，工行收购了土耳其纺织银行75%的股份。同期的64个"一带一路"国家中，共有21个国家的55家商业银行在华设立了7家子行、17家分行以及41家代表处。以中国金融业为龙头的全交易流程的跨境结算、融资、担保、风险管理等服务正在全速地走出去；针对海外工程建设的各项出口产品责任保险在推进，证券业的开放与跨境服务在拉开；亚洲债券市场的开放也在起步；等等。

在资源方面，2011年中国能源消费量已超过美国，成为全球最大的能源消费国。中国走出去大量地购买矿石、油田。可惜，中国没有国际大宗商品定价权。

在资质方面，就是中国逐渐在金融服务、建筑投标、承揽工程等渐渐开始制定自己的标准。

三个结论：

"一带一路"的倡议才两三年，但"一带一路"的行动早已开始，呈现了代际的差异。

一是，比拼智力的时代真正开始了。"三把刀"是拼苦力；"三建"，是拼体力；"三资"，是拼智力。

二是，要有"金融强国"，让对外投资更加精细化。中国要进入"人人懂金融"的时代。

三是，要真正睁眼看世界。真正去了解世界的规则，要以市场为资源配置的标准。

让绿色金融助力中国发展 *

> 绿色金融工具在"一带一路"地区的推广和普及，将是对金融机构国际投融资策略的一次重大提醒，让金融机构不仅应该满足当地某些社会群体的短期需要，而且要顾及该地区长期发展的需要。
>
> 中国在绿色金融领域的领导力，要通过自己的金融机构，特别是牵头推动的亚洲基础设施投资银行、新开发银行等国际多边开发性金融机构，借鉴"赤道原则"等国际标准，在"一带一路"中创建一套适用、高效、先进的绿色金融标准，将国内外对"一带一路"的投融资引导到对生态环境更为友好的绿色产业上来。

感谢华中科技大学国家治理研究院的信任与支持，让人大重阳成为这场重要研讨会的合办单位。这些年，人大重阳倾全院之力推进的 G20、"一带一路"和绿色金融项目，正好与今天主题的密切相关。在 G20 领域，人大重阳是 2016 年中国 G20 峰会的共同牵头智库；在"一带一路"研究上，人大重阳调研了 30 多个国家、上百个国内县市。就在几周前，在西安刚刚结束的规模盛大、层次很高的"一带一

---

* 2016 年 11 月 12 日，第二届"全球治理·东湖论坛"在武汉东湖宾馆开幕，本次论坛的主题是"绿色发展与全球治理"。本文是王文作为开幕式嘉宾的演讲。

路"国际研讨会，中共中央政治局委员、中宣部部长刘奇葆先生做了重要讲话，而重阳金融研究院牵头组织，中国人民大学公布了全球唯一一份《"一带一路"三周年进展》报告，引起了国际社会的广泛关注。在绿色金融研究上，人大重阳也有幸成了中国金融学会绿色金融专业委员会的秘书处机构。

所以，今天我要特别感谢华中科技大学能给我一个介绍绿色金融发展的机会。在经历了业内普遍认定"中国绿色金融发展元年"的2015年之后，"绿色金融"在2016年再次面临着重大的发展机遇：伴随"一带一路"倡议的进一步深化和落实，"绿色金融"理应成为对外战略的"润滑剂"，改善国家形象，提升中国国家话语权，助力中国可持续发展，推进全球治理，最终为实现中华民族伟大复兴贡献实质性的推动力量。

绿色金融的迅猛发展，为中国崛起提供"弯道超车"的可能

2015年4月，在先前绿色金融小组的基础上，在中国人民银行的领导下，中国金融学会绿色金融专业委员会成立，成为中国历史上首个以绿色金融为主题的行业指导机构。截至2016年4月底，成员单位扩大到140家，成员单位中的金融机构所管理的金融资产余额135万亿元人民币，占中国全部金融资产的65%左右。诸多研究项目如环境效益评估、环境压力测试、自然资本估值、绿色股票指数、绿色债券评级等都取得了可喜的进展。

决策层与行业界的集体发力，使绿色金融在国内外都显示出了

崛起大国的后发优势。2015 年秋季，习近平主席先后访问美国、英国，绿色金融均是双边合作的重要成果。2016 年，在中国二十国集团（G20）峰会筹备期，在中国与英国主持下，专门成立了 G20 绿色金融研究小组，通过四次会议讨论，最终原则通过了《G20 绿色金融综合报告》。绿色金融相关内容在 2016 年 9 月也正式写入《G20 领导人公报》中。

2013 年，中国提出"一带一路"倡议，同样也需要从"绿色金融"的发展中吸取经验。目前，"一带一路"正在成为中国最重要的对外战略，旨在新时期统筹陆海开放、协调东西开放，深化与丝绸之路沿线国家在经贸、人文、科技、生态等多领域的合作交流，进一步推动中国可持续发展。

"一带一路"作为新形势下中国向全球提供的重要公共产品，如果能与"绿色金融"更紧密地结合起来，不只有助于落实此前"推进美丽中国建设，为全球生态安全作出新贡献"的发展战略，更将体现出中国日益上升的领导力和国际贡献，推动改善全球的投资质量，为复苏全球经济、应对气候变化发挥积极的作用，最终塑造中国在绿色发展方面的负责任大国形象，为后发国家"弯道超车"增加了概率。

"一带一路"进展需要绿色金融

目前超过 70 个国家参与支持"一带一路"倡议。虽然"一带一路"战略希望加强与沿线各国的政策沟通、设施联通、贸易畅通、资金融通、民心相通"五通"，但对生态保护的关注往往成为"通"的显性顾虑，也对可持续发展提出严峻的挑战。

近现代以来，许多"一带一路"沿线国家受资源禀赋、产业分工、地缘政治等因素制约，在现代化进程中明显落伍。陆上丝绸之路所经过的欧亚大陆，主要是中国和欧洲之间的内陆亚洲地区，其地理特征是气候异常干燥，降雨量极其稀少，土地荒漠化问题十分严重。我国西部三分之一是沙漠，新疆沙化率达到64.34%。沿线的中东、中亚等地区，荒漠化也日益加剧。例如，哈萨克斯坦66%的土地在逐步退化，近1.8万亿公顷土地沙漠化，其面积在中亚国家中高居首位。海上丝绸之路则面临严峻的气候变暖风险。

同时，"一带一路"沿线国家基础设施落后、产业发展滞后、对外开放程度不高、社会发展水平较低，虽加快经济社会发展、实现国家现代化的愿望十分迫切，但如何运用政策工具做到生态保护与经济发展的平衡，仍然是一大难题。一些国家也因为水资源短缺问题，进而产生了水安全问题、粮食安全问题以及国家安全问题，形成了尖锐的矛盾。据世界银行统计，2012年，沿线国家人均国民总收入尚不到世界平均水平的一半，多数属于低收入国家，还有9个最不发达国家。2013年，跨国政府气候变迁项目小组（IPCC）的一份气候变迁研究报告明确指出，如果温室气体持续排放，在21世纪结束前，海平面或将升高将近1米，将会危及许多沿海地区与海岛国家。

生态脆弱严重威胁"一带一路"人民的生存、发展和安全，也将影响到"一带一路"倡议的顺利推进。要想让"一带一路"区域真正走上可持续发展道路，关键是要让金融活动充分考虑对生态环境的潜在影响，把与生态环境相关的（潜在）成本、收益、风险、回报等因素纳入相应的投融资决策中，通过对经济资源的引导，促进经济、社会、生态的可持续发展，简而言之，即不能让绿色金融缺位。

作为一种市场化的制度安排，绿色金融可以通过多种金融工具和交易方式，发挥金融杠杆作用，提供与"一带一路"战略相匹配的绿色金融供给，积极发展绿色经济，在促进经济发展的同时改善相关国家的生态环境，推动可持续发展。例如，中国农业银行在2015年10月在伦敦证券交易所成功发行上市首单10亿美元等值的绿色债券，募集资金投放于按国际通行的《绿色债券原则》（GBP）并经有资质的第三方认证机构审定的绿色项目，覆盖清洁能源、生物发电、城镇垃圾及污水处理等多个领域。这是"一带一路"国家的金融机构共同合作，支持绿色产业、联合应对气候变化方面所做出的一项典型案例。

另一方面，在绿色金融相关的环境和社会风险管控政策尚未落地之前，需要让那些"一带一路"沿线国家在经济发展中遇到工业化进程和全球产业转移带来的生态破坏、环境污染等多种问题时，逐渐产生推动经济转型、走绿色发展之路的意识。

如果中国能够让绿色金融融入"一带一路"的建设中，采用金融手段优化配置资源，引导更多的金融资源投向绿色产业，控制并减少污染型投资，健全关于环境、社会和治理（统称为ESG）方面的一系列标准、指引和操作流程，督促相关金融机构有效地识别、计量、监测、控制投融资活动中的环境和社会风险，在投资项目的具体运作中以绿色金融政策落地为抓手，那么，当地国家赖以生存的生态系统，可能由于投资方向和风险管理失误产生负面的环境影响，有时会引起抗议、暴力冲突甚至死亡等事件的可能性将会大大降低。

从这个角度看，绿色金融将会大大润滑"一带一路"的推进进程，让投资项目的运营尽量减少由于生态破坏产生的不可控性和不必要的严重的经济损失，也将减少给来自于中国的投资项目和投资者带来潜在的不利影响。

另外，绿色金融工具在"一带一路"地区的推广和普及，将是对金融机构国际投融资策略的一次重大提醒，让金融机构不仅应该满足当地某些社会群体的短期需要，而且要顾及该地区长期发展的需要。比如，亚洲基础设施投资银行的投资方向之一是生态环保等项目建设。有理由相信，丝路基金和亚洲基础设施投资银行在未来的投资决策中将践行绿色金融理念，在相关投融资中高度重视环境和社会风险管理。

如何在"一带一路"推行绿色金融

"一带一路"沿线大量地区的生态环境十分脆弱，同时，许多国家仍处于工业化、城镇化快速发展阶段，投资增长率很高。2016 年1—5 月，中国境内投资者对"一带一路"相关的 49 个国家非金融类直接投资 56.3 亿美元，同比增长 15.8%，占同期总额的 7.7%。中国在绿色金融领域的领导力，要通过自己的金融机构，特别是牵头推动的亚洲基础设施投资银行、新开发银行等国际多边开发性金融机构，借鉴"赤道原则"等国际标准，在"一带一路"中创建一套适用、高效、先进的绿色金融标准，将国内外对"一带一路"的投融资引导到对生态环境更为友好的绿色产业上来。

生态环境是人类安身立命和经济发展的物质基础，必须得到保护和改善。"一带一路"推进进程应着力构建绿色金融体系、开发绿色金融产品和服务，推进沿线各国生态环保领域的协调协作，共同推进节能减排、开发清洁能源、发展节水农业、开展联合科考和资源勘探等方面的合作，深化跨界河流水资源开发利用、生物多样性保护、海洋生态监测、极端气候预报等方面的协调，共同保护人类美好家园。具体来看，以下几点显得尤为重要。

第一，要建立信息披露制度，增加跨国金融机构与相关企业的环保意识与社会责任感，尤其要让已被全球近 90 家主要金融机构所接受的"赤道原则"成为金融机构环境和社会风险管理的借鉴依据，让绿色环境法规和绿色信贷指引成为各地投融资的重要支撑，鼓励对外投资和企业积极探索绿色债券，提高中长期绿色项目的融资可获得性。

第二，要重点支持生态友好型的绿色产业。"一带一路"沿线，太阳能、风能、生物质能等新能源丰富，传统能源富集，土地辽阔而人口稀少，具有发展绿色生态产业无可比拟的地理和资源优势，也意味着沿线国家和地区具有发展绿色经济的良好机遇。绿色金融要重点支持沿线的清洁能源、生态修复、环境治理、生态农业、绿色建筑和绿色交通等绿色项目，将社会资金引导到绿色产业上来。

第三，要大力发展多方共赢的 PPP 模式。由于绿色产业的长周期、低收益特点，以及生态环境的政府代表所有特征，绿色金融"一带一路"的开展要注重与当地政府的合作，以 PPP 作为绿色项目的重要融资和实施模式，获取当地政府的资金、信用支持，促进当地政府与绿色项目的投资者和经营者相互协调，巩固项目的环境风险管理和现金流管理。

第四，要创新投融资模式，吸引多方资本投入"一带一路"的绿色产业发展。推动亚洲基础设施银行、丝路基金等机构设立专门的绿色金融事业部，鼓励发展沿线绿色产业基金，制定高标准的多边环境风险管理指引；组织推动沿线的生态资源和服务交易，如专业化的节能服务、环境治理服务交易、碳金融，降低沿线绿色资本、绿色企业的准入门槛，建立沿线绿色投资者网络等，引导沿线各类资本加大对绿色产业的投入力度，创造绿色就业，发展绿色经济，推动沿线地区改善生态环境，提升应对气候变化的能力。

第五，要创建一套适用、高效、先进的绿色金融新标准。不少"一带一路"沿线国家要求绿色发展、保护环境，制定了非常明确的环境保护国家战略和目标，一些国家的环境标准、法律法规甚至高于我国，比如俄罗斯的饮用水标准、大湄公河次区域一些国家的水体重金属标准均严于我国。"一带一路"建设要有符合国际规范的、高水平的绿色金融标准，才能给东道国和投资国带来双赢，才能促进"一带一路"倡议持续、高效的发展和实施。

第六，要做好相关绿色项目选择和环境尽职调查。强化风险管控、确保资金安全是"一带一路"中绿色金融生存与发展的基础和保障。先期通过在经贸合作关系基础好、有条件的国家开展有关绿色项目，可秉持开放性、多元化的原则，采取先易后难、灵活多样的方式，实现绿色投资便利化、降低绿色投资成本和风险。对于投资项目，在尽职调查中结合当地的环境监管要求，纳入环境风险评估，筑牢环境风险的屏障，实现稳起步再加强，逐步推动绿色金融向更高水平发展。

10 个亲历故事透析"一带一路" *

"一带一路"追求合作不是中国无偿让利，而是共赢。对方要赢，中国也要赢。全球面临着经济增长长期低迷、贸易增长萎靡不振、各国基础设施落后的困局，中国改革开放以来的成功发展经验有助于世界的未来，越来越多国家主动寻求对华合作。因此，对外合作，也需要自信。这应是未来"一带一路"进程的重要规则。

"一带一路"3 年多来到底取得怎样的进展，已成为国内外舆论极度关注的焦点议题。大量报道与学术研究习惯用宏大形容词与不同数据概括，却往往忽视那些有血有肉"一带一路"故事背后的多面性。笔者与所在机构同事曾去过 40 多个国家宣讲、对话与参会，写过一些理论阐述与综合文章，这次想用 10 段简短的亲历故事透析"一带一路"进程中的复杂与不易。

---

* 本文整版刊载于 2017 年 5 月 10 日《人民日报·海外版》。

防范"大包大揽"

故事 1：在某区域大国的双边《共建备忘录》谈判桌，笔者作为中方三位文本谈判代表一度如坐针毡。文本中原则性的问题，谈得相当快，但僵局陷在具体重大项目上。对方急切借"一带一路"重大契机发展本国经济，把国内许多重大项目都往《共建备忘录》里塞，中方谈判人员不得不就每个新增项目临时打电话回京，寻求相关机构帮助。

这次谈判提醒我们，不仅要为"一带一路"目前得到全球多数国家的支持而喜悦，也要防范一些国家的过高期待以及项目合作中的"大包大揽"。前三年，"一带一路"为了更快地推进与国外的合作，与 40 多个国家签署相关合作备忘录，赢得了 100 多个国家与国际组织的公开支持，做大做强"一带一路"的全球影响力，进而推进中国下一轮开放势头，这是无可厚非的。

下一步中国需要防范"贪多嚼不烂"，虽然还要努力做大项目、签大协议、寻求大国支持，但也要从小处着手，完善小细节，严防小纰漏，注重小条款。毕竟，"一带一路"已经取得阶段性重大进展，接下来要进入"精耕细作"期。

继续戒骄戒躁

故事 2：在肯尼亚，笔者调研该国 100 年来第一条铁路：从最大港口蒙巴萨到首都内罗毕的蒙内铁路。这条铁路完全由中国企业承

建。所接触到的当地官员、民众都对中国感激不尽，也对中国系统的
运营前景充满信心，给了中国企业未来多年的运营权，希望中国能够
"传帮带"，以便实现肯尼亚经济的可持续性自主发展。但令人诧异的
是，某国的公司在铁路沿线投资了公路及相关基础设施，意在对蒙内
铁路展开营运竞争。

这个项目警示我们，在经历千辛万苦而取得"一带一路"许多重
大项目突破性进展之后，更要继续戒骄戒躁。中国企业以物美价廉、
合作共赢等方法与西方企业在全球市场分蛋糕、做蛋糕，体现了不断
提升的中国软实力，但同样引起了西方企业的警觉、竞争甚至是市场
的反扑。

走到一个新的国家，拿下一些大项目，如同"打天下"，但"打
天下容易，守天下难"。中国崛起之路注定是不平坦的，中国企业在
全球崛起之路同样不容易，而"一带一路"的推进进程必将是不平坦
之路的集中折射。

企业借机"凤凰涅槃"

故事 3 ：义乌是"一带一路"贸易领域的重要支点城市。这些年
义乌对外贸易连续多年以两位数增长，2015 年更是实现了进出口总
额增长 41.5%，这在全球贸易多年平均增长仅 3% 左右的大背景下，
无疑是巨大的亮点。当地官员与商户告诉笔者，义乌批发的小商品物
美价廉，不同于欧美奢侈品牌，很对"一带一路"发展中国家的胃口。
两年前，"义新欧"班列开通，目前已来回数百趟，在义乌小商品城

专门开设了"进口馆",足不出户就能一手购买到数十个国家的商品,义乌实实在在受益于"一带一路"。

这个典型案例反映了"一带一路"的务实性。诸多地方企业尤其是数以千万计的中小企业主,主流想法都是想图"变",希望在未来能借"一带一路",审时度势,实现企业的"凤凰涅槃",此时,各级政府如何全面深化改革,提供优惠政策,创造条件,帮助诸多中小企业顺利转型升级,是不得不面对的重大责任。

不是无偿让利,而是共赢

故事 4：2015 年笔者在波兰某重要智库调研。刚落座,对方就调侃,"您是本周我们接待的第四批中国代表团了,相信也是来谈'一带一路'的。我们就想问一个问题：中国到底能给波兰什么实际利益?"此后的谈话中,对方还反复问及中国带来的务实利益。

这段回忆至今如鲠在喉。当下,"一带一路"研究与对外交往多是强调给对方带来利益,生怕对方不愿合作,这代表着中国走向世界进程的诚意与善意。但必须注意,类似的善意、诚意有时也会助长一些偏见,误以为中国主动送上门的合作意愿,意味着中国有求于他们。事实往往相反,中国"走出去"是相互需求的结果,不是谁求谁,更多时候,中国是合作的"甲方"。

"一带一路"追求合作不是中国无偿让利,而是共赢。对方要赢,中国也要赢。全球面临着经济增长长期低迷、贸易增长萎靡不振、各国基础设施落后的困局,中国改革开放以来的成功发展经验有助于世界的未来，越来越多国家主动寻求对华合作。因此，对外合作，也需要自信。这应是未来"一带一路"进程的重要规则。

完善"走出去"的规则

故事 5：在拉美某大国调研时，笔者与一位国企老总交谈，问他最大的竞争对手是谁？他没有指涉美国、日本或欧洲公司，而是谈到同行业的某些中国公司，还列述了一些项目竞标过程中中国公司竞相压价的难堪与尴尬。他的另一句话更加令我瞠目，"中国企业不怕与任何发达国家在海外竞争，但很害怕与国内企业在竞争。"他暗示，国内企业有时会出现竞相压价、不守规则的现象。

这类竞争状况当然是中国企业"走出去"的市场化表现，但也折射了"一带一路"大背景下一些企业蜂拥而出，以"占领市场份额"为唯一战略目标的盲目扩张性。完善现代企业管理制度，强化企业"走出去"进程的行业管理与规则制订，提升中国企业的品牌，打造"百年老店"式的企业，目前看来越来越变成了"一带一路"当务之急。

对外传播需供给侧改革

故事 6：在奥地利萨尔茨堡，笔者曾给来自中欧各国上百位企业家、商会负责人与政府官员宣讲"一带一路"。课后，副州长感叹道，没想到近两小时的课程，下面竟如此鸦雀无声地听讲，他们太渴求知道"一带一路"的真实故事与实际情况了。一些企业家的问题显得非常基础，比如，"一带一路"倡议提出的过程，"一带一路"倡议中到底有哪些内容，中国"一带一路"倡议到底会持续多久，等等。这些问题都反映了中国的思想供给还远远未跟上。

类似经历，许多出国调研的学者都曾遇到过，这使中国的对外传播工作压力倍增。笔者在数十个国家宣讲"一带一路"，遇到更多的问题不是听众的刁难，而是一些"一带一路"的基础知识。这些年，国内已有数百万篇的"一带一路"新闻报道，但外语传播的有效性、广泛性仍不够，如何借助新媒体、新技术更多深入人心地传播中国信息，借助电影、文学等脍炙人口的方式讲好"一带一路"故事，传播好中国故事，涉及话语体系、传播机制、运营人才等对外传播方面更深化的供给侧改革，可谓任重道远。

完善心理地缘观

故事 7：在哈萨克斯坦首都阿斯塔纳，几位当地学者感叹道："一带一路"令中哈两国走近，但许多哈萨克斯坦人在社会心理上仍觉得与欧洲国家更近。事实上，哈萨克斯坦最大城市阿拉木图飞到乌鲁木齐仅需 1 小时。笔者曾问过一个研究生班的学生，有谁能说出"中亚五国"的首都？结果没有任何一位同学能立刻答出。

这种反差是对中国社会心理的重大告诫。对于多数中国人而言，国外通常指的是欧美日韩等发达国家，却忽视了多数邻国尤其是中亚国家的存在。"一带一路"国家在中国社会的心理中是一个巨大的盲区，是中国人的全球观失衡的重要表现。目前，越来越多国家对华签证采取免签、落地签的方式，这是调适民族心理的重要基础。中国舆论不妨多建议普通民众，多加强与邻国的互动，多到"一带一路"国家走走看看，完善中国人心理的地缘观。这也是一项"一带一路"民心相通领域的重大工作。

资金融通开始发力

故事 8：这些年，笔者在泰国、马来西亚等个别城市商场、景点能直接花人民币，有的商家甚至还用人民币标价。在春节期间，泰国曼谷与北京的航班数量竟超过了"中国航班最忙碌"的京沪线。"一带一路"民心相通在东南亚有极大的优势，使得资金融通领域也水涨船高。不只是在东南亚国家，笔者在埃及、埃塞俄比亚等国的一些著名景点，发现几乎所有当地人都会用"你好""谢谢"与中国人打招呼。

这种交易仅仅是开始。中国虽已与 23 个国家实现了货币的直接交易，但仅有 8 个来自"一带一路"沿线国家。以"资金融通"为目标的金融合作，是"一带一路"倡议核心内容"五通"中必不可少的部分，发挥着人体血液般的作用，保证"一带一路"的经济运行稳定。

不过，相比于政策沟通、设施联通、贸易畅通、民心相通，目前看来，资金融通在"一带一路"的"五通"中刚刚开始发力，推进人民币国际化，便利贸易和投资，让金融合作成为"一带一路"新引擎，这应是可预见的期待。

化解大国纠结

故事 9：2016 年夏天，印度孟买曾举行规模盛大的全球智库会议，全球治理是讨论重点，提及基础设施建设时，一些印度学者都推崇中国的贡献。一位出租车司机告诉笔者，"很想去中国。中国比印度富，但印度未来也会越来越好。"另一位贫民窟里的印度教徒说，我们也有梦想，就像电影《贫民窟里的百万富翁》那样。不过，一旦谈起"一带一路"，他们就显得有些拘谨。对于中巴经济走廊、孟中印缅经济走廊，多数印度智库都有各自的想法，使得"一带一路"南亚段的进程变得复杂。

这种纠结是一些区域大国的典型体现，包括德国、土耳其等区域大国也有部分学者存在类似纠结。一方面他们希望与中国合作，搭中国的经济增长便车，学习中国的发展经验，向中国取经，与此同时，他们也焦虑于中国在地缘政治上的影响力日益增强，怕中国过于压制本国在本区域的影响力。事实上，"一带一路"不是零和博弈，共赢价值观，共商共建共享的原则，如何深入全球人心，在区域大国显得尤其迫切。

推进全球新进程

故事 10：2016 年 4 月 18 日，笔者所在机构与美国著名智库 CSIS 共同举办了"中美'一带一路'智库对话"，据说这是在华盛顿第一次举行的"一带一路"主题中美对话，上百位官员、学者与相关

在中国中小企业全球发展论坛上做主旨演讲

人士听取了对话会的新闻发布。一位官员说,为何会有这次对话,因为美国开始严肃地思考"一带一路"。1 年多来,笔者还曾两次去美国国务院宣讲"一带一路",都有数位执行层面的中层官员问询"一带一路"的逻辑。他们不是完全排斥"一带一路",而是想急切了解"一带一路"的真实情况。

这些反馈在近期中美交往中得到了更多印证。从近年来数十份美国公开智库报告上看出,美国政府尤其是特朗普总统执政以来,对"一带一路"的看法有松动。2017 年 4 月初"习特会"上,习近平主席表示欢迎美国加入"一带一路"。这是中国主动向美国伸出"一带一路"橄榄枝,获得了美国的积极回应。可以预见,中美在"一带一路"展开重大合作的可能性更是越来越大,而这将进一步推进"一带一路"的全球新进程。

第六章

别对中国经济太悲观

中国正迈进最伟大的财经时代 *

> "中国制造2025"缔造着一个伟大的财经时代的国内基础,"一带一路"创造着一个伟大的财经时代的外部环境。
> 这个"伟大"恐怕还要加一个"前缀",那就是"最伟大",因为中国5000年的文明史从来没有像现在这样,如此巨大地在全世界的每一个角度创造着中国的影响力,而且影响力也在呈现几何式的增长。

2015年注定要以一个特殊的含义记载进中国历史,甚至写进世界历史。这种伟大的含义,现在的人们不得而知,未来一段时间的人们也未必知晓。但总有睿智、精致的历史学家们会发现2015年的伟大意义。

就像黄仁宇发现了万历十五年(1587年),那一年,中国人缺乏数字管理的毛病被暴露无遗,一些小事件使中国正式进入了数百年的衰退;或者就像现在越来越多的国际关系学家看到了1896年的真正意义。1894年,美国的工业生产总值、GDP都超过了英国,同样是

---

* 2015年7月22日,一年一度的中国财经峰会在北京举行,王文应邀参加会议并发表主旨演讲。

这一年，美国人亨利·福特制造出了他的第一辆四轮汽车。与此同时，许多国家都开始建立汽车工业。随后，以内燃机为动力的内燃机车、远洋轮船、飞机等也不断涌现出来。美国成就了后来的百年霸业。

那么，2015 年又有什么事件呢？

2015 年，中国提出了"中国制造 2025"。这是中国实施制造强国战略第一个十年的行动纲领，把我国建设成为引领世界制造业发展的制造强国，中国版的"工业 4.0"规划。也就是说，中国在过去半个多世纪，真正从机械化度过自动化，跨过电子化，正式向智能化的第四代工业体系迈进。这就像一个人的躯体，不能肉乎乎堆起来的虚胖，还要有健康的心肝脾肾。制造业就是一个国家的心肝脾肾，千万不要轻视这一点，因为许多中等强国尚未建成完整的制造工业体系。

2015 年，中国"一带一路"正式进入到实施期。年初，"一带一路"领导小组正式宣布成立，3 月 28 日"一带一路"愿景与行动正式公布。4 月份习近平访问巴基斯坦，签订了对巴基斯坦的 460 亿美元投资合作。现在几乎每一个省市、每一个部委都有关于"一带一路"的方案。现在有人说，"一带一路"可能有风险，或许是一个亏本的形象工程。这种担心的本意可能是好的，但是却没有战略的考量，小瞧了咱们国家领导人的雄心。

1946 年"马歇尔计划"，美国花了 130 亿美金，占当年美国GDP 的 5%，用美国价值观重新塑造了欧洲的工业与金融体系。20世纪 80 年代初，"黑字还流"计划，日本花了 600 亿美金，也占本国 5% 的 GDP，彻彻底底抹去了东南亚国家对二战惨痛的历史记忆。

"一带一路"不是"马歇尔计划",也非日本能比。但如果中国对外资金合作规划也占 GDP 的 5%,那就是 5000 亿美元。现在还很远。

"一带一路"倡议,就是通过对公路、铁路、电网、互联网等基础设施的互联互通,让中国的设备、产品,更重要的,还有资本走出去。要知道,2015 年开始,中国正式成为"资本的净出口大国",对外投资已全面超过外国对中国的投资。久而久之,中国思想、软实力也将走出去。

所以,我的意思是"中国制造 2025"缔造着一个伟大的财经时代的国内基础,"一带一路"创造着一个伟大的财经时代的外部环境。

我个人认为,这个"伟大"恐怕还要加一个"前缀",那就是"最伟大",因为中国 5000 年的文明史从来没有像现在这样,如此巨大地在全世界的每一个角度创造着中国的影响力,而且影响力也在呈现几何式的增长。

从每个人的角度上看,这个最伟大时代的到来,意味着最好的时代。因为"互联网 +"创造了无穷的财富,过去 5 年,中国千万富翁的产生速度是欧美国家的 3 倍,全球财富正向中国集聚。

当然,这也意味着坏的时代,因为我们中的许多人贪婪,同时又充满恐惧,所以,在过去的一个月里,因为这场突如其来却又充满必然性的股市震荡,让 3 万个 500 万元的账户消失,让 25 万个 200 万—500 万元的账户消灭,这与互联网时代的躁动、浮夸、狂热息息相关。

上周中央公布了《关于促进互联网金融健康发展的指导意见》,以法律形式明确了监管部门职责与责任,也规定了监管边界和风险底线，整个行业迎来了规范化、法律化的监管时代，有效地控制了人性中对行业野蛮生长的贪婪，以及对行业不确定性的恐惧。

所以，我的结论是，让我们拥护这个伟大的、以互联网为基础的财经时代吧，但是要抑制住咱们的贪婪与恐惧这两个人性中最本质的弱点，这样，我们的人生也将迎来伟大时代中的伟大人生。

改革的最大风险是害怕风险 *

对企业家来讲，更多的是，需要为他们发现机遇。企业家本身就是风险偏好最高的人群，在当下悲观主义盛行的中国，发现机遇远比逃避风险更迫切。

可惜，谈风险，似乎比讲机遇更受人关注。党的十八大以前的 10 年，恐怕是能称为"最害怕风险的十年"，进而造成了现在的风险频生。害怕风险，事实是当下改革的最大风险。越怕风险的改革，改革越不能成功。

感谢主办方的邀请，让我来谈"互联网金融与个人投资风险防范"。不过，在我看来，这个话题既时尚又有所落伍，既有现实针对性又有所脱离现实。请原谅啊，智库学者一般不只是拣好话来说。

为什么说"既时尚又有所落伍"？在过去一两年，在北京、上海、广州、深圳，至少开过 1000 场以上相似主题的会议，人大重阳研究院的高级研究员黄震，仅用了几个星期时间，就创建了"互联网金融

---

* 本文是 2015 年 6 月 5 日王文在"互联网金融与个人投资风险防范"高峰论坛（武汉）上的主旨发言。

千人会"，去年第一次会议就爆满，远远多于 1000 人参加。可见这个话题有多重要性，现在谈的确是恰如其分。

但落伍又从何说起呢？套用北京学界的说法，2013 年是"互联网金融元年"；2014 年是"互联网金融监管年"，那 2015 年呢？好像"互联网金融"已从最热门的高峰走下来了。现在，最流行的已不只是支付宝、P2P、众筹等"支付、理财、信贷＋互联网"的社会运行模式了，而是"一切社会功能＋互联网"的模式。这就是 2015 年政府工作报告中讲到的"互联网＋"的概念。而互联网金融只是"互联网＋"社会新常态下的一种，除此之外，还有电子政务、电子商务、电子支付、在线教育、在线旅游、云计算、大数据、网络安全、物联网、车联网、移动医疗、云平台，等等，许多甚至更流行。

为什么说"既有针对性又有所脱离现实"呢？今天有政府金融监管层的主要官员在场，制定政策、防范风险，是决策者对社会服务的一种责任，过去一两年，有许多学者很关注风险防范话题，初衷也在于此。但另一方面，今天在场有上百家企业老总。其实，企业家比学者、官员更知道风险防范、更知道规避风险。

2014 年，我到阿里巴巴调研。一位核心圈的高管说的一句话令我印象深刻。他说，现在那么多人都在谈论互联网金融的风险，为阿里巴巴的支付宝、淘宝担心。其实，我们比任何人更担心风险。如果真要有大风险，上亿淘宝、支付宝用户都会把马云、把我们宰了。所以，对企业家来讲，更多的是，需要为他们发现机遇。企业家本身就是风险偏好最高的人群，在当下悲观主义盛行的中国，发现机遇远比逃避风险更迫切。

可惜，谈风险，似乎比讲机遇更受人关注。党的十八大以前的10年，恐怕是能称为"最害怕风险的十年"，进而造成了现在的风险频生。比如，这十年，债券市场鲜有一例违约现象，许多项目借贷者根本就没想过还银行钱，反正有政府兜底，这还能叫债券市场吗？2008年美国金融危机刚爆发时，生怕中国会受波及，紧急情况下，采取刺激政策，4万亿的消极后果现在还没有完全消化。所以，害怕风险，事实是当下改革的最大风险。

越怕风险的改革，改革越不能成功。从这个角度看，证监会有一个被人所忽视的贡献，就在于教会了中国老百姓，股市有风险，金融有风险，凡事要谨慎。

其实，纵向比较，我们会发现，中国的机遇与潜力仍然非常大。中国目前的消费贡献率约50%，但发达国家达到70%；中国城镇化率粗放地估算约50%，但发达国家为80%。

想一想过去一二十年害怕国内风险进而出国的人，他们基本上都亏了。有一个笑话讲，有人1999年把北京二环内的房子卖了，在美国打工15年，赚了100万美元，结果当年卖掉的那个小套房子竟值700万元人民币。这应该是真事。

目前中国银行不良贷款率约1.5%，但20世纪90年代末一度都到了20%左右。中国的地方债务约40%，但有的发达国家为100%。但现在人们对风险的忍耐与偏好都好像远远低于过去。

目前，高达94%的中国家庭仍属于财富水平较低的家庭（家庭可投资资产在10万美元以下，发达市场这一比例通常在50%以下），而如此广大的客户群往往面临投融资渠道不畅的困境，并且缺乏有效的金融服务。当前，预计到 2020 年，将我国基金投资理财覆盖率从 3%提升至 25%—30%，基本与发达市场持平；将我国小微融资覆盖率从 11%提升至 30%—40%，为超过 3000 万家目前未被覆盖的小微企业和个体工商户提供融资渠道。从这个角度看，不只是互联网金融，关键是如何服务民众的"普惠金融"将成为中国金融改革强有力的助推器。

对于互联网金融，我觉得，最大的风险还是来自于道德风险（明知故犯，故意诈骗）、无知风险（不会、不懂、不问）、政策风险（政策风吹草动），其他比如信用、市场、法律、操作风险其实不显著高于传统金融机构。而且后者的风险是可控的，可以通过一定的措施降低在可承受的水平。

最后，从个人的投资角度看，如何看待风险呢？我有两个不成熟的观点与大家分享：

一是低风险、低门槛、高收益的时代可能已经过去。投资者恐怕得着眼于现实，不能想着一夜发财。二是政府力量、社会力量和资本力量三足鼎立。中国投资者应当重拾市场精神，重燃企业家的激情。1992 年的市场精神是"野蛮生长""没有规制的生长"，但现在是"规范生长""法不限制即可为"式的生长。尊重市场规则，投资才会真正有未来。

互联网金融还能暴利吗？*

> 在中国，躺着赚钱的时代已经没有了。实体经济需要"工匠精神"，互联网金融恐怕也要有"工匠精神"。认真服务每一个对象，服务于真正有需求的人，做精做细每一个产品，这不仅是实体经济的要求，同样也是互联网金融的要求。

感谢全球中小企业联盟的邀请。刚才联合国前秘书长安南先生，前联合国工业发展组织总干事、联盟全球主席卡洛斯先生，还有前发改委副主任、全球中小企业协会会长李子彬主任的演讲，都令我受益匪浅，也让我这个第四位演讲者诚惶诚恐。

今天主办方让我讲的"中国金融业创新之道"其实是命题作文，范围稍有点大。金融创新包括制度、技术、管理、工具等七大方面，每一个方面在大学的研究生课程中都能开一个学期。

---

* 2015 年 11 月 24 日，中国互联网金融国际论坛在浙江宁波举行。联合国第 7 任秘书长科菲·安南、联合国工业发展组织总干事卡洛斯·马格里诺斯、发改委前副主任李子彬等国内外知名人士及 600 多位企业家参加了论坛。王文在开幕式上作主旨发言。本文根据速记稿整理而成。

2015 年 11 月 24 日，王文与联合国前秘书长安南、全球中小企业联盟主席卡洛斯一起交流

比如说，金融制度的创新，今年进程还是很大的，去年是"沪港通"，上半年银行存款保险制度推出，近期"注册制"也将推出，2015年是实实在在的金融改革年；再比如说，国际金融机制的改革，人民币加入 SDR，IMF 改革；等等。可惜，从舆论的角度看，大家一提到"金融创新"，会第一时间就想到互联网金融。

互联网金融到底创新了多少?

互联网金融到底创新了多少？这个疑问如果放在 2013 年问，一定会被引起许多人的批判，因为当时，舆论的主流是互联网金融的创新是颠覆性的。

这主要是类似余额宝这样的互联网金融产品的迅速扩张带来的舆论震撼，外加像马云那样大咖不停地去阐述阿里巴巴与金融创新的关系，更使许多人将金融创新与互联网金融联系在一起，甚至画上了等号。

在 2014 年初，短短成立半年多时间，余额宝的用户突破 8000 万，年化收益率一度高达接近 7%。当时我不止一次收到金融史将在中国重写、银行关门的日子已不远等观点。

将近两年时间过去了，没有一家银行破产，但余额宝的年化收益率却已降到了 2.8%，几乎是鼎盛时期的 1/3；类似 P2P 那样的网络贷款平台出现跑路或提现的公司全国超过 1000 家，甚至有的城市出现了写字楼不愿意租赁给 P2P 公司的现象。

尤其像这些天"e 租宝"类似排行相当靠前、先前被吹捧上天的公司接受涉嫌犯罪调查，涉及金额近千亿元，近百万用户的资产面临蒸发的危险。这更是引起了业内的震动，也引起了高层的关注。

从这个角度看，如果说 2013—2014 年被不少人视为"互联网金融元年"的话，那么，2014—2015 年则因为不少互联网金融监管条例的出现，可称为"互联网金融监管元年"，而现在随着各种互联网金融难以避免的恶性事件出现之后，从 2015—2016 年恐怕可以称为"互联网金融的反思元年"。

那么，到底该反思什么？首要问题是，互联网金融恐怕没有那么"新"。

的确，过去几年，互联网金融拓宽了原有金融模式的交易范围、规模和参与的人群，让许多原本与金融服务没有太多联系的"草根"、偏远地区的中低收入者都享受了相对高额的回报、相对便捷的存、取、贷服务的甜头。但这主要是时代发展、技术进步金融普及个人的必然产物，就像数百年前只有富人用得起银票，几十年前大多数都没有存钱到银行，十多年前，无法做跨行汇款、没有借记卡、还用手写的存折，现在进步到在手机中就能存款、贷款。

换句话说，在互联网金融世界里，金融服务与运行变得更快、更广和更方便，但核心业务没有变，金融的核心内涵没有变。金融的基本内涵就是价值的时空转移和交易。异地存取，那叫这里的钱，那里花；按揭，那叫未来的钱，今天花；保险，那叫今天的钱，未来花；当然，还有证券，有可能是你的钱，别人花。互联网金融只是在渠道上借助了互联网的手段进行了拓展，比如，有了更广的交易范围、更高的交易频次、更多的交易人数等等，但在产品设计、结构和交易特征上，没有改变金融本质。股票、债券、期货、信托、期权，加了一个"互联网"的姓，但还是金融的"娃"。

这也正是最近有一个帖子流传很广，讽刺互联网金融，说过去叫"高利贷"，现在叫"P2P"；过去叫"乞讨"，现在叫"众筹"；过去叫"借钱给靠谱的朋友"，现在叫"天使投资"；等等。

所以，互联网金融的确是"创"了一些东西，但不是"新"的。先前的互联网金融炒作有点过头了。

中央对互联网金融显示了足够的包容度

早在 2013 年，我所在的研究院就投入到互联网金融研究。那个时候，我们接到一些研究任务，讨论是否应该对互联网金融进行监管、如何监管，因为 2013 年已爆发出不少互联网金融的负面事件了。于是，我们开了数场研讨会、调研会，得出结论与政策建议是，要加强监管，警惕风险，但也要让子弹再飞一会儿。

互联网金融的业态很脆弱，过早推出监管政策，可能整个业态就死掉，说不定就没有余额宝、滴滴打车以及这两年巨火爆的"双 11"购物，毕竟，这背后的支付、清算、借贷等都与互联网金融相关。

我相信，那个时候，许多智库都是这么想的。这也正是 2013 年底中共十八届三中全会决定六十大改革内容，没有提"互联网金融"这个词的重要原因。要知道，当时，阿里巴巴都已马上就要在美国上市了，一场互联网金融的狂欢即将到来，但政府仍然按兵不动。

随着后面互联网金融的负面事件的增多，比如，一些众筹变成了非法集资、越来越多的 P2P 公司跑路，各种违约事件不断发生，互联网金融界越来越成为鱼龙混杂之地。

2014 年 3 月，李克强总理在政府工作报告中首次提及互联网金融，接着还见了一些互联网金融大佬；2015 年 3 月，李克强总理在政府工作报告中，还用"异军突起"来形容互联网金融，提出"促进互联网金融健康发展"11 个字。2015 年 10 月中旬，李克强总理主持召开金融企业座谈会，对互联网金融提出更具体的要求："鼓励互联网金融依托实体经济规范有序发展"，里面的两个具体要求是：一是要求"依托实体经济"，二是要求"规范有序发展"。

2015 年 11 月初，"十三五"规划建议全文公布，首次纳入"互联网金融"内容，共 9 个字，叫"规范发展互联网金融"，其中"规范"二字是重点，这实际上正式宣告互联网金融野蛮生长的年代结束。

事实上，2015 年 7 月，中国人民银行、国家互联网信息办公室等十部门已经推出《关于促进互联网金融健康发展的指导意见》，对互联网金融的主要业态，比如，股权众筹融资、互联网基金销售、P2P、互联网支付等概念进行了定义，这实际上正式宣布整个互联网金融行业迎来了规范化、法制化的时代，标志着互联网金融进入了监管时代。

从社会的角度看，《指导意见》根本在于，要控制人性在行业野蛮生长中出现的贪婪，以及行业本身对未来不确定性的恐惧。当然，更重要的是，《指导意见》非常明确地提出了"依法监管、适度监管、分类监管、协同监管、创新监管"的原则，给了整个行业一个宏观指导意见。

从很大程度上讲，中央和各个部委对互联网金融的认识，一直以底线思维的逻辑，持渐进的、包容的、整体上支持的态度。毕竟，近年来，互联网金融迅猛发展，部分填补了传统金融的市场空白，部分缓解了"金融抑制"现状，对促进小微企业发展和扩大就业的作用也是积极的，应该给予充分肯定。从中央的角度看，只要不真正伤害到社会公众的利益，还会让互联网金融的这粒"子弹飞得更久一些"，然而，今年夏季的那场股市振荡，场外融资高达数万亿元，互联网金融不可避免地到了监管和规范的地步。

企业家与老百姓恐怕都要抛弃暴利思想

所以，今天有上百位企业家在，作为一名智库学者，在有限的时间里，除了分享宏观政策背景之外，我更愿意与大家分享几句粗浅的真心话。

第一，互联网金融还会有大发展，但野蛮生长的时代已经过去，"发烧"年代已经过去。在互联网金融监管时代，仍然需要努力创新，但需要规范经营，更重要的是，要放弃通过互联网金融手段一夜暴富的幻想。

刚刚在乌镇召开的互联网大会，习近平主席讲到"推动网络经济的发展"，是一个明显的信号。换句话说，通过投资、入股，企业家们还可以在互联网银行、互联网证券、互联网保险、互联网基金、互联网信托、互联网消费金融等方方面面享受到互联网金融带来的红利，毕竟，数千万个小微企业需要享受方便、快捷、高效的贷款，数亿人都享受着微信红包的快乐，广大农民工朋友对互联网金融的产品也不陌生。这些都是行业潜力所在。

但是，互联网金融红利不等于福利，更不等于暴利。要放弃幻想，中国已经不可能再出现第二个马云了，也不要幻想自己会成为马云。

第二，老百姓也要抛弃"一夜暴富"的想法，除非你真的是某方面的天才。不过，自认为天才，或可以暴富的人太多。最近几件 P2P 事件爆发，发现参与其中的许多都是毫无金融实操经验、闲业在家的大爷大妈们。有的把棺材本都拿出来去炒股和参与 P2P。

这一方面暴露了中国社会得了"金融饥渴症"，普惠金融的发展、服务于边远地区、中低收入者的技术更新、监管制度的改革与升级开展恐怕还是应该更快一些。比如，是否应该回到"统合监管"的道路，以便防范互联网金融的风险爆发。现在是互联网平台推出的股票交易，由证监会管理；互联网推出的信托产品，由银监会管理；余额宝类似的泛货币范畴，则由央行监管。这实际上留下了大量的监管真空地带。

但另一方面，也的确暴露了当下社会中的贪婪、冒险、欺骗的那些人性中最负面的变量。我实在难以相信，那些"存 1000 万还 400 万"的庞氏骗局竟然还有人信啊！要知道，世界级股神巴菲特那么多年的长期盈利率都只有 30% 左右啊。所以，一场普及民众的金融教育恐怕是在所难免，甚至建议将金融开到中学课堂中。

第三，互联网金融的本质仍是金融，没有改变金融的核心特征，伴随着价值的时空转移，同样会出现风险以及风险防范。

所以，不要以为谁都能做金融。我在许多地方调研，一些实体经济做得原本不错的企业家，也来咨询我能不能开一家互联网银行、开一个 P2P 公司，我通常都劝阻。金融不好玩，互联网金融更不好玩。实体经济搞不好了，多少还能见个砖瓦厂房、货物资料；金融搞不好，就是血本无归，互联网金融搞不好，怎么死的都不知道。

我并不是让大家别玩互联网金融，而是说，要玩，就得花精力、时间和投入，要了解技术，了解市场，了解政策，了解规则，等等。这些投入丝毫不比搞好实体经济的投入更少。互联网金融不应也不会是资本暴利、非法集资的温床。

在中国，躺着赚钱的时代已经没有了。实体经济需要"工匠精神"，互联网金融恐怕也要有"工匠精神"。认真服务每一个对象，服务于真正有需求的人，做精做细每一个产品，这不仅是实体经济的要求，同样也是互联网金融的要求。

最后，再次感谢大会邀请，祝福每位朋友都能享受到互联网金融的红利。

为何对中国经济如此悲观 *

近 40 年改革开放的过程，本身就是一个"困难产生与克服—新困难再产生与再克服"的过程。通过全面理性地认识当下悲观主义的内在逻辑，以中国特色政治经济学的理论发展，深刻地把握中国经济的运行现实和发展态势，便能凝聚共识，贡献智慧，对中国经济悲观论形成强有力的反击，最终坚定全国上下对中国经济的未来信心。

近年来，时常有一些关于中国经济恶化的消极舆论，与国内其他领域的悲观主义心理形成共振，严重戳伤了投资者的信心，对国家运行埋下了严重的隐患。长此以往，还将冲击社会稳定和政治团结。从这个角度看，提升社会对中国改革未来的信心，化解国内外消极言论的干扰，已经成为同宏观政策调控、全面深化改革的战略布局同等重要的政策指向。

---

* 2015—2016 年，国内经济下行压力很大，悲观情绪蔓延。王文受邀参加了国内外数场大型论坛或研讨会。本文根据会议发言的主要观点整理而成。

三类夸大中国经济下行压力的论调

梳理那些揣测中国经济的论断，看似振振有词，引经据典，但多少显得过于悲观，有的甚至危言耸听，与 20 世纪 90 年代末以来舆论界流行的"中国始终要乱"逻辑一脉相承。大体看来，类似论调可分为三种：

一是以偏概全，将经济金融个别领域的短期波动视为中国经济的整体未来。比如，2015 年夏季股市巨大波动后，国内外不停出现唱衰中国金融业的论述，甚至发出警惕中国证券市场崩盘的警告。

事实上，这些论调忽视了去年那轮股市波动的正向意义，即它是对中国证券市场不成熟、金融制度的不健全、国际市场的复杂性的重大警示，也是对以散户为主、机构投资者行为散户化为证券市场结构特征的重大扭转，更是中国特色多层次资本市场构建进展中的重大经验。从根子上说，稍有一些波动，就以为"中国会乱，会连累世界"的看法大大低估了中国的承受力，更忽视了对所谓"伟大的历史斗争"长期性、艰难性和曲折性的全面理解。全面深化改革的进程，不只是个别政策的修订，而是对各方利益、整套规则与国家结构的重新调整，涉及政治、经济、社会、军事、外交等方方面面。这个进程很难，且大调整必然带有小波动，但从整体、大局的战略高度看待局部，就会发觉某些波折与不顺可能是暂时的。当然，从哲学看，问题与矛盾都是永恒的，关键在于发展中如何解决问题与矛盾。

二是以点概面，将一些人的不适应情绪视为是中国社会的整体心理。比如，粗放增长、排污增长、卖地增长、腐败增长等方式被摒弃，让部分人无所适从；高档、奢侈、烟酒行业的畸形发展被抑制，让部分行业状态低迷；官员不敢权力寻租，"只要不出事，宁愿不做事"的官场心态，造成了一些领域办事效率的下滑。这些情绪在相当多的范围内存在，但并不是中国的全部。

将过去"不正常"被摒弃视为发展下行风险的短视看法，往往看不到诸如"互联网+""分享经济"等新经济增长点的孕育，消费对经济增长的贡献的继续提升，廉洁的社会交往模式正在形成等良性、健康发展态势。更糟糕的是，他们忽视了对近年来社会风气转好、经济结构优化的宏观感知。过去三四年，全民心态的重塑已渗透到每个角落，绝大多数民众变得从善如流，官员的主体开始自觉抵制腐败，规矩得到敬畏，绿色发展盛行，创新此起彼伏，创业成为潮流，整个国家的积极面变化明显抑制住了以前诸多领域日益恶化的消极趋势。

三是短视武断，将技术创新的短期乏力视为全球增长永久困局。比如，一些声音认为目前中国正陷入互联网业态的经济泡沫中，会溢出冲击到世界的经济未来。事实上，他们忽视了这些年来新技术革命蓄势待发前夜普遍存在的昏暗与平庸规律。

目前各国都出台大量技术创新的刺激政策，如德国的工业4.0，美国的工业互联网，以及"'中国制造2025'两化融合"等，相比之下，中国在加快推动重点产业智能化、高端化、低碳化的经济发展方面具有巨大的后发优势。中国不少省份信息经济核心产业实现增加值年均增长高于GDP增长，微商、电子商务、物联网、云计算、大数据等互联网新业态快速发展，形成中国未来发展的独特竞争优势。中国依托信息经济、分享经济等的黏合剂、催化剂作用，将推动改造传统产业实现升级与转型，实现实体经济的"腾笼换鸟"和"凤凰涅槃"，最终在新一轮科技革命和产业变革中抢占全球先机。

"三个不变"是中国经济中高增长可持续的关键

与舆论悲观主义完全相反，从民众到政府，从国际到国内，各方面的因素支撑中国经济长期平稳与向好的基本面没有发生动摇，而这些"不变"是保持中国经济长期保持中高速增长的关键。

第一，中国人民的向上心态没有变。改革开放初期号召的"勤劳致富"，优秀企业家成为全社会的学习榜样，使得努力拼搏、奋斗成功变成了社会心态的主流，也成为中国未来增长的不熄引擎。面对中国经济下行的压力，倒逼出了大量急流勇进的劳动者、企业家和投资者，掀起了"大众创业""草根创业""草根经济"的新浪潮。2016年前三季度，全国新登记企业401万户，同比增长27%，每天新登记企业1.46万户，明显高于2015年每天的1.2万户和2014年的1万户，均创历年新高。其中第三产业占新登记企业总数的81.1%。教育、文化体育和娱乐业、科学研究和技术服务业、信息传输软件和信息技术服务业企业快速增长。各类创业孵化器、集聚区、服务平台蓬勃发展，新产品、新技术、新业态、新模式不断涌现，众筹、众创、众包、众服"四众"亮点纷呈，形成了"大众创业、万众创新"的新态势。可见，改革开放近40年来，持续性极强的中国人致富和向上心态，仍是中国经济未来增长的不熄引擎。

第二，中国经济的转型升级之势没有变。2015年中国城镇化率达到 56.1%，远未达到欧美发达国家约 80% 的平均水平，随着新一轮城镇化的加速推进，将为经济增长创造新的消费和投资需求。中国拥有全世界最大的中产阶级人口，仍是全世界最大的人口大国。2016年前三季度中国社会消费品零售总额同比增长 10.4%，消费对国民经济增长的贡献率达到 71%，远高于 2015 年的 66.4% 和 2014 年的 51%，充分发挥了经济增长"稳定器"和"压舱石"的作用。随着供给侧结构性改革逐步展开，智能消费、节能消费、绿色消费、服务消费、品质消费、便利消费、安全消费等将进一步持续稳步增长，消费结构也将持续优化。中国继成为全球第一制造业大国、第一出口大国后，在近年内有望超过美国成为全球最大的消费市场。而这个进程蕴含大量商机，不仅为世界各国投资者营造了一个大市场，更为中国经济增长的新一轮腾飞提供动能的增量。中国新兴产业也处在快速壮大阶段，健康产业、文化服务业、节能环保和新能源产业等拥有巨大的发展潜力，据估算这些产业累计产值规模潜力在 60 万亿—80 万亿元。

第三，中国改革开放的政策余量没有变。改革开放是中国经济增长的最大红利。十八大以来，保持改革开放和克服下行压力的战略决心并没有发生动摇，而通过进一步改革开放释放活力，促进经济长期稳定发展，中国政策工具箱储备充足，拥有许多应对经济放缓的工具，能够在适当的时候陆续采取适宜的行动。目前，中国国家债务率远低于美、欧、日等主要发达经济体，且 40% 左右的债务集中在基础设施与社会保障等民生内容上；较高的国民储蓄率转为投资和消费的空间较大；存款准备金率和银行基准利率较高，有足够多调节流动性的财政与货币政策空间。随着"一带一路"倡议的推进，亚投行和丝路基金的启动运行，跨国产能和装备制造合作将加快推进。这些举措就像是源源不断的弹药，不断释放改革开放红利，激发企业和投资者积极性，为下一轮的经济活力、保持长期中高速增长提供新的动力源泉。

正是这些"不变"，使中国经济长期处在全球增长领头羊的位置。2010—2015 年，全球经济增长率分别是 5.4%、4.2%、3.4%、3.3%、3.4%、3.1%，中国为 9.2%、10.6%、9.5%、7.7%、7.3%、6.9%，大体稳定在同期全球增速的 2—2.5 倍之间，对世界经济增长的贡献率长期保持在全球第一的位置。2016 年 4 月、6 月、10 月，国际货币基金组织（IMF）三次调整对全球经济增长的预测，美国、欧洲和日本的经济增速预估均连续下调，而对中国经济增速预估连续上调，可见国际重要经济组织对中国未来的信心。2016 年以来，海外不少媒体报道称，目前中国经济正经受转型期的"阵痛"，经济增长放缓是暂时的，未来中国经济增长仍能保持强劲的增长，如《时代周刊》就刊文称，属于"中国的十年"已开始，中国影响力的崛起势不可挡。全球对中国经济依然保持乐观态度，使得唱衰中国的论调沦为"假警报"。当然，尽管如此，我们仍要对中国经济有更多的忧患意识。

目前最需要的是政策定力

在全球舆论纷繁复杂的背景下，中国社会尤其需要有明辨是非、去伪存真的能力。社会需要一些杂音，一些担忧与批判可视为是对中国发展的社会责任，有的则可理解为是对中国未来不确定的焦虑，但杂音不应演变为对某种理论原教旨主义的傲慢与对中国式探索的偏见。中国经济决策者与社会主流需要有定力与耐力，让经济改革的成功故事与民众感知，不断战胜国内外消极舆论的强烈冲击，既要减少短期经济失误的频度，又要发掘长期愿景实现的预期。

近 40 年改革开放的过程，本身就是一个"困难产生与克服—新困难再产生与再克服"的过程。通过全面理性地认识当下悲观主义的内在逻辑，以中国特色政治经济学的理论发展，深刻地把握中国经济的运行现实和发展态势，便能凝聚共识，贡献智慧，对中国经济悲观论形成强有力的反击，最终坚定全国上下对中国经济的未来信心。

中国人为何对经济越来越焦虑？*

> 目前经济发展需要的不仅是真改革 (real reform)，也需要巧改革 (smart reform)，既需要各项改革政策的落实与执行，还要注意到改革故事的阐述与传导。毕竟，做得要好，说得也要好。中国经济急切需要找寻刺激与提振社会信心的兴奋点，最大化地释放来之不易的改革红利，传导潜在的改革原动力。

尽管从 2016 年上半年的部分数据看，中国经济企稳向好的迹象在增多，中央一系列针对经济下行压力的措施应对出现了一些成效，但社会舆论普遍对中国经济的焦虑情绪仍然很重。

经济企稳回暖要面对的三大社会焦虑心理

从宏观层面上看，2016 年来的大宗商品价格反弹，带动工业企业利润增速由负转正；制造业 PMI 虽有小波动，但连续数月稳定在荣

---

* 2015—2016 年，针对中国人对经济的焦虑情绪上涨，王文受邀参加了数场大型论坛或研讨会。本文根据会议发言的主要观点整理而成。

枯线以上；各地房地产销量有一些上扬，也带动建筑工程企业订单，等等。这些都是 2016 年以来一些来之不易的中国经济企稳向好的微观信号。然而，抵消经济企稳回暖的社会焦虑心理也很明显。这主要表现在以下三点：

一是通胀压力抬头，提升了社会对经济企稳的漠视感。数据显示，消费品价格和资产价格的通胀值得警惕。更糟糕的是，国内消费品价格上涨并未带动质量的提升，社会烦躁与民族自卑心理在加剧。一个典型事例是，2014 年中国赴日本旅行达 220 万人次，比前一年增加了 82%；2015 年更达到 500 万，再翻一番。去年访问日本的外国游客，中国人数占了 25%，但消费额却占近一半，且将近 1/3 中国人都两次以上去日本，俗称"回头客"，多数为购物，但在日本所购之物不少竟是"中国制造"。

二是社会阶层固化，加剧青年人的未来无望感。近年来，由于劳动力市场供求关系改善、国家大力提高各项社会保障支出，收入层面的贫富差距有所收敛。这表现在居民可支配收入增长快于名义 GDP 增长，城乡居民收入差距缩小，基尼系数也呈小幅下降趋势。但中国存量社会财富的差距日益扩大，资产的增值速度远远超过工资收入的增长速度。2013 年以来以创业板为代表的新兴产业股权价格上涨，以及一二线城市房产价格大幅上涨，都加大了人群财富差距，固化了社会阶层。其中，一二线房价上涨尤甚，摧毁了年轻人的梦想，对社会乃至政治层面产生负面影响。目前有房阶层与无房阶层对房价猛涨产生的经济担忧感在加剧。

三是国际舆论看空，助推国内的心理情绪波动。国外智库、媒体

314

及一些敌对势力时常释放出一些崩溃论、停滞论与阴谋论的声音，通过微信、微博等新媒体方式干扰国内社会的情绪，转移了民众对经济转暖积极面的注意力，变相提升了社会的经济悲观主义预期，也间接助推了人民币贬值和资本流出的中期压力。随着资产价格的不断上涨，符合高净值、可移民条件的人群数量呈几何级数放大，资本流出压力实际上是在加大的。

好消息与坏消息在赛跑

从国内智库的研究评估看，中国经济发展从 2016 年开始的"十三五"时期将呈现前低后高的走势，全面建成小康社会目标的实现是高概率事件。但进入中高收入的国家发展时期，国民心理对经济形势的判断与观感，将不再只取决于"量"上的增长，还有赖于"质"上的提升，后者所产生的公众情绪，将反作用于经济的长期发展。

从这个角度看，诸多宏观经济企稳向好的好消息与一些干扰性的坏消息，正在进行一场长时段的拉锯战。中国经济的画面将在相当长一段时间内呈现消极与积极、悲惨与繁荣并存的局面。能否让中国经济在社会良性舆论环境下发展，关键在于是否讲清、讲好中国经济故事，让正能量占据主流。

在国内，依靠服务、消费增长和效率提升支撑的中国经济转型成效将越来越明显，然而，大量中国经济消极故事也将会长期存在，比如，高质量、个性化消费品难以满足国内需求，电信、金融、教育、文化、养老、体育等领域有效供给不足；钢铁、有色、建材、化工、煤炭、轻工、纺织等行业出现相对产能过剩；企业成本长期高企，制度性交易成本、企业税费负担、社会保险费、财务成本、电力价格、物流成本等不断蚕食着企业的竞争力；地区性或局部金融风险的威胁长期存在，地方债务规模不断膨胀；等等。

国际上，随着中国国力的持续走强，中国与部分国家之间的战略互信赤字也在上升，双方合作意愿低于经济竞争的导向。美国、日本对中国"一带一路"与亚投行反应消极，"中国新殖民主义"论、"再建朝贡体系"论高涨，美日构建TTP贸易包围圈之势凸显，美元加息的预期将对全球金融市场构成持续冲击，给全球经济复苏带来极大的不确定性和挑战。部分地区地缘政治紧张局势正在升级，民族问题、宗教问题仍然困扰着各国，增加了全球经济的不确定性。在全球"大通缩"环境下，资本账户逐渐开放的中国经济各类隐性风险逐渐显性化，给财政政策和货币政策带来极大的挑战。

国内外宏观形势的坏消息并不可怕，关键在于不断克服困难、战胜挑战的进程中个体幸福感的上升。而此时，传播并放大更多的中国人个体幸福感上升的经济故事核心要素，是以正压邪，进而助推中国经济长期向好的重大变量。换句话说，是否让中国人自己感受到"中国梦"微观版与个人版的增多，是评价中国经济好坏的根本标准。只有这样，中国才能真正进入"光荣与梦想"时代。

让国民为中国经济改革自豪

长期以来，中国经济发展的进程遭到了不必要的消极舆论干扰，大量经济成本耗费在对国内外负面消息的应对上。经济改革的有效性与发展趋势的不确定性，也随着国内外舆论冲击的烈度呈现正向的比例关系。要吸取过往的经济发展教训，既解决短期经济下行，又实现长期愿景目标，非常重要的一环就在于，让民众与社会舆论经常性地体会到中国经济发展的兴奋点，切实感受到改革红利的释放与改革原动力的传导。

第一，让民众既体会到各类改革的困难度与复杂性，又能够体会到各级政府的坚定改革意志，用真切的个体故事，如公务员的勤勉、各级主官的担当、地方的变化等，以喜闻乐见的媒体方式，以传播通行的一般规律，真实、客观地描述好政府推进供给侧结构改革、推进简政放权、财税体制改革、金融体制改革、深化国有企业改革、稳定社会保障、健全城乡一体化、构建开放型经济体制、促进生态优化的不易与艰辛，让民众感受到政府的改革诚意与坚毅精神。换句话说，要在各个领域推进"真改革"，让政策"真落地"，而不是让现在所谓"改革空转""政策打滑"论调在民众内心获得认可。

第二，在真正能够提升国民幸福感，尤其是中低收入者的安全感的经济政策上大下功夫，如发挥养老、医疗、失业、工伤等社会保险的基础性作用，对老少边穷困难群体予以低线救助，树立中西部地区、老工业基地在产业转型升级过程的成功典例，激发经济发展的社会斗志，让民众尤其是底层民众真实感受到社会主义优越感，让年轻阶层拥有公平、有序的良性奋斗环境，能憧憬未来，而不是让各类社会抱怨、青年人的自怨自艾占据舆论的主流。

第三，讲好群团式创新故事，树立群团式创新团队榜样，对创新团队进行制度性的表彰和奖励，大力支持和推进技术创新转化，引导人们向群团式创新团队榜样学习，形成全社会创新风气的正能量，对冲国内外复杂舆论对国内经济发展"崩溃论"的不良影响。

第四，加固在各级基层主官和企业家精英群体中形成稳定的发展预期，严禁"朝令夕改"，强化各类市场主体"法无禁止即可为"与政府部门"法无授权不可为"的观念，调动各方参与经济建设的积极性，让政府的经济治理边界"退守"在加强事中事后的监管与惩处上。以政府积极的、真切的简政放权，换得社会积极的信心复燃。

第五，推动双边与多边的产能合作，以中国人成功走向世界、中国护照含金量越来越高为基本旋律，更多讲述中国在"一带一路"区域的精彩奋斗进程与对世界的积极贡献，以真实的中国海外运营实力和资源配置能力提升事例，增加中国作为"大国国民"的尊严感、自豪感，切实有效地推动经济转型，化解积聚的金融体系风险，为我国经济中长期健康发展培育内生的持续增长动能与心理预期。

换句话说，目前经济发展需要的不仅是真改革 (real reform)，也需要巧改革 (smart reform)，既需要各项改革政策的落实与执行，还要注意到改革故事的阐述与传导。毕竟，做得要好，说得也要好。中国经济急切需要找寻刺激与提振社会信心的兴奋点，最大化地释放来之不易的改革红利，传导潜在的改革原动力。

去产能过剩会导致"失业潮"吗？*

社会舆论上要营造氛围，彻底破除企业破产后的"等、靠、要"的观念障碍。在市场经济大潮中，破产是通过优胜劣汰，促进竞争、合理调节资源配置的一种市场行为，符合经济发展规律。

近些年，坊间经常传出诸多企业破产的说法。听者往往叹息不已，媒体报道则趋之若鹜，久而久之，不少人对经济形势心生恐慌与焦虑，尤其在当下"去产能过剩"的经济转型大背景下，企业破产很容易成了许多人眼里中国经济下行的重要佐证，并衍生出对"失业潮"的担心。此时，政府该如何应对，民众该如何看待，关键在于是否能对"企业破产"有真实与客观的认识。笔者常常在不同县市与企业调研，对企业破产及其政府应对有一些更复杂、更广维度的理解。

---

* 2014 年以来，随着经济转型升级，部分区域的企业倒退现象大量出现。去产能的进程让人担心会产生大规模的失业，对此，王文多次在国内外的研讨会进行评价。本文根据会议发言的主要观点整理而成。

（一）客观认识企业破产以及伴随的失业现象

企业是社会肌体中的重要细胞。是细胞，就逃不了生老病死。环顾世界，寿命在百年以上的企业，即使在市场经济发展了数百年的欧美国家，也是屈指可数。据中国最高人民法院审判委员会的统计，《企业破产法》实施以来，全国法院从 2008 年每年受理企业破产案件数量稳定在 2000—3000 件上下，每年工商管理机关注销的企业数量在 35 万—50 万户之间，存活 5 年的企业比例为 68.9%，存活 9 年的企业比例为 49.6%，不少企业成立两三年就经营乏力、债务缠身、濒临破产。

但另一方面，新增企业数量却远多于注销企业数量，更远远高于适用破产程序的企业数量。2014 年 3 月至 2015 年 6 月，中国每天平均新增企业 1.08 万户。由此看，"企业破产"是社会生生息息的正常现象，也是市场化进程中的支流。

中国改革开放以来的市场化进程主流是，企业、公司作为新的社会组织形式应运而生，从无到有，由小变大，据统计，过去 30 年，中国年均企业注册数量增长为 20%，私营企业数量在 2015 年已有6000 万家，新增企业注册数同比增加为 26%，是世界上企业数量、私营企业数最多的国家。

中共十八届三中全会以来，市场化改革在各个领域进一步加快，结构调整与产业升级的速度也加剧，企业破产在部分行业、部分区域出现的频率的确有所提升。但不同行业、不同区域对企业破产的承受力也是不同的，所产生的负面效应也不一样。

以笔者的调研经验看,对破产的承受力大体有以下规律:1. 新兴行业如互联网、医药研发、服务行业对企业破产的承受力,远比传统的矿产、能源、机械制造类及其他过剩产能的行业要高。2. 江浙一带及部分沿海省市对企业破产的社会承受力,也要远远高于中西部地区、东北老工业基地的部分市县。3. 民营企业对破产后的应对与员工消化能力要比国企更高。

原因很简单,江浙一带的市场化程度较高,社会观念更前卫,对一些企业破产现象的看法更淡然。绝大多数民营企业主在破产后,并没有把怨气发在政府与社会身上,或是从此一蹶不振,就此沉沦。事实上,许多民营企业主都已"愿赌服输",服从于市场竞争原则,想办法、找出路、寻帮助,试图东山再起,再创辉煌。在江浙一带,经常会出现企业主卧薪尝胆,在原地跌倒又在原地爬起的奋进故事。在北上广,也到处都有天使投资人,愿意帮助那些有失败经验的创业者。

当然,也会出现极个别企业家跳楼自杀现象,周围人会为之扼腕唏嘘,甚至心生敬意,认为他碍于颜面,以死明志,实在可惜;而也有少数企业主欠债跑路,为当地人与社会舆论所不齿。但客观地讲,自杀、跑路在破产企业主中是比率相当低的个案。

在市场化程度较高的沿海地区,雇员或打工者在企业破产后,一般都会另谋出路。若出现一些劳资纠纷、欠薪现象,社会大多都有申诉的法律渠道,而不是上街闹市,聚众示威,围堵政府大院的现象更是少之又少。与 20 世纪 90 年代末部分区域出现大范围"下岗潮"产生社会维稳压力相比,当下的社会心理已成熟了许多。而且,当下流行"大众创业、万众创新"潮，也在进一步稀释着雇员个体对企业破产的不适应感。

由此看，政府应当引导社会舆论，不必放大企业破产的消极性，尤其是沿海地区新兴行业的民营企业破产的消极社会效应。谁都不愿意看到企业破产，但就像谁都阻止不了生老病死、阴晴圆缺那样，在一个不断进化的市场中，企业破产、重组与再生本身就是市场竞争的必不可少的自然组成部分。谁也不能幻想着在市场化的环境下出现一个永生的企业。

相反，媒体与其渲染企业破产带来社会恐惧感的空泛表述，不如聚焦于那些企业家"死后重生"的奋斗精神与经验总结。事实上，像马云、史玉柱那样"屡败屡战"、最终成就一方创业伟绩的故事，在当前经济下行氛围中显得更有现实激励意义。

（二）政府要精细化甄别"失业"背后的企业破产类型

改革开放以来的30多年，在相当程度上，伴随着与市场化共生的企业竞争与促进就业的进程。每一次重大举措，都必然短期带来失业的阵痛，以及对就业安置的政策应对。

第一次的失业短期阵痛发生在20世纪80年代初。当时旨在政企分开、产权明晰、科学管理的国有企业改革，一度影响了数百万人的就业，但也催生了早期的《国营企业职工待业保险暂行规定》的问世。该规定的基本指导思路是不学西欧、北欧的高失业保险制度，不花钱养懒汉，而是以鼓励再就业的方式以换得失业救济金。这为未来进一步的劳动人事制度改革奠定了基础，明确了市场化的方向。

第二次失业短期阵痛则发生在 20 世纪 90 年代末。部分国企职工的下岗分流，影响到了高达 3000 多万人的就业安置。当时针对下岗职工采取的"三三制筹措资金"，即从企业、社会和失业保险三方面筹集生活保障、再培训、职业介绍的经费，大大减缓了下岗职工流向市场化的速度，使社会有充足的时间消化大量失业人群带来的震荡。

第三次的失业短期阵痛发生在 2008 年前后的国际金融危机的冲击。国际经济与贸易形势的恶化，使部分贸易企业出现极大困难。对此，许多省市采取所谓"五缓四减三补贴"的办法，即允许困难企业在一定期限内缓缴养老、失业、医疗、工伤、生育保险等五项社会保险费；阶段性降低城镇职工基本医疗保险、失业保险、工伤保险、生育保险等四项社会保险费率；使用失业保险基金向困难企业支付社会保险补贴或岗位补贴，使用就业专项资金支持困难企业开展职工在岗培训。这些政策的执行期均延长到 2010 年底，为保持受危机冲击下的积极就业发挥了社会稳定的作用。

从历史经验与实践操作层面看，在当下这一轮"三去一降一补"（即抓好去产能、去库存、去杠杆、降成本、补短板五大任务）背景下，关键还在于如何甄别濒临破产的企业类型。笔者认为，可以将其划分为三大类：

一是"僵尸企业"。目前国家对于"僵尸企业"的界定尚未形成统一的标准，一般认为，"僵尸企业"就是那些因不可逆的、结构性的问题而陷入长期亏损，并丧失自我修复和发展能力的企业。这类企业等同于人体中应死而未死的细胞，其存在不利于资源的优化配置，因此不宜再通过兼并、重组等方式处置，而应采用退出机制，使其寿终正寝。但退出的方式也因情况而异，一般可采取要素重组和清理退出等方式。

需要强调的是，"僵尸企业"应死而未死，这是我国社会主义市场经济体制不健全的具体体现。党的十八大已经明确提出要"使市场在资源配置中起决定性作用和更好发挥政府作用"，因此处置"僵尸企业"，不应是政府主导，但也不完全由市场决定，而是政府引导与市场化运作方式相结合，建立处置"僵尸企业"的长效机制。具体来说，各级政府要在"僵尸企业"的破产进程中发挥政策性的领导作用，加强对破产企业的费用监督和管理，防止历史拖欠职工个人费用，指导性地采取职工再培训、再就业等方式，切实保障职工的个人权益。

二是转型企业。转型中的企业，是企业通过改变运营模式、调整业态和资源配置等方式来最终实现企业竞争优势的重塑，提升社会价值，达到新的企业形态的过程。经济新常态下，企业转型代表了重生和希望，是一个老生常谈的话题，而转型企业是对这类企业比较广泛的称谓。从行业发展、产业链布局、产品竞争力和资金链等企业发展的关键因素来看，转型企业与"僵尸企业"有本质的区别，即转型企业能够在发展中转型与在转型中发展。

随着我国产业结构调整的不断深化和"互联网＋"的兴起，转型企业最大的特点就是主动被"互联网＋"，主动增加研发投入，谋求由要素驱动向创新驱动发展的转变。针对转型中的企业，政府应当积极给予政策引导和扶持。尤其是国有企业的转型进程中，政府应积极探讨国家财政干预重组的办法，比如，如何解决职工养老、职工子弟就学、求医等问题。

三是创新型企业。这类企业主要分布在高科技行业、消费品行业以及知识密集型服务业，其特点在于以市场为导向、产学研相结合的技术创新体系，有着高效的协调研究与开发、生产和销售能力，能够通过不断的持续的创新，获得持续性的收益。

随着我国商事制度改革和大众创业、万众创新政策叠加效应的凸显，市场主体的活力得到了进一步激发。来自国家工商管理总局的统计显示，2015 年全国新登记企业 443.9 万户，注册资本（金）29 万亿元，均创历年新登记数量和注册资本（金）总额新高。而这一波创业潮体现出了鲜明的创新性，大多集中在信息技术和文化金融等新兴产业。创新型企业的大量涌现，成为我国经济转型升级的重要推动力，也是解决再就业的重要社会力量。这种类型企业若遇到破产等现象，其员工自主再就业的成功率要远远高于其他类型的企业。

（三）如何从长远角度建立有助于企业更新换代的市场环境？

长期以来，学术界对政府如何应对企业破产与解决就业，大体呈现两种不同的观点：一是认为政府不应过度干预企业破产。政府的过度干预会破坏市场经济运行的内在规律，加重政府的财政负担，扭曲政府的职能，也形成了市场主体间的不公平对待。另一种观点则认为，应该帮助企业下岗人员实现再就业。此事关系民生和社会稳定，更直接影响到党和政府在人民群众中的威信，是政府需要迫切解决的问题。

在笔者看来，政府应是市场的裁判员与调解人，但不必以"保姆"甚至"父母"的心态对待企业的破产。政府应尽量少地甚至在多数领域可以完全不卷入市场主体的竞争中，创造市场竞争的公平性、公正性与透明度，让市场在资源配置中真正发挥决定性作用。各级干部应当摆正政府在市场主体竞争中的位置，遵从市场与法治原则，依照企业破产法处理后续事宜。

若出现非常规、大面积的企业破产危机现象，各级政府应密切关注，了解实际情况，本着"救急不救穷"与防控风险并行的原则，尽可能地减少失业风险与社会危机，将发展的不确定性降到最低。

就当前的实际情况看，近年来，在去产能过剩过程中，一些企业破产出现的诸如失业、重组纠纷等各类消极现象，在各级政府的政策篮子中，是有充足的应对工具的。舆论担忧有可能的失业潮，初衷可能是好的，不如把目光放在如何从长远角度建立有助于企业更新换代的公开、透明的市场环境与就业制度上。只有这样，才能在根子上解决各国都长期存在就业的难题。

2015年4月国务院下发的《关于进一步做好新形势下就业创业工作的意见》，要求既要从长谋划，也要加大现实工作中的就业政策扶持、就业服务帮扶方面。这实际上反映了党中央、国务院关于"宏观政策要稳住、微观政策要放活、社会政策要托底"的基本思想。

文件提出的四方面要求：即重点落实调整失业保险费率的政策；将失业保险支持企业稳岗政策由目前的三类企业扩大到所有依法缴费不裁员或者少裁员的企业；对确实需要裁员的企业，必须制定人员安置方案，同时实施专项帮扶行动，妥善处理好劳动关系以及职工十分关心的社会保险接续等相关问题；在这个过程中所产生的就业困难人员，要为他们提供托底安置，提供就业援助，通过公益性岗位这些措施来提供帮扶。落实这些政策，是解决当下企业破产进程中出现恶性失业的关键。

与此同时，社会舆论上要营造氛围，彻底破除企业破产后的"等、靠、要"的观念障碍。在市场经济大潮中，破产是通过优胜劣汰，促进竞争、合理调节资源配置的一种市场行为，符合经济发展规律。

在这种背景下，各级政府出台政策的逻辑，根本在于培育一种新经济增长点，以企业经营需要的市场环境为大目标，持续促进市场导向的就业，比如，大力发展服务业，在医疗、养老、旅游和家政等新服务领域大做文章；鼓励支持有条件的下岗人员创建小微企业，等等。

当然，一些国有企业的员工安置是目前尾大不掉的政府难题。这恰恰是目前国企改革的重点领域。为此，各级政府不妨充分借鉴历史上各类减员增效的经验，既充分实现去产能的任务，又保障职工的根本利益。有理由相信，只要依法办事，遵从市场规律，发挥主观能动性，在税收、货币、保险和利率等政策杠杆上下功夫，办法总比想法更多。

总而言之，经历"三去一降一补"的大变革，中国经济将比过往任何时候都要健康。而中国经济的韧性决定了，我们必须要有充分的定力与理性看待企业破产及其短期失业的社会现象，这既关乎中国转型期的社会心理，也关乎中国经济下行的正确认识。

发展中国"智"造不等于彻底告别密集制造业 *

> 因为推行中国"智"造，我们要告别"世界工厂"，要跟"世界工厂"说再见，这个说法可能过于乐观，也过于脱离目前的实际。不要忘记中国制造，made in China，不要忘记中国制造在过去的三十多年、四十多年，甚至是半个多世纪对于中国的发展立下的汗马功劳。

谢谢主持人，谢谢主办方的邀请给我这么好一个机会。我来之前搜索了中国"智"造这个词，到底英文对应的词是什么，发现并没有确切的词。比如说，made by China，那是"中国创造"，还有一些论文里讲中国"智"造，翻译也都不太正确。

其实中国"智"造并不是一个约定俗成的政策用语，而是代表着在舆论层面，我们正在新的时间点重新考虑中国制造的未来。什么时间点？就是人类社会进步到了工业 4.0 时代，从机械化、电力化、信息化之后，进入智能化时代。中国"智"造未来的前景如何，"两会"之间讨论这个话题，实际上是重要的提醒。但我要表达的观点是，即

---

* 由中国新闻社财经新媒体中新经纬主办的 2017 年"财经中国 V 论坛：中国'智'造新机遇"在北京举行。本文为王文发言实录。

使是你目前来讲这个中国"智"造，同样不能让我们去否定和忘记中国制造，made in China 的历史功绩，也不要想象中国这个大国突然间不再生产袜子、衣服、衣食住行里面的小商品，可能做不到的。即使是现在讲未来我们要如何创新，我们如何要品牌，如何要知识产权，仍然无法想象中国一个 14 亿人的大国未来那些密集劳动力的产业全部都没有了。这个时候恐怕我的第一个观点就要回应目前在媒体和舆论圈非常流行的看法，即因为中国"智"造，我们要告别"世界工厂"，我们要跟"世界工厂"说再见。这个说法可能过于乐观，也过于脱离我们目前的实际，中国"智"造不是要替代和完全否认中国制造，made in China，也不是要说，未来不再 made in China。我们必须要对自己的人口、国情以及我们的复杂社会现状有一个非常清晰的认识。我们不能幻想说变成了去工业化，我们的制造业全都没有了，可能这个比较有挑战。

第二，我想跟大家分享的是，因为我们要不忘初心，所以我们不要忘记中国制造，made in China 在过去的三十多年、四十多年，甚至是半个多世纪对于中国的发展，对于中国的崛起，立下的汗马功劳。

现在的一个舆论导向和一种舆论出现的小方面的思维的误解，好像是说那个中国制造不行，污染、血汗工厂等等都是要怪 made in China 的。这个说法我觉得也有点不太公道，所以，这个场合我宁可再次为中国制造 made in China 来正名一下，我们不要忘记过去的将近 40 年的改革开放里面的 made in China，中国制造给中国带来的至少四大最重要的我们很感动的功绩。

第一个功绩是，made in China，改善了我们的生活，我觉得这个非常重要，不仅是改善了中国，而且还改善了全世界民众的生活，尤其是对中国来讲，中国过去叫作自给自足。现在我们叫作什么？自富自享。我们自己都很富有了，自己非常享受。在座的各位很多都是年轻人，咱们刚过完年。过去我们过年的时候必须要做一件事，过年必须要穿新衣服，现在谁还有这种想法啊，每天都可以穿新衣服了。过去的物资不足，所以每年过年才能穿新衣服，现在不是这样了，也因为这些，2009 年开始，中国就有 200 多个产业都是世界第一了。根据韩国智库在小商品的统计，2014 年全世界有 1400 多种商品，中国的产量是世界第一，德国排名第二，德国只有 400 多种，美国 300 多种，这个角度来讲也是因为中国制造使中国人切切实实享受到了制度红利也好，国家发展红利也好，这一点我们是不能忘记 made in China 的。

第二个我觉得很重要，也是因为 made in China，我们逐渐建立起了一个全产业链，在中国，我们几乎可以生产所有的小商品。大概五年前，有一位以色列人跟我讲一个故事。当时我们智能手机刚刚出现，有位以色列人在视频上炫耀手机自拍时，他可以用一个杆把那个手机支起来，说这件事可以改变我们未来的生活状况，然后他想众筹。结果两个月以后，中国的自拍杆就开始卖了，没有以色列人的份。这就是中国的强大制造、复制能力。中国人只要看一眼，回来以后就能复制，这是我们中国制造 made in China 带来的我们全世界领先的复制能力。当然这种复制能力也会有争议。

第三个我认为最重要，made in China 改变了全球的经济格局。二战以后新独立的国家有 120 个，从低收入的国家跃升为高收入的国家，过去的半个多世纪，一个都没有。除了中国是最好的候选人，目前中国已经成为中高收入的国家，再过几年说明中国可以成为高收入的国家。中国制造改变了世界格局，我觉得功不可没。

最后一点我觉得也是很重要，就是创造了世界思想之谜。因为我们made in China，这个过程中突然发现了全世界的社会科学的进程中，没有发现的一个谜。这个谜就是为什么中国能够崛起？世界上很多人，很多学者，中国也有很多学者在努力地解释中国过去四十多年为什么同样一个国度，同样一个机制，这个国家就完全变样了？很多学者试图解释这样一个发展的奇迹。至少我所感觉到的，很多学者也有自己的答案，但是，目前来看恐怕还没有一个答案能够让学者，让所有的学术界达成共识。

我第三个观点跟大家分享，因为我们肯定了中国制造，made in China，现在我们讲中国"智"造，这个时候就突然发现了我们的动力源。因为从made in China到中国"智"造，过去通常有一种舆论，或者是说学理里面讲的动力源是在于我们不要污染，太密集了，劳动压榨、组装太没有尊严了，等等。这些当然很有道理。但是，企业家的欲望和动力不是用道德形容的，更重要的是经济学界早就讲过的，要摒弃道德的变量。

从made in China开始到中国"智"造，最关键是利润的诉求。关键是你要让所有人看到从made in China到了中国"智"造，我们要让那些企业主看到利益的诉求在哪里，利益点在哪里，如果能看到这样的利益点，我们会突然发现这个转型变得容易了。这个利益点在哪里呢？

现在在全世界格局的变化，我发现一个数据非常有意思。过去的二十多年中国出口占了国内增长量的比重，和占国外增长量的比重，两者之间实际上是呈现着交错的趋势。中国出口量每年在增长，但是占国内的所有的商品生产的增长量的增长是逐年下降的。有一些产品，几乎所有的 made in China 的产品，中国制造的产品，在 90 年代中期的时候，占有我们所有国内的增长量是 80%、90%，什么意思，相当于我们所谓增长的那些物品，大部分都是出口国外的，百分之八九十，但是现在基本上下降到了 40%—50%左右，国内开始大量地消费了。

第二个是占有国外的这个产品的增长量逐年地上升了，最早是 10%左右，90 年代中期，现在有的产品，我们的生产已经占到全世界的 50%左右了。

这种交错说明什么？第一，我们的 made in China 已经是 made in World，中国制造已经是"世界制造"。这一点角度来讲，至少世界欠中国一个赞。很多时候，我们是在为世界污染了我们的环境和生态。

第二，很重要的是，国内市场现在越来越大，现在我们的 2015 年 30 万亿元的国内的消费额，很快三到五年左右，中国的消费市场将成为全世界最大的消费市场。中国老百姓太能买了，对企业家有驱动力，如果再不转移到中国"智"造的话，老百姓买一个马桶都要到日本去买。对于一个企业家来讲，这才是我们丢失很大的一块利益。

在国际上来讲，同样如此，最大的出口贸易增长度在哪里，在现在我们所提的"一带一路"地区。这个增长太高了，过去的 6 年左右的时间，世界贸易的增长已经连续差不多 6 年都低于世界 GDP 的增长，也就是说低于3%。但是，我们过去的三年左右，中国的贸易增长跟"一带一路"地区的贸易增长，都是20%、30%，甚至是有的国家百分之四五十的增长，那片地区，我们所看到"一带一路"区域给我们中国"智"造和made in China所带来的机遇是巨大的，非常之大。

最后一个观点是，我们今天讲中国"智"造，未来有三点是非常值得注意的。这三点在"中国制造2025"中也提到了，我这里也重复一下。

第一个我认为，在未来五年的研发比例会继续往上增长，更重要的是，made in China要推进信息化和工业化的深度融合。目前我们面临的非常巨大的时机，十个大产业，比如说新一代的信息技术产业，高档的数控机床和机器人产业、航空航天、电力装备、农机装备、新材料和生物医药等等产业，都面临着重大的中国制造的升级，甚至是领先于全世界的一个重大机遇。

第二，就是中国人、中国企业、中国产品非常需要国际营销意识和国内营销意识，创造你的品牌，任何时候都没有像现在那样需要营销意识。其实，中国人很多做得都不错，只是因为我们的品牌价值没有提升上去。

最后一点是全面推行绿色制造，未来的五年到十年左右，中国的碳排放量要大大地下降，没有绿色是不行的。

最后的最后，我要说实际上，中国制造，无论是made in China还是说中国"智"造，目前来看都面临着前所未有的重大机遇。当然，有挑战，但是挑战面临着利润的到来，谢谢大家。

中国制造业被世界看好的四大原因 [*]

中国的挑战也不少，中国制造业的未来肯定不是坦途，但世界看好的正是中国敢于面对现实难题、且有解决难题的社会勇气与战略定力。这也正是中国制造业有前途的根本动力。

感谢主办方的邀请。这两天与数十位国际企业高管深层交流，深切感受到中国制造仍然高度被世界看好的盛况。这种对中国制造业的高预期超过我此前的想象。要知道，当下，逆全球化浪潮席卷各国，中国经济下行压力陡增，制造业一度被舆论唱衰。近年来中国还不时曝出制造企业群体倒闭的消息。一些外国智库研究报告也在讲，中国制造业劳动力优势已丧失，缺乏核心技术创新能力，中国制造业只是"短暂的辉煌"，或是"虚假的繁荣"。近年来，还有一些西方报纸刊登"中国经济将崩溃"的论点。

---

* 2018 年 5 月 25—26 日，世界制造业大会在中国安徽合肥举行，包括联合国前秘书长潘基文、德国前总统、世界中小企业联盟主席武尔夫在内的来自全球 100 多个国家的 3000 多名政要名流与商界代表云集，参加十多场大会与各类论坛。王文受邀主持其中的"智能制造"专题论坛并在第二天下午大会上发言。本文根据发言内容整理而成。

　　不过，会议期间我看到上千位国际企业高管自发来到合肥，听说还签了数百个项目，这不正说明大家以"用脚投票"的方式，认定已成为全球第一制造业大国的中国发展潜力仍很大，未来必然成长为"制造强国"吗？

　　这两天，我在就餐、茶歇、会场间与许多国际朋友交流，问他们对中国政府的最大感受或建议是什么？说实话，我很少听到外国企业的抱怨，反而很多是感谢。三菱电机执行董事富泽克行先生昨天讲的一句话让我作为中国人很感动。他说作为日本企业，在中国考虑更多的不只是企业，而是如何为中国当地做出贡献，因为受到了当地政府的许多照顾。

　　我从外国朋友眼中看出，中国政府是全球最重视制造业、并给予制造业发展真正"优先政策选项"的政府，没有之一。这是我近日感受到中国制造业被世界所看好的制度优势、也是第一原因。这些年，从中央到地方，几乎所有行政主官都带着紧迫感考虑智能革命下的产业发展与创新驱动。昨天开幕式上，安徽省省长李国英先生有一个很有趣的演讲细节，他说安徽要成为"审批事项最少，办公效率最高，营商环境最优，投资获得最大的省"，然后在 0.5 秒钟后加了"之一"两字。我觉得，他加的"之一"是对的。因为中国几乎所有省、市、自治区都在争相做这些事，都在深化改革，都在推出各项减政放权的制度。

　　昨天还有一位外国企业家对我说，没有任何国家像中国官员这样如此优待企业家的钱，他们不像欧美政客那样想着为选举而筹资，"钱不会到官员的腰包，反而是那些官员会向你推荐当地好的项目"。

2018 年 5 月，在安徽合肥举行的 2018 世界制造业大会，王文发表大会演讲

昨天马鞍山市专门设午餐招待大家，市委书记挨桌敬酒，每桌都亲切地问"这一桌外国朋友有到我市来投资吗?"这是怎样的"拉票"精神啊。其实，中国官员的确不必担心所谓的"选票"。因为只要地方发展，他们就得到了最大"票仓"。

更重要的是在政府影响下，多年来，中国社会也有对制造业发展保持永不松懈的热情。现在，在遍及全国的 900 多家五星级酒店大堂，那些在交谈的企业人群，我敢说，讨论的话题多半是智能制造背景下的转型与发展。这说明，中国制造业这些年来出现的企业倒闭并不是制造业的没落，而是产业的升级换代。这与欧美国家那样呈现产业空心化的状况是完全不一样的。

第二，除了政府的制度优势外，全产业链的技术优势是中国制造业发展将长期被看好的技术原因。中华人民共和国成立以后，经济一度陷入倒退，但有一点是值得肯定的，改革开放前，中国就已逐渐建立了完整的工业体系。目前，从低端生产，到中端组装，再到高端智造，从品牌、采购、营销、服务到创新升级，从资源整合到技术转换再到信息供需，没有任何一个国家的产业链复合度、完整性像中国这么强大。刚才有位中国企业家告诉我，"绝大多数创新产品理念对中国企业家来说，只要一看一听，就能在一两个月内找到制造企业将其大批量地复制、生产出来。"中国这种高效与批量生产的支撑能力，在任何国家都没有，这恰恰是当下"优于设计、钝于生产"的欧美设计师们的天堂，也是全球处于同一起跑线"智能化革命时代"让中国形成"弯道超车"优势的关键。

第三，人才优势也是中国制造业发展被全球青睐的关键因素。与欧美国家过去 20 年优秀学生都投入金融、工商管理、法律等学科不同，从 20 世纪 90 年代后期中国大学扩招以来，中国平均每年产生 500 万左右优秀理工科毕业生，累计创造了 8000 万到 1 亿人左右的工程师储备。像承担"神舟"飞船、"嫦娥"探月工程的数万科技人才当中，35 岁以下的科技人员占 66%。每年还有三四十万留学人员回国，中国正在掀起最大规模的海外人才归国潮。中国私企近年来也成为人才的聚集地。比如在华为公司，就拥有 10 多位院士。更重要的是，中国具有全球最齐备的全门类、全跨度的工程师群体，人均劳工成本至今仍是日本的 1/5、欧美国家的 1/7，这使得产品制造在中国仍然长期享有"物美价廉"的保证。

第四，市场优势更是中国制造业未来遥遥领先于西方的重要保证。14 亿人的统一大市场是世界独一无二的。近年来，像成都、合肥、武汉、郑州等数十个二三线城市在制造业与消费市场上的集体爆发，让中国经济呈现成功转型与可持续发展的趋势。中国每年新增 2000 万城镇居民，居民 60 万亿元的固有储蓄正在逐渐转化为支出，消费已成为经济增长第一动力，使得中国在 2018 年底有望超过美国成为世界最大消费市场。加之"一带一路"倡议试图塑造国际互联互通格局，以期形成中国主导的更大统一市场，这些都是全球制造业发展继续在中国喷发的积极背景。

当然，中国的挑战也不少。中国支持制造业的政策配套与执行力度仍然不足，全面深化改革的成效仍有待检验，多层次投融资体系仍不完善，全球经济增长起伏对中国的冲击越来越大，中国教育水平与消费促动需要提高，制造业一些核心技术的突破仍未见曙光，"工匠精神"在中国要发扬光大难度很大，人均劳动生产率提升道路很漫长，城市病与生态污染治理仍很迫切，社会舆论时时出现的消极干扰也很明显。

中国制造业的未来肯定不是坦途，但至少从这次世界制造大会的现实看，世界看好的正是中国敢于面对现实难题、且有解决难题的社会勇气与战略定力。这也正是中国制造业有前途的根本动力。

再次感谢！

要海洋强国，也需沙漠强国 [*]

> 发展沙漠产业经济，建设沙漠生态文明，对于内外空间急需拓展的中华民族复兴来说，是一个难能可贵的新增长极与资源富矿。向西"沙漠强国"，向东"海洋强国"，两大对外战略的合拢将使中华民族的复兴进程大大加速，中国梦的实现更是指日可待。

库布其沙漠是中国第七大沙漠，总面积 1.86 万平方公里，位于内蒙古鄂尔多斯高原北部，距北京直线距离 800 公里，是离北京最近的沙漠，十几年前这里的沙尘一夜就可以刮到北京城，但现在那样的场景已不再重演。经过 25 年的努力，库布其沙漠在亿利资源集团的带领下，成功地将其中 1/3 沙漠面积变成了绿洲，开创了一条"可持续公益商业治沙模式"。

---

* 2014 年 9 月 19—20 日，在库布其沙漠召开的"生态文明企业家年会"上，200 多位企业家、专家学者纵论"沙场"，探讨和交流如何通过商业智慧、力量保护和改善生态环境。王文根据调研阐述了"沙漠强国"的概念。本文为学理分析，刊发于《红旗文稿》2014 年第 1 期。

一、向国际推广治沙经验，将提升中国软实力

25 年前，库布其是"五无一少一多"的死亡之海，即没有生态、没有出路、没有医疗、没有通信、没有文化、收入少、风沙多。亿利资源的前身是这座沙漠的一个小盐厂，常年被风沙所困，几十万吨产品无法运出，被迫走上了一条治沙绿化、发展沙漠经济的特殊之路。25 年间，亿利资源通过"市场化、产业化、公益化"的治沙模式，投资 30 多亿元建设生态，投资 300 多亿元发展产业，绿化库布其沙漠 5000 多平方公里，控制荒漠化面积 10000 多平方公里，10 多万当地牧民人年均收入超过 3 万元，整个库布其地区年产值比数百公里之遥的蒙古国全国一年的 GDP 还高，取得了明显的生态效益、可观的经济效益和显著的社会效益。

对此，联合国前秘书长潘基文在国际沙漠论坛的致辞中评价道："据我所知，库布其实现了生态移民治沙，让移民走出沙漠，恢复自然修复力；库布其还实现了科学技术治沙，创新了许多治沙办法；库布其还实现了经济开发治沙，利用沙漠资源实现绿色循环。这一切的成果就像中国经济实现的奇迹一样，令人惊叹。"

笔者曾与全国政协常委、亿利资源集团董事长王文彪长谈。这位将沙漠视为自己的"生意、生活、生命"。库布其事业的缔造者用了"一、二、三、四、五"联动发展来形容库布其模式，即一个梦想：让沙漠变成富裕文明的生态绿洲。两个循环：经济循环和社会循环；"经济循环"是"治沙生态→经济作物种植→集约化经济发展→治沙生态"的循环经济体系。"社会循环"是指"治沙→生态→经济→民

生→生态"的社会事业良性循环体系。"三化互动"：市场化、产业化、公益化。四种治沙方式：生态移民治沙、科学技术治沙、经济开发治沙、创新机制治沙。五大成果：开创了一条新路、绿化了一座沙漠、催生了一片产业、改善了一方民生、凝聚了一方民心。

对这些总结说服力的最好验证就是走访。笔者在一位牧民家问他，靠什么发家？答：种甘草，卖给中草药厂，制成名贵药材；还种沙柳和胡杨。这"沙漠三宝"抗风沙，耐寒、耐旱、耐盐碱，生态和经济价值极高。在牧民居住区转了一圈，小二楼、小汽车、摩托、各种电器一应俱全，家家如此，让人羡慕。

在国际沙漠论坛现场，一位美国环保专家和笔者说，这儿比美国内华达州好。美国人只会在沙漠里建赌场（拉斯维加斯），中国人却能治沙，还让那么多穷人变富，令人佩服！另一位不懂中文的伊朗农业专家则几次请我与主办方要相关的英文材料，他希望将这种库布其模式引入同样受沙漠困扰的伊朗。当他知道这片沙漠既能够生态治理，又能够消除贫困，且还能创造每年超过 100 亿美元的经济效益时，连呼"unbelievable"（难以置信），还反复和我确认说的是"billion"（十亿），而不是"million"（百万）？

笔者粗略给库布其算了几笔账：第一，"沙漠三宝"的投资回报率高达 1：10，且这还不算生态效益；第二，利用沙漠内的劣质煤、沙柳等生物质资源进行土壤改良与肥力增加，乙二醇等清洁替代能源，以及利用沙漠日照的规模化太阳能资源，年产值潜力超过千亿元；第三，沙漠附属产品如膜砂、涂料、沙漠艺术品等，投资潜力也不可限量。换句话说，库布其是另辟蹊径、剑走偏锋地开创了某种

"绿色银行"模式，而且是低投入、高回报的绿色产业金融模式。

中国是世界上遭受风沙危害最严重的国家之一，荒漠化土地面积为 263.62 万平方公里，占国土面积的 27.46%，每年因风沙危害造成的经济损失超过 540 亿人民币。

目前，库布其沙漠生态文明事业得到了国际组织和社会的广泛关注。2012 年，在联合国可持续发展大会上，库布其生态文明被列为联合国"里约 +20"峰会重要成果向世界推广。联合国荒漠化防治公约组织据此还提出了到 2030 年实现全球荒漠化土地零增长的目标。倘若能在全国范围推广库布其的治沙经验，充分运用科技与市场的力量，创造合理机制，变废为宝，变沙为金，将会大大推动中国经济的可持续发展；倘若再能在全球上百个国家推介这些治沙经验，对中国文化软实力的提升也将有极其重要的意义。

二、多"变废为宝"，方能养活中国人

在库布其召开的国际沙漠论坛，笔者看到两组令人惊讶的资源数据：

一是资源压力。联合国环境署在该论坛公布了最新研究数据，中国国内物质消费总量在 2008 年就已是美国的 4 倍，金属矿和工业矿物的耗费比例数年内翻了一番，城市用水 25 年间增加了 8 倍，温室气体排放已增加了 2 倍。

二是资源希望。在库布其沙漠，短短 25 年内，5000 多平方公里已由沙漠变成了绿洲，"沙漠三宝"（甘草、沙柳和胡杨）的投资回报

率达 10 倍，利用沙漠内劣质煤、沙柳等生物质资源、乙二醇等清洁
替代能源、规模化太阳能资源，年产值潜力超过千亿元；数十万牧民
致富，人均年收入达到 5000 美元。

或许也正是基于库布其的成功经验，国务院副总理汪洋在论坛开
幕式上才有底气代表中国政府宣布，中国 2020 年要治理一半以上可
治理的沙化土地。要知道，沙漠化是威胁人类生存和发展的头号杀
手。目前全球荒漠化面积已达到 3800 万平方公里，占陆地总面积的
1/4，遍及 110 多个国家，并且以每年 5 万—7 万平方公里的速度扩展，
相当于每天损失掉一个爱尔兰的国土面积，有 10 亿人口因荒漠化而
吃不好饭，沙尘暴虐。很明显，中国的治沙经验是对人类文明的重大
贡献。

但只有一个库布其是不够的，中国恐怕需要有 N 个库布其。毕
竟，中国目前荒漠化土地面积为 263.62 万平方公里，占国土面积的
27.46%。更重要的是，库布其标志的是一个"变废为宝"的典型案
例。它实际上在激励着全中国民众从"废"中寻"宝"的意志与动力。
环顾全球，任何发达国家，"变废为宝"能力肯定也是发达的。比如，
以色列在垃圾填埋场上建成了世界最大的都市公园，日本垃圾再循环
与利用的技术更是令人折服……

笔者建议，应参照库布其的成功经验，出台一系列法律与规章，
鼓励、激励和奖励社会各界更多地"变废为宝"。在治沙领域，库布
其经验在于将政府立法（中国颁布了世界第一部防沙治沙法）、市场
（寻求与民营企业的力量）、生态（立足于环境保护）、科技（沙漠科
技的创新）与产业（必须顾及经济效益），在其他方面，如大气保护、

垃圾处理、餐饮服务、海洋产业、水资源保护等有很大潜力的领域，库布其模式都值得借鉴。

归结来看，"变废为宝"实际上是中国可持续发展、实现循环经济的必经之路。从目前城镇化进程加速、耕地减少、耗能提高的大背景来看，如何养活未来的中国人仍然是一个问题。

目前，中国虽然已制定了世界上第一部循环经济法，需要做的是，在各个领域寻求适合的技术、足够的市场资金、恰当的人力资源以及持之以恒的监测与执行。套用那句老话，生态文明的"革命尚未完成，同志仍须努力"。

三、要海洋强国，也需沙漠强国

数千年来，中国对外战略受到中原农耕文化的严重束缚，向东忽视海洋，向西惧怕沙漠，以致中国政治、经济、军事和社会的战略重心长期桎梏在黄河、长江中下游一带，中西部诸省及东部沿海地区均被视为边陲之地。于是，大部分中国人都"蜗居"在狭小的东部几大平原地区，战略思维也相当狭窄，这是中国人生存空间的悲哀。

值得庆幸的是，向东，党的十六大报告提出"实施海洋开发"的任务和要求，十八大报告首次明确提出要"建设海洋强国"，将海洋纳入到了国家大战略之中。目前，中国对外战略已经从海军、海洋产业、沿海城镇化等多种方式，打破了过去忽视海洋的观念窠臼。瓦解第一岛链的战略包围，使海洋成为中国发展的重大战略依托，只是时间而已。

然而，往西却迟迟未能收到显著成效。早在 20 世纪末，中央就提出西部大开发战略，但时至今日，西部大开发更多是集中在中西部大城市的"点"式发展，没有将西部高原、荒漠连成一片，尤其是沙漠地区。中国荒漠化土地均位于中西部，面积约占国土面积的27.46%。这片面积大体与中国东部拥有的海洋国土面积（299.7 万平方公里）相当。相比于东部的海洋，西部的荒漠几乎是"无人区"，是一个急需战略发展的"真空带"。

究其原因，中国的大战略思维中还没有认识到荒漠价值，仍然先天性地认为征服沙漠很难，产生经济效益不容易，生存成本太高，等等。这与过去我们忽视海洋的思维逻辑多少有点相似。

现在国家已经提出"海洋强国"战略，成为重视海洋、拓展中国发展空间的重要部署；但也应进行一轮"沙漠是高回报的绿色银行"的观念升级，甚至可以提出"沙漠强国"的新战略理念。在这方面，世界与中国真的非常需要推广库布其模式。在考虑"海洋强国"的基础上提出"沙漠强国"战略，进行传统战略的再次升级。理由至少有五点：

从战略选择看，沙漠与海洋都是中华民族生存与发展空间拓展的必然要求。据统计，2015 年海洋生产总值占国内生产总值（GDP）比重达到10%。相比之下，如果能够进行量化，沙漠对中国经济发展的作用不会弱于海洋。随着城镇化加速，土地资源短缺的矛盾日益突出，中国要力保 18 亿亩耕地红线的艰巨任务，缓解人地矛盾，关键在于能否改造治理荒漠化土地。

从战略储备看，沙漠与海洋都是蕴藏中国人深厚与独创思想的潜力空间。早在 1984 年，钱学森就提出遵循"多采光、少用水、新技术、高效益"的技术路线，发展知识密集型沙产业、草产业的理论。经过 30 年的发展，沙漠产业已由理论探索变成较大规模的生产实践，沙漠农业、能源、化工、建材、旅游等产业共同发展的格局已悄然兴起。

从战略难度看，沙漠与海洋都是涉及国家未来稳定大局的重要变量。相比于中国海洋权益与争端的涉及面大、风险度高，发展沙漠更有自主性。在海洋领域，中国与周边的纠纷与竞争会越来越微妙，与超级大国美国的结构性矛盾会越来越大；而在沙漠领域，没有任何外部力量阻止中国发展沙漠产业，越发展越有助于广大荒漠化地区的民族团结与边疆巩固，越有利于社会均衡与可持续性发展。

从战略贡献看，沙漠与海洋都是关切到人类文明未来发展的重要领域。相比于中国在海洋发展上仍处于初级阶段的理念、技术与生态保护能力，中国防治沙漠化的水平却是领先于全世界的，库布其模式更是堪称荒漠化治理的人类典范。中国是唯一做到"人进沙退"的国家，要实现联合国 2030 年"土地退化零增长"的目标，中国贡献将是最大的。在国内，这种贡献将凝聚成生态文明建设的重要成果；而在国际上，治沙贡献将很容易转化为中国软实力。

从战略趋势看，沙漠与海洋都是世界大国竞争的新领域。可以说，"沙漠强国"的战略是众望所归，既不会冲击到中国与世界的原本关系，反而会拉近中国与世界尤其是荒漠化严重的发展中国家之间的距离，对提升中国的形象，增强中国的国际感召力都将起到关键作用。

　　总之，中国在完成"海洋强国"战略部署之后，在合适时期提出"沙漠强国"的理念具有重要的现实意义。发展沙漠产业经济，建设沙漠生态文明，对于内外空间急需拓展的中华民族复兴来说，是一个难能可贵的新增长极与资源富矿。向西"沙漠强国"，向东"海洋强国"，两大对外战略的合拢将使中华民族的复兴进程大大加速，中国梦的实现更是指日可待。

培养全民海洋理念　破解中国经济困局 *

> 要通过各种形式、各种途径大力普及海洋开发意识，宣传海洋在国家建设、经济发展中的战略地位，从根本上提高民众海洋国土意识、海洋经济意识和海洋法制意识，引导全社会形成关注海洋、开发海洋、保护海洋的良好氛围。

随着党的十八大提出"建设海洋强国"的战略规划以及"一带一路"战略的推进，海洋开发已经上升到国家战略的高度。建设海洋强国对于推动经济持续健康发展，维护国家主权、安全、发展利益等具有重大的意义。2016 年 7 月 12 日的"南海仲裁案"更是警示中国人加强建设海洋强国的紧迫性。

但是当前，我国的海洋开发能力还相对滞后、对海洋资源的利用还处于萌芽阶段、海洋产业占 GDP 的比重远远低于发达国家，尤其是以大众海洋理念为基础的海洋金融的发展还相对滞后，严重阻碍了对海洋的开发利用。据国家海洋局数据，2015 年全国海洋生产总

---

* 2016 年 9 月 26 日，2016 中国·青岛海洋国际高峰论坛在青岛举行。王文受邀参会并作主旨发言。本文为发言的整理稿，刊于《中国金融》2016 年第 19 期。

值 64669 亿元，在国内生产总值中占比 9.6%，预计到 2030 年占比有望达到 15%。而目前发达国家的海洋经济占 GDP 的比重普遍在 20% 以上，美国的海岸经济和海洋经济更是占到 GDP 的 51% 和就业率的 75%，绝对值超过我国 10 倍。在陆地资源无法承载中国进一步持续发展压力的态势下，以金融手段整合各种资源和渠道来鼓励大众参与到开发利用海洋的行动中并从中获益，进而形成"投资海洋，受益海洋"的全民海洋理念，就成为我国化解海洋开发难题、培养经济新增长点，进而破局中国未来发展困境的关键。

海洋金融发展面临诸多制约

目前，我国针对海洋产业发展的金融服务还相当有限，尤其是在传统的以陆域经济为核心的发展惯性下，我国海洋金融的发展还面临不少挑战。

第一，制度和政策的滞后以及金融机构缺乏经验制约了海洋金融的发展。目前，我国尚缺乏统一的海洋开发的整体战略，没有系统、完整的政策思路或指导文件，开发模式大多粗放，加之海洋经济在我国的发展时间较短，许多产业规模小、成熟晚、未形成产业化规模，急需对全国的海洋开发进行统筹规划、整体布局。据统计，由于缺乏科学指导和资金支持，中国周边海洋生物资源的平均开发率不足 20%，水产品的加工率仅 30%，化工、能源资源的开采利用率更是落后，150 多个海滨旅游景点空间资源的开发利用和发展也处于初级阶段。

　　以银行为主的金融机构发放的贷款多为担保和质押的方式，而海域使用权、收益权受到诸多政策法规的约束，抵押融资受到较大限制，海洋产业获得期望中的融资规模的难度较同等资产规模陆域经济企业要大得多。同时，相对于陆域经济来说，海洋经济产业拥有的有效资产抵押品较少，即靠传统的融资模式，缺乏能适应现代海洋产业需要的新型融资工具和风险管理工具。由于许多项目承担企业（特别是民营企业）没有足够大的固定资产，因此涉海金融业务的作业成本（包括业务评估、风险管理等）较高，导致银行等金融机构长期以来倾向于将有限的精力投放于政策与流程都相对较成熟的陆域金融产品的研发和营销领域，而有意无意地回避涉海金融业务。

　　第二，面临较大潜在风险的海洋产业对金融机构的吸引力不足。频繁的海洋灾害、外向型的企业汇率风险是海洋经济发展不得不面临的现实问题。在缺乏针对性风险缓释机制的情况下，以银行为主的金融机构为海洋企业融资时，不得不面临较大的风险。更重要的是，在主权国家海洋权益争端时有发生的情况下，海洋产业发展也可能面临海洋权益争端引致的地缘政治风险。在东海和南海，域内和域外国家频频搅局，造成地区局势紧张，平添了诸多不确定性，这也是金融服务海洋经济不得不考虑的风险隐患。

　　第三，缺少专业化的海洋金融机构。海洋经济的发展，需要许多专业化的综合金融机构来提供专业化的金融服务。为最大化地提升金融服务海洋经济的能力，必须要有一个适应海洋经济发展的综合金融服务提供商的出现，而目前我国还没有建立诸如海洋合作开发银行这样的综合性金融机构，只有个别银行在初步涉水，因此无法做到充分整合各种资源和渠道，以及投资、融资、保险等业务平台，很难开展更为广泛的涉海业务。

第四，社会整体的海洋意识不强。社会的海洋意识不强，导致海洋产业和海洋科技严重落后国际水平，使我国在海洋开放、海洋问题的解决上捉襟见肘，新老问题交织，已经危害到了国家主权、领土完整以及与周边国家的关系。

多项措施并举，壮大海洋金融

第一，政府的政策和制度支持是前提。政府需要加强政策和制度建设，通过政策指引和多种货币政策工具，为金融机构提供资金保障，鼓励金融机构优化信贷结构，引导金融资源向海洋经济聚集。建议可以从财政上安排一定的专项资金，设立由政府主导、社会资本参与的混合所有制形式的海洋产业发展基金，对海洋产业给予支持，并对基础设施、公共服务和产业化等项目建设给予资金补助与税收减免。更可以进一步建立产权综合交易平台、海洋科技金融联盟等。以新加坡为例。新加坡政府为发展海洋经济、海洋金融所做的努力举世闻名：成立了专门的工业区管理局，并颁布《新兴工业（裕廊豁免所得税）法案》《经济扩展奖励法令》等政策文件以鼓励相关产业；推出海事金融激励计划，通过税收优惠来引导社会资金进入海洋产业，新加坡海运信托基金也应运而生。

要加强组织建设，建立地方银行业监管机构、海洋经济工作办公室、金融办、发改委、环保局等部门联动的沟通合作机制，为地方政府产业规划建言献策，联合地方政府开展专题调研与研讨，推动构建海洋经济发展"政—银—企"信息共享平台和重点项目对接平台。要积极拓宽融资渠道，利用多层次资本市场为海洋经济发展筹措资金，增加海洋资产的流动性，用好增量，盘活存量。要构建可持续的海洋经济产业的金融支持体系，通过多层次、多主体参与的金融政策以及投融资环境的优化，增强海洋经济对于金融资本的吸纳和集聚能力。这不仅是海洋经济发展中金融资本与产业资本对接融合的基础条件，也是海洋经济实施有效的区域规划和战略管理的必备条件。

第二，要提高海洋资源开发能力，推动海洋经济向质量效益型、科技创新型转变。通过提高海洋开发能力、扩大海洋开发领域，让海洋经济成为我国经济的新增长点，加快提升海洋渔业、船舶、化工等产业水平，集聚发展港口产业，构建链条完整、技术先进、特色鲜明的产业体系和产业集群，加强海洋经济的规划和引导，提高海洋经济增长质量，优化、壮大海洋产业。

此外，我国海洋经济的增长长期以来主要依靠资源、资本和劳动力的投入来驱动，科技含量低，科技创新在海洋经济中的贡献率只有30%，而发达国家已超过70%，因此要加强海洋科技创新战略的研究和投入，促进科技创新产出，提高科技对海洋经济的贡献率和国际竞争力。

第三，发挥金融机构主体力量的作用，加快推动金融避险工具创新，完善海洋经济风险防控机制。以银行为核心的国内金融体系可以充分整合各种资源和渠道，综合利用投资、基金、融资租赁、保险、信托、海外机构等业务平台，为海洋经济的基础设施建设和海洋经济产业链提供综合授信、贸易融资、财务顾问、汇票业务、代理发行债券、投资银行、金融租赁、信托、财务顾问、涉海保险等一揽子金融服务解决方案，鼓励涉外贸易企业通过汇率远期、货币互换、掉期等产品，对冲汇率风险。以海洋金融较发达的中国香港和新加坡的融资为例，与西方以债券融资为主的模式不同，两地以股票和信托基金为主要的融资渠道，比传统的债券融资速度更快、成本更低、回报率更高。这不仅可以更有效地助力海洋经济发展，也能够更充分地发掘海洋经济蕴含的巨大业务拓展空间，增强涉海企业的风险抵御能力，也有助于金融机构自身业务的创新、开辟发展新通道。

同时，建立海洋合作开发银行正当其时。海洋合作开发银行的建立是为了适应时代的需要、满足中国经济可持续发展的内在需求，将加快海洋经济发展的转型升级，成为全力服务国家建设海洋强国大战略的加速器。海洋合作开发银行以贯彻国家海洋产业政策、促进海洋经济协调发展为基本职能，通过支持海洋产业的基础设施发展，引导社会资金流向，提供技术、管理、人才、信息服务等来推动海洋产业的成长和优化，支持国家重点海洋开发区的建设及对重点海洋产业的技术改造与创新，调整和改善对海洋投资结构的不平衡现象及投资布局，进一步完善金融机制的整体功能、增强其调控作用，健全和优化我国金融体系在海洋产业发展中的整体功能。

第四，智库将为海洋金融的发展提供人才和智力的支持。海洋经济具有技术密集、智力密集的特点，专业人才缺乏是制约海洋金融发展的重要因素。我们需要从持续推动海洋金融业务的战略高度出发，大力支持海洋科技与海洋人才的培育，推动海洋经济领域的"双创"，着重培养能进入海洋科学前沿和具有国际影响力的专业人才，扩大海洋教育规模、加强学科建设，培养高层次人才。同时，也需要聘请相关智库、学术机构和实务专家提供海洋金融业务发展规划咨询、重大项目评审等服务，为海洋金融业务拓展建言献策，为海洋金融业务的持续拓展提供智力支撑。

最后，要重视民间力量的作用。民间资本在海洋经济中也是一股不可忽视的力量，除了加强金融机构参与和支持海洋合作发展外，更应该鼓励和引导民间资本参与海洋产业发展，形成多元化的投融资机制。要充分利用第三方服务机构，为提升海洋金融产业发展提供专业化的保障。积极开展与航运经纪公司、专业保险公司、律师行、专业独立检验行等第三方服务机构的合作，借助专业力量快速获取海洋企业相关信息，提升海洋金融综合服务能力。要鼓励市场参与者积极开展海洋金融创新、优化海洋金融发展环境、提升金融产业能级，形成政府与民间相互促进、相互融合的局面。

更重要的是，要通过各种形式、各种途径大力普及海洋开发意识，宣传海洋在国家建设、经济发展中的战略地位，从根本上提高民众海洋国土意识、海洋经济意识和海洋法制意识，引导全社会形成关注海洋、开发海洋、保护海洋的良好氛围。

（展腾是该文的另一位作者）

第七章

学者应有士大夫情怀

青年人为国效力，恰逢其时

大学毕业后三样东西不能丢

新一代哲学社会科学工作者的探索与使命

智库人的江湖

青年学者要勇于担当时代赋予的使命

青年人为国效力，恰逢其时 *

智库是有志于改变政治、改造国家的青年人很好的去处，可以容纳很多很多年轻人为改变时代而奋斗。很多 90 后、95 后的年轻人比年长的其他人拥有更多的机会，更好地改变这个国家、改变这个时代的机会。智库应该是一个很好的平台。

非常感谢邀请，感谢这么多人周末一大早就赶过来。刚才华大基因王俊先生讲到人类的基因变化，以及与企业基因的关系，其实，智库也有自己的基因。

智库在中国古代有类似的词，如"师爷""智囊"等，但现代智库的含义，却还是一个非常新生的事儿，对全球都是如此。现代智库起源于 20 世纪初，智库英文叫 thinktank，为什么叫 tank？它的词源来自于"坦克"，是一战才出现的一种武器。一战以后，有一批职业学者，认为思想也要有进攻力，像坦克那样，于是就有了"智库"这个行业。

---

* 2015 年 8 月 16 日，北京师范大学、全球青年领导力联盟（GYL）联合主办的两岸四地青年创业领导力研习营暨全球青年大会（GYS）在唐拉雅秀酒店成功举办。王文出席智库创新领导力论坛并发表演讲。

当下最有名的智库都起源于一战后。智库的产生，实际上给予了很多年轻人改变世界的机会。在美国，大量内阁成员都来源于智库，比如，著名智库布鲁金斯学会，每届政府换届，都会向白宫、国务院输送10多位部长、副部长或其他高官。这让他们非常骄傲，也使他们成为美国年轻精英的向往。

对中国来讲，智库是改革开放以后产生的。中国最大的智库是中国社会科学院，第二是国务院发展研究中心，均成立于1980年前后。中国智库也做了诸多贡献，我常与老外讲，不要以为只有你们智库能向政府输送人才，中国智库也输送了很多政治精英，比如，王岐山先生就曾在社科院工作过。

现在的问题是，中国目前民主化政治的进程非常快，需要大量原创思想与创意去支撑和论证决策。在这个过程中，智库显得供不应求。所以，2013年以来，习近平总书记在几次大型公开会议上，讲到需要建立中国特色新型智库。这就回到今天的核心话题，青年人能在智库平台上做些什么？

回顾中国现代史，中国代际更替显得非常有节奏感。改革开放以来的37年，呈现了四代很有意思的代际，我把每一代人20岁前后发生的最重要政治事件来分别命名他们。

第一代人是"四五一代"。1976年4月5日清明节，一批年轻人到天安门广场缅怀刚刚故去的周总理，掀起了"文革"结束的序幕。那一代有志青年的报国热情被压抑了十年。

再过13年后，"89"一代青年人的政治激情，产生了一段至今难以盖棺论定的风波。但可以说的，那时的青年人的爱国热情与政治意

2017 年 8 月初在巴西利亚与巴西重要智库签署双边智库协议，中国驻巴西
大使李金章等两国高官见签

识是懵懂的，还有待成长。

又过了十几年时间，迎来了"9·11"代。这一代是新世纪的幸运儿，感受到了恐怖主义对超级大国的冲击，迎来了奥运会、入世，开始新一轮的睁眼看世界，渐渐地迎合着这个世界。但这一代人的政治能力仍然无法领衔全世界。

新的一代人就在在座各位90后的朋友。我称之为"苹果一代"，今天苹果公司副总裁戈峻也在。iPhone不只是一个工具，更是某种符号，是使一代人有权利同时段、平等享受全球信息的符号。在座的各位比你们的年长者都幸运，也更不幸运。你们这一代是中国没有集体童年记忆的一代，一出生就有无数的选择，尤其是到了懂事以后。

然而你们的力量被无穷地放大了，甚至成为对抗国家的力量。从2011年开始，年轻人利用互联网技术，进行快速集聚，最终导致政权崩溃、国家动荡的事件很多，如中东、北非的一些国家，在欧美国家也有"占领运动"，在台湾、香港也有类似事件。

此时，如何运用好年轻人的政治冲动，恐怕是决策者必须考虑的因素。我以为，智库是有志于改变政治、改造国家的青年人很好的去处，可以容纳很多很多年轻人为改变时代而奋斗。中国人民大学金融研究院是一家新型智库，我们的不少内参和研究报告，都是80后、85后甚至90后参与起草的，并且得到了不错的反馈和批示。这是时代给予新一代年轻人的机会。

我的结论就是，每一个时代都会给每一个年轻人有这样或那样的机遇。在座很多90后、95后的年轻人比年长的其他人拥有更多的、更好的改变这个国家、改变这个时代的机会。智库应该是一个很好的平台。

大学毕业后三样东西不能丢 *

> 你内心所秉持的情怀、恪守的道义、呵护的灵魂，就是"里子"。只要每一个人拥有对国家与时代的情怀，拥有对公正与善良的道义，拥有能自我感知的灵魂，那么，任何"丢面子"的事，就不是可怕的事情。
>
> 将来，你遇到任何困难、烦恼、忧愁，一定要告诉自己：相比明天，一切都会过去；相比国家，一切都是小事；相比内心，一切都能容纳。

从这里走出 10 多年后，第一次回到母校兰州大学。我想说，母校，我回来了，我没有给您丢脸。

毕业后，我出版过 20 多本专著、译著、编著，能写上个人介绍的，都有"毕业于兰州大学"字样；我曾出访过几十个国家，参加过数百场国际会议，每次参会的个人简介都写，"曾就读于兰州大学"；我受到过 30 多位总统、总理的接见，提前递交的背景资料，都从本

---

* 2016 年 6 月 27 日，兰州大学举行 2016 届毕业典礼。王文作为优秀毕业生代表出席典礼并代表毕业生发言。

科兰州大学谈起；今年 5 月 17 日，在哲学社会科学工作座谈会上，我向坐在对面三米之外的习总书记汇报，在总书记案头，我个人简历的第一行写着，"1997—2005 年，在兰州大学读本科、研究生"。

各位师弟、师妹们，未来，你们最喜欢的衣服、发型会变，你们的工作岗位会变，但兰州大学是母校的事实永远不会变。她将是你一生的烙印，直到你生命的终点。如果你足够成功，即便你死了，你的母校履历仍然还会被人记着。

母校的重要性，丝毫不亚于你的母亲。母亲给予你走向这个世界的起点，母校给予你走向这个社会的起点。从某种意义上讲，以后，母校甚至将比母亲更让人关切。因为，没人会问，你是哪个妈生的；但所有人都会问，你从哪个大学毕业的？

其实，今天不是我第一次在全校场合发言。2001 年，新生开学典礼，当年大四的我，作为老生代表发言，讲什么忘了，但分享了自己大学四年坚持每天叠被子的经历，结果被当年的同学们取笑为"那个四年叠被子的人"！现在，在北京偶尔还遇到 2001 级学弟学妹们，他们还会提到那个段子，但不再是取笑，而是对持之以恒的敬意。

15 年后的今天，又有机会在这么大的场合分享一些个人感受，我最想对师弟师妹们说的，希望也能有一些人记住："你将来未必会升官发财，也未必会光宗耀祖，但请一定不要羞辱门楣。有朝一日，你回到母校，也有勇气说，母校，我没给您丢脸。"

不过，说实在的，从跨出大学校门的第一天开始，所谓"丢脸"的事，会经常与你相伴。你会因能力不足而被老板骂得狗血喷头；会因为社会经验不足而丑态、糗态和窘态百出；会因为颜值不高而一时找不到男朋友、女朋友；会因为没有一个"可拼"的爹娘而被人轻视。

我怎么知道呢？因为这些"丢脸"的事情我都经历过。

我要告诉你们，其实，那些都不是"丢脸"，仅仅是丢了一些"面子"而已，关键在于是否会丢了"里子"。你内心所秉持的情怀、恪守的道义、呵护的灵魂，就是"里子"。只要每一个人拥有对国家与时代的情怀，拥有对公正与善良的道义，拥有能自我感知的灵魂，那么，任何"丢面子"的事，就不是可怕的事情。

我现在很担心，你们以后为了面子，而丢了里子。或者说，以后该丢的，什么都没丢；没丢的，却都会丢了。所以，等若干年后，你还能回母校，我希望，三样东西还在。

第一，千万不能丢了情怀。

咱们曾在祖国地理方位最中心的兰州大学学习过三年、四年或七年，甚至十年，饮过黄河水，爬过皋兰山，在萃英山"情人坡"谈过恋爱，还被人误解过是否骑着骆驼上学。"兰大制造"的人生，应是彪悍的一生。洞悉历史的深厚、感知国家的辽阔、保持心胸的宽广，这是母校为你送行的锦囊。将来，你遇到任何困难、烦恼、忧愁，一定要告诉自己：相比明天，一切都会过去；相比国家，一切都是小事；相比内心，一切都能容纳。

高尔基曾说过："不要害怕现实，不要向现实低头，来到这个世界，不是为了要屈从老朽的东西，而是要创造新的、光辉的东西。"今天我要说，拥有情怀的男生，才是真正的"高富帅"；拥有情怀的女生，才是真正的"女神"。

第二，千万不能丢了道义。

从今天起，你们会丢掉母校给你的许多东西，扔掉旧被褥、卖掉旧课本，忘掉班主任的絮叨，还有可能会抛弃当初曾迷恋的漂亮小师妹，但请不要丢掉对公正的渴求和对善良的坚持，因为公正与善良是维系这个社会发展最美好的正能量。父母、相貌、天赋、智商都无法选择，但你能选择追求的目标和处事的准则。在大学宿舍，在校园课堂，在网络空间，咱们都曾无数次鄙视过虚伪，批判过丑恶吧？请继续下去！无论你以后在哪里工作，做什么行业，请不要成为当初你大学时憎恶的那种人。

亚里士多德曾说，"遵照道德准则的生活，才是幸福的生活。"今天我要说，面朝太阳，阴影总会落在你的身后。千万不要因为走得太久，而忘记了我们为什么出发，在哪里出发，和出发时想过的那些点点滴滴。

第三,千万不要丢了灵魂。

从现在起，你们大多数将终结群居的生活，进入人生必经的独居、自立阶段，漫长而残酷。你要考虑每天的柴米油盐酱醋茶，会经历冷暖俗情、是非闲论，会遭遇容颜衰老、身体发福，一切都有可能会变化、变调、变动、变更、变故、变幻、变质、变迁、变异甚至变态、变性，要想保持、保留、保准、保质、保值、保鲜、保底、保本、保全、保身甚至保胎、保重，很不容易。最可怕的，是每天碌碌无为、行尸走肉，自己都不知道，日子是怎么过来的！所以，请时不时用力掐一下自己，是否有一些痛感，是在梦里或幻境，是否自己的灵魂还在？

爱默生说："一个伟大的灵魂，会强化思想和生命。"我今天要说，任何时候，都要感知到自己的存在，知道自己正在做什么事，积什么德，行什么善，当什么人！

"智者不惑，仁者不忧，勇者不惧。"孔老夫子的话留存了2000多年，仍然值得再回味。

各位师弟、师妹们，作为虚长几岁的大师兄，我祝福你们做一个有情怀的人，善待这个国家，即便国家有许多不足；做一个有道义的人，善待人生每一位过客，即便很多人与事都令你不屑；做一个有灵魂的人，善待自己，即便自己永远不可能做到完美。

最后，请再相互看看周围同学的脸，看看这个场景，记住这个永恒的瞬间。或许还可以彼此给一个拥抱，就现在！

让我们在母校逗留的最后瞬间，发自内心地对自己的未来喊一句：母校，我不会给你丢脸的。

新一代哲学社会科学工作者的探索与使命 *

> 中国故事不能只靠中国自己"独唱",而是需要全世界都来加入"大合唱"。每一个大国的崛起历史,都离不开使它的故事成为"全人类的故事"的过程。
>
> 哲学社会科学无国界,但哲学社会科学工作者有祖国。建设中国特色社会主义是一项前无古人的伟大事业,不仅需要自觉地进行实践探索,更需要大胆地进行理论创新。

新的历史条件下,哲学社会科学迫切需要新的生命力。中国哲学社会科学发展与近代以来的中国人民奋斗史密不可分,一代又一代的哲学社会科学工作者为民族复兴贡献了力量。

今天,出生在 20 世纪 80 年代的新一批青年学者,正在成为哲学社会科学工作者队伍的一支生力军。这一代人的重要特点是,成长、求学、思想成熟的历程与改革开放基本同步,在中国高速增长的背景下不断进步。当我们这一代人开始登上哲学社会科学研究舞台时,中

---

* 2016 年 5 月 17 日,习近平总书记主持哲学与社会科学座谈会。王文作为十位学者之一出席座谈会并发言。

国已是世界经济增长的"火车头",世界越来越重视中国发展的经验。

从这个角度看,我们"80后"学者是中国第一代无须背负"落后国家"心理包袱的哲学社会科学工作者,从事业的起步期就可以平视世界同辈。我们完全可以为建设具有中国特色、中国风格、中国气派的哲学社会科学话语体系而"轻装上阵"。

长期以来,中国在世界上做得多、说得少,"中国故事"没有充分得到传播,这多多少少给了一批人在国际舆论上骂中国的空隙。新一代哲学社会工作者的探索目标,就是要解决中国和平崛起所遭遇的"话语困境"。说白一些,在过去半个多世纪,中国先后解决"挨打""挨饿"之后,新一代学者要帮助国家解决"挨骂"的难题。

具体而言,中国所遭遇的话语困境主要表现在两个方面:一是西方话语体系下的"猜忌","中国威胁论""国强必霸论"等是其中的典型;二是西方学术话语霸权下的"理亏",包括人们所熟知的"历史终结论""文明冲突论""民主和平论"等,这些学术话语通常以哲学社会科学理论为依据,却隐藏着浓重的意识形态和价值观色彩,使中国发展道路和崛起进程被置于负面的审视和敌意的质疑之下。中国人民大学重阳金融研究院(人大重阳)砥砺廉隅,敢于、善于向世界大谈特谈中国的"好",通过"走出去"与30多个大国的主要智库建立对话机制与交流管道,连续召开包括二十国集团(G20)智库论坛在内的多场重要智库大会,设置议程,起草成果文件,让中国思想影响各国智库。

我们自信,伟大的中国实践,是哲学社会科学可以讲好"中国故事"的根基。中国在30多年的高速增长期间,没有发动或参与过战争，脱贫人口占全球同期的 90% 以上，让全球五分之一的人口生活在繁荣稳定的中高收入经济体中，并且通过"中国制造"为全球普通大众创造前所未有的"商品民主"。

我们自信，伟大的中国实践，源自中国治理体系的"可改革性"。中国善于改革、敢于改革、落实改革，对人类文明来说，是一笔宝贵的、伟大的经验与财富。讲述好、解释好、发展好中国实践中得来的中国经验，是哲学社会科学工作者的时代使命。人大重阳摆脱源自西方的学术论文发表的桎梏，借助中国人民大学进行体制机制创新，不断以最具影响力的中外媒体为发表平台，以平均每天 3 篇原创智库评论文章的节奏，向国内与世界讲述中国实践。

中国故事不能只靠中国自己"独唱"，而是需要全世界都来加入"大合唱"。每一个大国的崛起历史，都离不开使它的故事成为"全人类的故事"的过程。人大重阳建立了广泛的国际精英关系网，邀聘 40 多位有影响力的外国前政要、名流与学者成为中国智库的外籍高级研究员，让"老外"自发讲好中国故事，高频率地为中国发展而发声。

哲学社会科学无国界，但哲学社会科学工作者有祖国。建设中国特色社会主义是一项前无古人的伟大事业，不仅需要自觉地进行实践探索，更需要大胆地进行理论创新。这就要求我们新一代哲学社会科学工作者必须站在历史的制高点上把握时代的潮流，有底气、有思想、有自信，用中国自己的理论研究和话语体系，阐释中国实践、中国道路以及背后的制度安排。

公道自在人心。当前，我们看到，全世界对中国软实力提升与国家形象的看法，正在发生潜移默化的变化。随着这些年中国的持续发展与对世界的贡献不断加大，西方对中国的偏见、误解、扭曲的理论主流正在出现松动。

假以时日，在新一代中国哲学社会科学工作者前仆后继的努力下，中国"挨骂"的被动局面一定能扭转，中华民族的伟大复兴一定能实现。

智库人的江湖 *

> 我们智库界的人士面向国际，中国智库之间不应该有竞争，而要互相帮衬，互相团结，中国智库的竞争对手应该是布鲁金斯、兰德公司。毕竟，在全球知识思想体系中，我们不能成为知识思想体系后殖民化时代的倾销地与被主导者。

非常感谢主办方把我放到这么重要的位置。

今天是我参加过的关于"智库研究与建设"人数最多、规模最大的一场会议。

过去我们常讲"知识界""学术界""科技界"，恐怕今天之后，可以理直气壮地说"智库界"了。今天会场上有个条幅上写着"新型智库共同体"，其实也是这个意思。

当然，"智库界"套用武侠小说的词，就是智库人有了"江湖"。从这个角度看，李刚教授组织的南京大学这场规模盛大的会像是"华

* 2016 年 12 月 17 日，由南京大学与光明日报社主办的"中国智库治理论坛 2016"在南京举行。全国近 800 位智库学者代表参加了论坛。王文受邀在论坛开幕式上作主旨发言，本文根据录音整理而成。

山论剑"，而光明日报社更像是"兵器谱"，而王斯敏主编就成了女版的"百晓生"。

说到"江湖"，必须就要说"朝廷"。用现在的话，是讲"决策者""政府"。正如刚才有致辞领导讲到的，今天是一个特殊日子，自从 2013 年 11 月党的十八届三中全会，中共中央在《关于全面深化改革若干重大问题的决定》中首次提到"中国特色新型智库"距今快三周年了；2014 年底，中办、国内第一次专门为"中国特色新型智库"颁布指导意见，把智库建设提升到国家战略的高度，距今也有两周年了。

这两三年到底发生了什么变化呢？对于像我这样的智库行业从业者，2016 年我飞了 30 万公里，地球飞了 8 圈，到约 20 个国家宣讲中国近百场的人来讲，大体有三个"变"，三个"没变"：

第一个变化是，因为官方在顶层设计、中央文件上的大力推动，"智库"逐渐成了公众与官方均认可且越来越成为一门"显学"的行业。一些部委专门设立了"智库处"，智库成为打破专业划分、以服务目标为导向的一个行业共同体，也逐渐有了"智库界"，而且，我们的的确确是在 G20、南海、"一带一路"等重大战略上，发挥着重要的理论与实践作用。"英雄有了用武之地"，过去也有"用武之地"，但却是零星的，现在却是成规模的，这反映了中国全面深化改革以来的政治民主化、决策科学化的重要进展。

第二个变化是出现了一批智库界的新星和一些重要的智库产品。比如，社会智库像中国与全球化智库、盘古智库；地方智库像上海社科院、浙师大非洲院；高校智库如清华苏世民学院，我们人民大学国家发展与战略研究院都做得很不错，成为像我这样的智库从业者与观察者长期的观察对象。

第三个变化是产生了推进智库发展的重大评价机制，像南京大学中国智库研究与评价中心、光明日报智库研究与发布中心都是其中的佼佼者，还有学术期刊《智库理论与实践》。中国社会科学院荆林波老师率领的社会评价中心也是一个重镇。这些评价机制正在成为智库界的规范力量！

三个变化，用一句话说，智库人的江湖，越来越大！

但也有三个"没变"：

第一，虽然有了社会与官方的认同，但智库的思想供给仍然跟不上政策需求。中国智库研究了许多问题，但不少是伪问题；中国智库提供了许多方案，但不少是假方案，无法落实的方案。在这点上，决策者是非常焦虑的。

第二，虽然有了不少智库新星、智库新秀，但比起全球智库的知名度、公信力、影响力还有待进一步提升。正如我在新著《伐谋：中国智库影响世界之道》中所描述的，我曾去过约 100 个全球主要城市的机场，很少逛免税店，但一定会逛书店。我很痛心，也要自我批评，机场书店是最高效的销售传播思想的地方，但我从没有见到过哪怕一本中国学者写的书。

近期，有不少媒体采访我，说起我 80 后学者如何如何有成长。我回应了许多次，80 年的学者已不年轻，明年就 37 岁了。福山当年定"历史的终结"（1989 年）时是 37 岁。亚当·斯密《道德情操论》，是 36 岁；蒙代尔 32 岁时候已写了《国际货币制度》，提出了"欧元"

的最初想法。时不我待啊。中国智库界出现诸多积极迹象还不足以好到能够产生像基辛格这样国际战略大师的阶段。

第三，虽然中国智库界有了许多评价体系，各类智库的评估与排名在国内至少有 10 类，但是我们在全球影响力上仍然没有超过美国宾州版的全球智库排名。当然，中国社科院荆林波老师那边正在做这样的艰辛努力。换句话说，我们还没有对全球智库的评价权。据说，2017 年 1 月 26 日，麦甘先生又要推出全球智库排名榜单，他只有几个人的团队，怎么能产生如此大的全球影响力呢？如果是思想市场在国际社会层面上看的话，我们应该去勇夺国际定价权。可见，中国智库研究界任重道远。

最后，我有一些发自内心的建议。

我们智库界的人士要有紧迫感，要在真正的社会进展中找到真正的问题。张五常先生说："问题有重要与不重要之分，做学问要找重要的入手。生命那么短暂，而一个人的创作期更短。选上不重要的问题下功夫，很容易转眼间断送学术生涯。"大家都有家国情怀，但时不我待啊。

我们智库界的人士要团结，要成为真正的知识、思想共同体，最好成立一个"全国智库联合会"。因为全国有科协、医协、记协，却没有"智协"。

我们智库界的人士面向国际，中国智库之间不应该有竞争，而要互相帮衬，互相团结，中国智库的竞争对手应该是布鲁金斯、兰德公司。毕竟，在全球知识思想体系中，我们不能成为知识思想体系后殖民化时代的倾销地与被主导者。

青年学者要勇于担当时代赋予的使命 [*]

> 青年学者如此"晚熟"的主要原因是：受制于当下西方学术话语霸权、缺乏力争上游的紧迫感、在现实枷锁中患"时代病"。
>
> 新一代学者要反思中国学术话语的"主权让渡"现象，要研究借鉴西方的文明成果，但绝不能数典忘祖，要有理论自信和自觉，勇于正面回应来自西方话语霸权的挑战和质疑。

　　新的历史条件下，中国特色哲学社会科学迫切需要新的生命力。近代以来，被西方列强凌辱的历史已成为中华民族的集体记忆，一代代哲学社会科学工作者孜孜以求、自强不息，为实现中华民族的伟大复兴贡献了百年努力。2016 年 5 月 17 日，笔者有幸受邀参加由习近平总书记主持的哲学社会科学工作座谈会，并作为青年学者代表以《新一代哲学社会科学工作者的探索与使命》发言。习总书记在座谈会上表示："一切有理想、有抱负的哲学社会科学工作者都应该立

＊ 自受邀参加并在习近平总书记主持的哲学社会科学工作座谈会上发言后，王文收到了不少邀请，希望他讲述学者与研究的时代使命。这是王文在多地讲述后的正式文字整理稿，发表在《红旗文稿》2016 年第 18 期。

时代之潮头、通古今之变化、发思想之先声，积极为党和人民述学立论、建言献策，担负起历史赋予的光荣使命。"这对广大哲学社会科学工作者尤其是新一代青年学者，提出使命要求并寄予殷切希望。当代青年学者是无比幸运的一代，同时也是责任重大的一代。

时代助力青年学者"轻装上阵"

出生在 20 世纪 80 年代的新一代青年学者，正在成长为哲学社会科学工作者队伍的一支生力军。这一代人的特点是，成长、求学、思想成熟的历程与改革开放背景下中国高速增长的进程同步。当我们这一代人开始登上哲学社会科学研究舞台时，中国已是世界经济增长的"火车头"，世界越来越重视中国发展的经验。从这个角度看，"80 后"学者是中国第一代无须背负"落后国家"心理包袱的哲学社会科学工作者，从事业的起步期就可以平视世界同辈，可以为建设具有中国特色、中国风格、中国气派的哲学社会科学而"轻装上阵"。总之，新一代学人面临难得的时代机遇，具有鲜明的时代特点。

青年学者具有全球视野。青年学人具有外语优势，拥有更多的机会出国留学或旅游，具有更为开阔的全球视野，了解人类大历史，认知世界格局新变化，可以从更为宽广的观察视角，深深体会到在人类社会进步和人类文明发展的进程中，哲学社会科学的知识变革和思想先导作用。同时，具有全球视野的青年学者，以平等的眼光看待世界，比较善于用中外都能听懂的话语述说中国故事，不会认为西方话语就是金科玉律，也不会跟在西方后面亦步亦趋，更不会丢掉自己的主心骨。如果我们能够站在历史的制高点上把握时代的潮流，更多地走出去、请进来，更加有定力、有底气、有思想，用中国自己的理论研究和话语体系，阐述中国实践、中国道路以及背后的制度安排，就一定能够增强中国的学术软实力。

青年学者价值观更包容、更自主。随着全球化的不断加深、信息技术的发展普及，世界多元文化之间激荡交融和博弈，使得青年学者扮演着更为活跃的交流角色。全球化浪潮席卷社会各个领域，逐渐打破地域国家间壁垒，实现了不同文化和思想的汇聚交融。由于世界范围的思想和文化的多元化发展，青年学者有机会撷取全球思想文化的精华，产生了具有包容的思想价值追求。同时，信息技术的迅速发展，特别是互联网应用普及，使得"80后"青年学者与前辈相比，对社会和世界有更为自主的观察，更加善于利用科技手段解决现实问题，借用互联网思维让中国故事"走出去"。

青年学者富有创新意识。"80后"青年学者思想活跃，关注新鲜事物，有强烈的求实精神，是最富活力、最具创造性的一代人。我们这代人的成长轨迹与改革开放同步，党的十一届三中全会以来，全国全党以经济建设为中心，走改革开放之路，面临新问题、新情况、新挑战，不断涌现新判断、新出路、新政策。在这种革故鼎新的大环境下，青年学者养成了革新求变的意识，反对因循守旧，青睐新观点、新方法、新理论，具有敢为人先的锐气、继承并超越前人的雄心壮志。我们身处一个伟大的时代，一个大发展、大变革、大调整的时代，同时也是一个大有所为的时代，青年学者要加强理论创新和实践创新，形成别具特色和优势的哲学社会科学，用创新的思想理论和学术话语，讲好中国实践和中国道路。

为什么青年学者如此"晚熟"？

当下中国学术界已涌现出不少后起之秀，但比起上一代，或更年长的前辈学者，新一代哲学社会科学工作者的成长速度还不够快。比起国际先进同行，中国青年学者的成绩单并没有得高分，在有的研究领域，劣势还比较明显。青年学者如此"晚熟"的主要原因是：受制于当下西方学术话语霸权、缺乏力争上游的紧迫感、在现实枷锁中患"时代病"。

当下西方学术话语霸权对青年学者的影响极大。改革开放以来，中国学术界迎来春天，学术产品如雨后春笋般涌现。但我们必须注意到学术繁荣的背后，中国本土学术话语遭遇西方学术话语霸权的压制和束缚，诸如经济学、法学、社会学、政治学等学科的主流话语，大多来自西方话语，中国印记少之又少，已经成为西方话语的"跑马场"。可以说，中国青年一代的学术生态长期受到源于西方学术体系与评价规则的约束，本土学术话语往往遭遇西方学术话语霸权的压制。有一些青年学者被西方学术霸权所裹挟，热衷于西方学术概念与思想，简单承袭或搬用西方话语解读中国特色的发展实践，可谓"削中国实践之足，适西方理论之履"。这是当前青年学者"晚熟"的重要原因。新一代学者要反思中国学术话语的"主权让渡"现象，要研究借鉴西方的文明成果，但绝不能数典忘祖，要有理论自信和自觉，勇于正面回应来自西方话语霸权的挑战和质疑。

青年学者缺乏力争上游的紧迫感。目前中国多个哲学社会科学的学科带头人，在他们的青年学人时代，就已经颇有建树。比如，20世纪80年代初的农村、城市改革，20世纪90年代初的市场化改革，1997年亚洲金融危机应对与2001年"入世"谈判等，都有青年学者的身影，立下汗马功劳。欧美发达国家的青年一代学人也令我们汗颜。"欧元之父"蒙代尔32岁出版了寻求经济一体化下最优货币原理的代表作《国际货币制度：冲突和改革》；2014年全球最火经济著作《21世纪资本论》的作者托马斯·皮凯蒂出生于1971年，35岁时就创办巴黎经济学院。相比之下，中国青年一代学人能独当一面的尚属少数，有扛鼎之作问世的更少，能够为中央决策进程发挥实质作用的更是凤毛麟角，著作或论述能在全球引起广泛关注的，恐怕还没有。中国的学术未来属于年轻一代。青年学者要树立"长江后浪推前浪，一代更比一代强"的信念，有力争上游的紧迫感，勇敢肩负起时代赋予的重任。

青年学者在现实枷锁中患"时代病"。在社会浮躁的背景下，现有的学术考评机制功利化，一些青年学者为了达到评职称的标准，热衷于拉关系，跑课题，进行"学术创业"，不能做到静心钻研，疲于应付，像极了"蜗牛角上争名利"。一些学者失去了昔日的荣光，在金钱和权力的诱惑下变得庸俗。同时，青年学者备受"学术潜规则"之苦，由于入道太晚，很多位置被老一辈学者把持，没有关系门路，就很难搞到课题项目；没有课题经费支撑，意味着没有团队支持，只能独自闯天涯，很难出科研成果，评职称就会受到影响；没有较高的学术头衔，反过来又对争取课题项目造成影响。不过，话说回来，相比前辈学人，当下青年学者确实是拥有着较好的物质条件与更多的现实创作源泉，理应有与之相应的更好成绩才是。从这方面看，相关部门应当多关心青年学者一代的成长，尽可能地创造条件，解决青年学者的后顾之患，而青年学者则应坚守学术理想，对金钱和权力的诱惑保持警惕，真正静下心来搞研究，所作所为要经受住历史的检验。

青年学者如何才能不负时代？

正如习近平总书记在哲学社会科学工作座谈会所言："历史表明，社会大变革的时代，一定是哲学社会科学大发展的时代。当代中国正经历着我国历史上最为广泛而深刻的社会变革，也正在进行着人类历史上最为宏大而独特的实践创新。这种前无古人的伟大实践，必将给理论创造、学术繁荣提供强大动力和广阔空间。"当代中国的社会变革提供了难得的时代契机和历史机遇。青年学者要在学习借鉴人类文明成果的基础上，用中国的理论研究和话语体系解读中国实践和中国道路，为中国改革发展提供理论支撑和智力支持，打造具有中国特色、中国风格、中国气派的哲学社会科学。

青年学者要善于融通古今中外各种资源，尤其是中华优秀传统文化的资源，避免对传统文化不加辨别的全盘接受，也要避免对西方思想理论和实践经验的照抄照搬。青年学者不仅要传承中华民族五千多年优秀文明成果，也要深刻总结近现代中国发展历程，尤其是要高度凝练新中国成立以来，特别是改革开放以来的中国伟大实践。可以说，中国特色哲学社会科学集源远流长的厚重历史和改革创新的时代特征为一体。二十多年前，当时年仅 37 岁的日裔美国人弗朗西斯·福山抛出了所谓的"历史终结论"，一举成为炙手可热的政治学者。虽然 2008 年国际金融危机的爆发宣判了福山"历史终结论"的终结，但福山敢为人先、勇夺话语权的方法却值得借鉴。现在，越来越多的青年学者认识到，西方理论不能解读中国实践，中国要努力形成自己的国际话语权。总之，青年学者要培养全球视野和现代意识，具有思接古今、融通中外的视角，坚持"古为今用、推陈出新"，"取其精华、去其糟粕"的原则，才能更好地理解当代中国、看待外部世界，更好地揭示哲学社会科学所具有的中国特色。

青年学者要深入研究当代中国实践问题。青年一代不能只满足于书斋，而是更多地从实践中来，到实践中去，要高举改革大旗。中国敢于改革、善于改革，永不僵化、永不懈怠，对人类文明来说，是一笔宝贵的、独特的经验与财富。这正是新一代哲学社会科学工作者有可能超越前辈、超越西方的现实根基，也是新一代学者坚定信念、扎根本土的时代条件。在改革开放三十多年的高速增长期间，中国发生了历史性巨变，从一穷二白发展成为全球第二大经济体，对国际格局发展和世界历史进程产生深远影响。中国没有发动或参与过战争，脱贫人口占全球同期 90％以上，最终让全球五分之一的人口生活在繁荣稳定的中高收入经济体中，并且通过"中国制造"为全球普通大众创造前所未有的"商品民主"。如此伟大的成就，新一代学人更应研究好、总结好、发扬好，让中国经验影响全世界。

青年学者要为改革发展决策提供智力支持。长期以来，中国学者在政治决策逻辑链条中都处于相对弱势的地位，甚至表现得比政府还要保守，应当给予纠正。青年学者不满足于从学术文献中找选题，积极从社会实践和政策文本的不足中发现真问题。当下，中国改革进入了极其复杂、极其艰难的时刻，各类问题层出不穷，亟待青年一代学人尤其是智库学者发现真问题，资政建言，推动决策者解决真问题。

学术研究无国界，但哲学社会科学工作者有祖国。青年学者要对中国的未来充满自信，为身在如此伟大的国家感到骄傲，勇于担当时代赋予的光荣使命。建设中国特色社会主义是一项前无古人的伟大事业，不仅需要自觉地进行实践探索，更需要大胆地进行学术创新和体制创新。我们已经成功解决了"挨打""挨饿"的问题，在一代代哲学社会科学工作者的持续努力下，假以时日，我们一定能够解决"挨骂"的问题。

后记　脚底板下的学问与亏欠

我是天资很一般的人，小时候学什么都比别人慢不少，只能悄悄地花更多的时间。踏上工作岗位后，这种差距更明显。在北京，高手云集，让我自惭形秽。唯一擅长的就是，以勤补拙。在出差的路上、等高铁的候车室、国际航班的经济舱座位上，我尽可能地去记录、思考，于是有了前三部专著《大国的幻象》《美国的焦虑》和《伐谋》，虽都不是经典之作，却记录了我青年逐渐进入中年的所思所想所行。

走得越多，就越感受到"纸上得来终觉浅"的道理。2013年初，参与创办中国人民大学重阳金融研究院，我更加希望能够在行走中研究这个国度与这个世界，寻找可供对解决社会问题与决策咨询有用的答案。这些年，我抓住一切机会往外走，走了数百个县市，走了数十个国家，逐渐得出了一些与他人不同的见识与结论，并向听众解释我所理解的中国，有效地提供了一些令决策者用得上的建议与思考。我将其视为"脚底板下的学问"。

这个过程是艰难不易的，是对体力与智力的双重挑战。尤其是近两年，平均每年得飞20多个国家数十万公里（且多是经济舱），甚至

384

30 个小时来回北京莫斯科、北京巴黎，做了数百场演讲、主旨发言时，支撑自己做下去的，是对大世界的好奇和对爱恋者的感恩。

有人会疑问，没钱没权没利的智库学者，为什么这么拼命？我当然有许多看似"冠冕堂皇"的理由，如家国情怀、士大夫情结，但最直接的动力是，某种必须要去做的心理冲动与生理上的条件反射。诚如这本书许多篇演讲中所述，很多时候的国际会议只有我一个中国人在场，若不去，中国就失声了。于是，不得不前往。理由就是这么简单。

"忠孝难以两全"，出差多，最对不起的是家人。无数个周末、假期都在路上，但家人对我是无限的支持。一次问犬子，"爸爸常出差，你会想爸爸吗？"

"当然会！"

"想爸爸时，你会做什么？"

"会去睡觉。"

"哦！为什么？"

"因为那样就能梦见您了！"

彼刻，作为父亲的遗憾与亏欠，无语凝噎。所以，这本书仍然要先感谢家人，向老杜、晾靓、糖心说声对不起。

要感谢人大重阳的所有同事，个别演讲稿的素材是一些研究助理帮助整理的，出差签报与签证办理也多亏行政助手，拥有这些好同事，是工作的一种幸福。更要感谢中国人民大学和院理事会诸位领导的鼓励，为我频繁出国讲学创造了制度条件。

感谢人民出版社不嫌弃，连续出版三本"王文看世界"。任何书都是作者阶段性的积累。这本书肯定不是完美的，权当是我成长的印记吧！

北京时间 2017 年 7 月 25 日凌晨四点五十分
记于从罗马飞重庆航班 HU7992 的座位 16F
北京时间 2017 年 9 月 1 日晚修改于从北京
奔赴金砖领导人厦门会晤会场的路上

责任编辑：曹　春

封面设计：汪　莹

图书在版编目（CIP）数据

看好中国：一位智库学者的全球演讲／王文 著．—北京：
　人民出版社，2017.10（2018.6 重印）
ISBN 978－7－01－018062－5

I. ①看… II. ①王… III. ①中国经济－经济发展－演讲－文集
　②社会发展－中国－演讲－文集　IV. ① F12-53

中国版本图书馆 CIP 数据核字（2017）第 200345 号

看好中国：一位智库学者的全球演讲

KANHAO ZHONGGUO YIWEI ZHIKU XUEZHE DE QUANQIU YANJIANG

王　文　著

人 民 出 版 社 出版发行

（100706　北京市东城区隆福寺街 99 号）

北京汇林印务有限公司印刷　新华书店经销

2017 年 10 月第 1 版　2018 年 6 月北京第 5 次印刷

开本：710 毫米 ×1000 毫米 1/16　印张：25.75

字数：298 千字

ISBN 978－7－01－018062－5　定价：66.00 元

邮购地址 100706　北京市东城区隆福寺街 99 号

人民东方图书销售中心　电话：(010) 65250042　65289539

中国人民大学重阳金融研究院图书出版系列

一、智库作品系列

刘伟主编：《读懂"一带一路"蓝图》，商务印书馆 2017 年版

王文、刘英：《金砖国家：新全球化发动机》，新世界出版社 2017 年版

费伊楠、人大重阳：《全球治理新格局——G20 的中国贡献于未来展望》，新世界出版社 2017 年版

刘伟主编：《"一带一路"故事系列丛书》（7 本 6 大语种），外文出版社 2017 年版

何伟文：《世界新平庸　中国新思虑》，科学出版社 2017 年版

王义桅：《一带一路：中国崛起的天下担当》，人民出版社 2017 年版

刘戈：《在危机中崛起：美国如何实现经济转型》，中信出版集团 2017 年版

中国人民大学重阳金融研究院、中国人民大学生态金融研究中心：《绿色金融与"一带一路"》，中国金融出版社 2017 年版

中国人民大学重阳金融研究院：《破解中国经济十大难题》，人民出版社 2017 年版

王文：《伐谋：中国智库影响世界之道》，人民出版社 2016 年版

王文、贾晋京编著：《人民币为什么行》，中信出版集团 2016 年版

中国人民大学重阳金融研究院：《中国—G20》（大型画册），五洲传播出版社 2016 年版

中国人民大学重阳金融研究院：《G20 问与答》，五洲传播出版社 2016 年版

辛本健编著：《全球治理的中国方案》，机械工业出版社 2016 年版

中国人民大学重阳金融研究院：《"一带一路"国际贸易支点城市研究》（英文版），新世界出版社 2016 年版

中国人民大学重阳金融研究院：《2016：G20 与中国》（英文版），新世界出版社 2016 年版

王义桅：《世界是通的——"一带一路"的逻辑》，商务印书馆 2016 年版

罗思义：《一盘大棋——中国新命运的解析》，江苏凤凰文艺出版社 2016 年版

王文：《美国的焦虑：一位智库学者调研美国手记》，人民出版社 2016 年版

中国人民大学重阳金融研究院：《2016：G20 与中国》，中信出版集团 2016 年版

中国人民大学重阳金融研究院主编：《"一带一路"国际贸易新格局："一带一路"智库研究蓝皮书（2015—2016）》，中信出版集团 2016 年版

中国人民大学重阳金融研究院主编：《G20 与全球治理：G20 智库蓝皮书（2015—2016）》，中信出版集团 2015 年版

中国人民大学重阳金融研究院：《"一带一路"国际贸易支点城市研究》，中信出版集团 2015 年版

黑尔佳·策普-拉鲁什、威廉·琼斯主编：《从丝绸之路到欧亚大陆桥》，江苏人民出版社 2015 年版

王永昌主编：《财富新时代——如何激活百姓的钱》，中国经济出版社 2015 年版

陈雨露主编：《生态金融的发展与未来》，人民出版社 2015 年版

绿色金融工作小组：《构建中国绿色金融体系》，中国金融出版社 2015 年版

王义桅：《"一带一路"：机遇与挑战》，人民出版社 2015 年版

庞中英：《重塑全球治理——关于全球治理的理论与实践》，中国经济出版社 2015 年版

徐以升：《金融制裁——美国新型全球不对称权力》，中国经济出版社 2015 年版

陈雨露主编：《大金融与综合增长的世界——G20 智库蓝皮书 2014—2015》，中国经济出版社 2014 年版

中国人民大学重阳金融研究院主编：《欧亚时代——丝绸之路经济带研究蓝皮书 2014—2015》，中国经济出版社 2014 年版

中国人民大学重阳金融研究院主编：《重新发现中国优势》，中国经济出版社 2014 年版

中国人民大学重阳金融研究院主编：《谁来治理新世界——关于 G20 的现状与未来》，社会科学文献出版社 2014 年版

二、学术作品系列

郑志刚：《从万科到阿里——分散股权时代的公司治理》，北京大学出版社 2017 年版

中国人民大学重阳金融研究院：《金融杠杆与宏观经济：全球经验及对中国的启示》，中国金融出版社 2017 年版

马勇：《DSGE 宏观金融建模及政策模拟分析》，中国金融出版社 2017 年版

朱澄：《金融杠杆水平的适度性研究》，中国金融出版社 2016 年版

马勇：《金融监管与宏观审慎》中国金融出版社 2016 年版

庄毓敏、陆华强、黄隽主编：《中国艺术品金融 2015 年度研究报告》，中国金融出版社 2016 年版

三、金融下午茶系列

董希淼：《有趣的金融》，中信出版集团 2016 年版

刘志勤：《插嘴集》，九州出版社 2016 年版

刘志勤：《多嘴集》，九州出版社 2014 年版

中国人民大学重阳金融研究院主编：《金融是杯下午茶》，东方出版社 2014 年版